20
24

LEONARDO ESTEVAM DE
ASSIS ZANINI

DIREITOS DA PERSONALIDADE

SEGUNDA EDIÇÃO

Dados Internacionais de Catalogação na Publicação (CIP) de acordo com ISBD

Z31d   Zanini, Leonardo Estevam de Assis
Direitos da Personalidade / Leonardo Estevam de Assis Zanini. - 2. ed. - Indaiatuba, SP : Editora Foco, 2024.

264 p. ; 16cm x 23cm.

Inclui bibliografia e índice.

ISBN: 978-65-6120-127-8

1. Direito. 2. Direito civil. 3. Direitos humanos. 4. Dignidade da pessoa humana. I. Título.

2024-1933
CDD 347   CDU 347

Elaborado por Odilio Hilario Moreira Junior - CRB-8/9949

Índices para Catálogo Sistemático:

1. Direito civil 347

2. Direito civil 347

LEONARDO ESTEVAM DE
ASSIS **ZANINI**

DIREITOS DA PERSONALIDADE

SEGUNDA EDIÇÃO

2024 © Editora Foco

Autor: Leonardo Estevam de Assis Zanini
Diretor Acadêmico: Leonardo Pereira
Editor: Roberta Densa
Coordenadora Editorial: Paula Morishita
Revisora Sênior: Georgia Renata Dias
Capa Criação: Leonardo Hermano
Diagramação: Ladislau Lima e Aparecida Lima
Impressão miolo e capa: FORMA CERTA

DIREITOS AUTORAIS: É proibida a reprodução parcial ou total desta publicação, por qualquer forma ou meio, sem a prévia autorização da Editora FOCO, com exceção do teor das questões de concursos públicos que, por serem atos oficiais, não são protegidas como Direitos Autorais, na forma do Artigo 8º, IV, da Lei 9.610/1998. Referida vedação se estende às características gráficas da obra e sua editoração. A punição para a violação dos Direitos Autorais é crime previsto no Artigo 184 do Código Penal e as sanções civis às violações dos Direitos Autorais estão previstas nos Artigos 101 a 110 da Lei 9.610/1998. Os comentários das questões são de responsabilidade dos autores.

NOTAS DA EDITORA:

Atualizações e erratas: A presente obra é vendida como está, atualizada até a data do seu fechamento, informação que consta na página II do livro. Havendo a publicação de legislação de suma relevância, a editora, de forma discricionária, se empenhará em disponibilizar atualização futura.

Erratas: A Editora se compromete a disponibilizar no site www.editorafoco.com.br, na seção Atualizações, eventuais erratas por razões de erros técnicos ou de conteúdo. Solicitamos, outrossim, que o leitor faça a gentileza de colaborar com a perfeição da obra, comunicando eventual erro encontrado por meio de mensagem para contato@editorafoco.com.br. O acesso será disponibilizado durante a vigência da edição da obra.

Impresso no Brasil (7.2024) – Data de Fechamento (7.2024)

2024
Todos os direitos reservados à
Editora Foco Jurídico Ltda.
Rua Antonio Brunetti, 593 – Jd. Morada do Sol
CEP 13348-533 – Indaiatuba – SP

E-mail: contato@editorafoco.com.br
www.editorafoco.com.br

Aos meus pais, Firmo e Doglaci,
que me deram a vida e me ensinaram
a vivê-la com dignidade.

PREFÁCIO

É com grande alegria que aceitamos o convite para prefaciar esta obra, fruto da excelência do trabalho de um jovem jurista, certos de sua qualidade, de seu rigor científico e da significativa contribuição para os estudiosos do assunto.

Com a pesquisa que deu origem a este livro, o autor obteve o título de mestre em Direito na PUCSP, tendo sido aprovado com a nota máxima, por uma Banca examinadora por nós presidida e composta pelos eminentes juristas Prof. Dr. Antonio Carlos Morato e Prof. Dr. Silvio Luiz Ferreira da Rocha.

Tivemos o privilégio do convívio com o autor na pós-graduação como sua orientadora e, nesse período, a constatação de seus atributos, quer como pessoa quer como jurista se fez sentir. Por essa ocasião, temos renovado motivo de orgulho com o convite para prefaciar sua primeira obra jurídica, ainda mais por ter sido o autor nosso aluno na referida Universidade.

Trata-se de um trabalho que demonstra a determinação com que o autor encaminhou sua investigação vertical sobre um tema de grande relevância, qual seja, os direitos da personalidade.

Com um estilo claro, o autor aponta o grande destaque dessa categoria de direitos, no momento atual, o que levou à necessidade de uma releitura do direito civil, decorrente do reconhecimento da dignidade da pessoa humana, princípio constitucional e fundamento da nossa República, tendo havido, conforme afirma, uma verdadeira constitucionalização do direito civil.

Após buscar a conceituação, classifica os direitos da personalidade distinguindo-os dos demais direitos como, por exemplo, dos direitos humanos e dos direitos fundamentais. Aponta a existência de um direito geral da personalidade, trazendo a embasar suas palavras excelente doutrina nacional e alienígena. Observa que estes são decorrentes da evolução histórica da humanidade e são aqueles positivados e todos os demais que, através das modernas técnicas legislativas, como as cláusulas gerais, puderem se somar aos já reconhecidos numa constante atualização que o sistema aberto do estudo do Direito vem a permitir.

Estamos convencidos de que o livro da lavra do Dr. Leonardo Estevam de Assis Zanini será referência obrigatória no estudo do assunto. O autor, que além de professor em cursos de graduação e pós-graduação, também dignifica a Magistratura federal, revela seu precoce talento e sua sólida cultura jurídica, apresentando uma obra de grande precisão e profundidade na abordagem do tema, imprescindível nas bibliotecas de todos aqueles que se interessam pelo estudo dos institutos do Direito.

Odete Novais Carneiro Queiroz

Doutora e Mestre em Direito Civil pela Pontifícia Universidade Católica de São Paulo – PUC/SP. Professora assistente-doutora, por concurso público, na graduação e pós-graduação da Faculdade de Direito dessa universidade, onde leciona Direito Civil.

NOTA DO AUTOR

O direito civil contemporâneo é balizado pela Constituição Federal, que tem como princípio fundamental a dignidade da pessoa humana. Em razão desta mudança de enfoque do direito civil, que passou a prestigiar o ser humano, ganhou força, na segunda metade do século XX, a categoria dos direitos da personalidade, que até então era reconhecida, mas pouco desenvolvida. Na medida em que tal categoria de direitos se desenvolveu e assumiu posição de destaque no âmbito do direito civil, inúmeros desafios surgiram, entre os quais vale destacar a conceituação, a classificação, a fundamentação, bem como a diferenciação em relação aos direitos humanos, aos direitos fundamentais e a outros direitos. Além disso, o posicionamento dos direitos da personalidade na seara do direito público ou do direito privado, assim como a existência de um direito geral da personalidade ou de inúmeros direitos da personalidade são problemas que ainda desafiam os civilistas. Após um enfrentamento inicial de tais questões, esta obra passa a tratar das características dos direitos da personalidade, temática da qual decorre boa parte do regime jurídico desses direitos. O texto analisa as características pacificamente reconhecidas pela doutrina e jurisprudência, bem como aquelas que são objeto de polêmica. Entre tais características são estudadas a extrapatrimonialidade, o caráter absoluto, a vitaliciedade, o caráter originário, a indisponibilidade, a imprescritibilidade, a impenhorabilidade, a inexpropriabilidade, a intransmissibilidade, a irrenunciabilidade, a essencialidade, a preeminência e a generalidade. Ademais, a obra ainda trata da proteção dada pelo Código Civil aos direitos da personalidade. Por conseguinte, o presente estudo constitui uma teoria geral dos direitos da personalidade, cuja compreensão é imprescindível para que se tenha domínio e uma visão global da matéria, essencial para a plena realização da dignidade da pessoa humana, bem como para a manutenção do próprio Estado Democrático de Direito.

SUMÁRIO

PREFÁCIO VII

NOTA DO AUTOR IX

1. INTRODUÇÃO 1

2. A EVOLUÇÃO HISTÓRICA DA PROTEÇÃO DA PESSOA HUMANA 5

   2.1 A contribuição grega à tutela da pessoa 5

   2.2 A contribuição romana à tutela da pessoa 8

       2.2.1 Época pré-clássica 9

       2.2.2 Época clássica 10

       2.2.3 Época pós-clássica 12

   2.3 A tutela da pessoa na idade média 15

       2.3.1 A Alta Idade Média 15

       2.3.2 A Baixa Idade Média 16

   2.4 A tutela da pessoa do século XV ao XVIII 18

       2.4.1 Os avanços decorrentes do Renascimento, do Humanismo, do Direito Natural e da Reforma Protestante 18

       2.4.2 O papel do Iluminismo e das declarações de direitos 20

   2.5 A construção dos direitos da personalidade no século XIX 23

   2.6 A consolidação dos direitos da personalidade no século XX 27

3. A RELAÇÃO DOS DIREITOS DA PERSONALIDADE COM OS DIREITOS FUNDAMENTAIS E OS DIREITOS HUMANOS 31

   3.1 Prelúdio 31

   3.2 A fundamentação dos direitos humanos 32

   3.3 Direitos humanos e direitos fundamentais 35

   3.4 Direitos fundamentais e direitos da personalidade 38

   3.5 Direitos humanos e direitos da personalidade 42

4. A DIGNIDADE DA PESSOA HUMANA 45

4.1 Origem 45

4.2 A concepção Kantiana de dignidade da pessoa humana 47

    4.2.1 Crítica à denominada concepção insular 48

4.3 A nova concepção de dignidade da pessoa humana 51

4.4 A dignidade da pessoa humana como princípio constitucional 53

4.5 A dignidade da pessoa humana e a constitucionalização do Direito Civil 55

4.6 A dignidade da pessoa humana no ordenamento jurídico brasileiro 57

4.7 A dignidade da pessoa humana como cláusula geral 61

    4.7.1 A técnica das cláusulas gerais 61

    4.7.2 Cláusulas gerais e princípios 63

    4.7.3 A cláusula geral da dignidade da pessoa humana 65

5. OS DIREITOS DA PERSONALIDADE 67

5.1 Terminologia 67

5.2 Conceito 69

5.3 Objeto dos direitos da personalidade 73

5.4 Direitos da personalidade e institutos juscivilísticos afins 78

    5.4.1 Direitos da personalidade e direitos pessoais 78

    5.4.2 Direitos da personalidade e direitos personalíssimos 83

    5.4.3 Direitos da personalidade e direitos sobre a pessoa de outrem 85

5.5 As tentativas de classificação 86

5.6 Fundamentação dos direitos da personalidade 93

6. OS DIREITOS DA PERSONALIDADE DIANTE DA DICOTOMIA DIREITO PÚBLICO E PRIVADO 97

6.1 Escorço histórico 97

6.2 Teorias que procuram fundamentar a dicotomia 100

6.3 A distinção entre o direito público e o direito privado está em crise? 103

6.4 A situação dos direitos da personalidade diante da dicotomia 107

7. O DIREITO GERAL E OS DIREITOS ESPECIAIS DA PERSONALIDADE 113

7.1 Origem e desenvolvimento do direito geral da personalidade 113

7.2 O problema da proteção fracionada dos direitos da personalidade	114
7.3 O reconhecimento do direito geral da personalidade na Alemanha	115
7.4 O direito geral da personalidade na Suíça e Áustria	117
7.5 A pluralidade dos direitos da personalidade na Itália	118
7.6 Os direitos da personalidade na França	119
7.7 Os direitos da personalidade em Portugal	120
7.8 O direito geral da personalidade e os direitos especiais	121
7.9 O direito geral da personalidade no ordenamento jurídico brasileiro	125

8. AS CARACTERÍSTICAS DOS DIREITOS DA PERSONALIDADE 129

8.1 O art. 11 do Código Civil e as propostas de sua alteração	131
8.2 Absolutidade	134
8.3 Extrapatrimonialidade	140
8.4 Caráter originário e os direitos da personalidade supervenientes	147
8.4.1 Conceito e fundamento	147
8.4.2 O problema do nascituro	148
8.4.3 Direitos da personalidade supervenientes	153
8.5 Vitaliciedade	155
8.5.1 Prelúdio	155
8.5.2 A fundamentação da tutela *post mortem* dos direitos da personalidade	157
8.5.3 A tutela *post mortem* da personalidade	162
8.6 Imprescindibilidade	165
8.7 Indisponibilidade	168
8.7.1 Autonomia privada e direitos da personalidade	168
8.7.2 Limitação voluntária do exercício dos direitos da personalidade	172
8.8 Imprescritibilidade	178
8.8.1 A prescrição e a decadência no direito civil	178
8.9 A imprescritibilidade e os direitos da personalidade	182
8.10 Irrenunciabilidade	189
8.11 Intransmissibilidade	195
8.11.1 A intransmissibilidade dos direitos da personalidade	195
8.11.2 A intransmissibilidade e a tutela *post mortem*	199

8.11.3 Inexpropriabilidade e impenhorabilidade	203
8.12 Prevalência e colisão de direitos	210
8.13 Outras características	215
8.13.1 Caráter aberto	215
8.13.2 Universalidade e generalidade	216
8.13.3 Dupla inerência	217
9. A PROTEÇÃO AOS DIREITOS DA PERSONALIDADE	219
9.1 Os atos de disposição do próprio corpo	219
9.2 A integridade física e a cirurgia para adequação de sexo	221
9.3 O tratamento médico de risco	222
9.4 O direito ao nome	223
9.5 A proteção à palavra e à imagem	226
9.6 A proteção à vida privada e à intimidade	228
9.7 A proteção de dados pessoais	228
9.8 Os direitos da personalidade da pessoa jurídica	229
10. CONSIDERAÇÕES FINAIS	231
REFERÊNCIAS	237

1
INTRODUÇÃO

A categoria dos direitos da personalidade é uma construção relativamente recente, produto do trabalho de juristas europeus, especialmente a partir da segunda metade do século XIX.

Ainda mais recente é a previsão dessa categoria nos códigos civis modernos, visto que nas legislações produzidas até o início do século XX, influenciadas que foram pela doutrina liberal, preocupou-se o direito civil com o patrimônio, deixando de lado os direitos da personalidade, que normalmente eram refutados pelo fato de não se enquadrarem como direitos subjetivos.

É certo que mesmo antes do século XIX foram desenvolvidos mecanismos de proteção da pessoa, o que pode ser nitidamente visto em diversos momentos da História. Entretanto, nestes períodos não se poderia falar na existência de direitos da personalidade, uma vez que a tutela da pessoa humana, quando havia alguma sistematização, era matéria afeta apenas ao direito público.

Somente após a Segunda Guerra Mundial, particularmente devido ao holocausto provocado pelo nazifascismo, é que houve realmente o florescimento dos direitos da personalidade. Isso foi possível pelo fato de que a dignidade da pessoa humana passou a integrar o frontispício das constituições e de documentos internacionais, o que levou a um movimento de personalização do direito, em especial do direito civil, que até então era concebido apenas como o direito do patrimônio.

Com o encerramento da discussão acerca do reconhecimento dos direitos da personalidade, tão em voga no século XIX, o foco dos debates se deslocou para a questão da existência, ou não, de múltiplos direitos da personalidade, vale dizer, entraram em cena as teorias pluralista e monista.

Todavia, visualiza-se em qualquer uma das concepções o relevante papel dos direitos da personalidade para a ciência jurídica hodierna, o que é muito bem explicado por Pontes de Miranda ao afirmar que com a teoria dos direitos da personalidade "começou, para o mundo, nova manhã do direito. Alcançando-se um dos cimos da dimensão jurídica".[1]

---

1. PONTES DE MIRANDA, Francisco Cavalcanti. *Tratado de direito privado*, t. VII, p. 30.

No Brasil, o desenvolvimento doutrinário, jurisprudencial e legislativo desses direitos foi bastante tardio, não refletindo ainda, de maneira suficientemente nítida, a sua mencionada importância.

De fato, durante muito tempo o direito civil foi visto em nosso país como aquele ramo do direito que, pelo fato de constar de um Código Civil que sofreu poucas alterações após sua promulgação em 1916, não necessitava de novos estudos.

Entretanto, a inclusão de um capítulo regulando parcialmente os direitos da personalidade no Código Civil de 2002, que seguiu a fórmula antes apresentada pelos códigos civis italiano (1942) e português (1966), despertou nos civilistas o interesse por novos estudos. Apesar disso, em razão da relativamente recente promulgação do diploma civil de 2002, não há ainda um amplo desenvolvimento de uma teoria geral dos direitos da personalidade.

Neste ponto se situa o presente trabalho, isto é, no âmbito da teoria geral dos direitos da personalidade, temática que no direito pátrio ainda não reflete o mesmo desenvolvimento alcançado pelo direito europeu. A matéria demanda estudos mais aprofundados, que certamente darão mais segurança aos juristas brasileiros.

Tem-se com isso, nas palavras de António Menezes Cordeiro, continentes inteiros para serem desbravados ao longo do século XXI,[2] mesmo porque os direitos da personalidade têm potencial para prosseguir, no âmbito dos chamados direitos extrapatrimoniais, o papel que no século XX a boa-fé desempenhou na seara negocial.

Antes da abordagem específica das características desses direitos, apresenta-se um breve escorço histórico. Também se procura deixar clara a distinção entre os direitos da personalidade, os direitos fundamentais e os direitos humanos, categorias que constantemente são tratadas como se fossem sinônimas.

Em seguida, demonstra-se que os direitos da personalidade decorrem da dignidade da pessoa humana, que atualmente está prevista na Constituição Federal de 1988 como sendo um princípio constitucional fundamental e também uma cláusula geral.

Depois do necessário estudo da dignidade da pessoa humana, ingressa-se no terreno movediço da denominação, do conceito, do objeto, dos institutos afins, da classificação, da fundamentação e da natureza pública ou privada dos direitos da personalidade.

---

2. CORDEIRO, António Menezes. *Tratado de direito civil português*, *Parte Geral*, t. III, p. 114.

Ato contínuo, cuida-se da doutrina do direito geral da personalidade, que prevê a existência de um único direito da personalidade, contrapondo-a às concepções pluralistas.

Superados os problemas de base, passa-se ao estudo das características dos direitos da personalidade. A importância da temática se deve ao fato de delas emergirem os contornos desses direitos, tendo reflexo, portanto, na sua aplicação concreta.

Assim sendo, aos direitos da personalidade, para a eficaz proteção da pessoa humana, são atribuídas determinadas características especiais, dentre as quais a doutrina especializada geralmente aponta as seguintes: a extrapatrimonialidade, o caráter absoluto, a vitaliciedade, o caráter originário, a indisponibilidade, a imprescritibilidade, a impenhorabilidade, a inexpropriabilidade, a intransmissibilidade, a irrenunciabilidade, a essencialidade, a preeminência e a generalidade.

Por conseguinte, o presente trabalho estuda a teoria geral dos direitos da personalidade, assunto essencial para a plena realização da dignidade da pessoa humana e, consequentemente, para a manutenção do próprio Estado Democrático de Direito (art. 1º da CF).

2
A EVOLUÇÃO HISTÓRICA DA PROTEÇÃO DA PESSOA HUMANA

As origens da proteção da pessoa humana podem ser encontradas nas civilizações da Antiguidade, entre as quais vale mencionar a Índia, a Mesopotâmia, o Egito, a Grécia e, obviamente, Roma. De fato, não se pode conceber, mesmo na Antiguidade, uma civilização que nenhum valor outorgasse à figura humana, pois isso significaria seu próprio extermínio.

Todavia, como em qualquer evolução, nas civilizações antigas a proteção da pessoa humana foi marcada por avanços e retrocessos, em especial devido à existência de profundas diferenças jurídicas entre as pessoas, com a manutenção de estatutos jurídicos discriminatórios (v.g. a admissão da escravidão), bem como a condição de inferioridade de determinados membros da família, como era o caso da mulher.

A despeito de se ter mencionado várias civilizações antigas, aqui será feita uma abordagem apenas em relação às mais importantes para o desenvolvimento do direito ocidental, ou seja, Grécia e Roma. É que em tais civilizações podem ser facilmente visualizadas as mais remotas categorias jurídicas destinadas a tutelar o ser humano. Em seguida, passa-se à análise dos direitos da pessoa desde a Idade Média até o século XXI.

Ademais, vale ressaltar que não se objetiva um estudo aprofundado da evolução dos direitos da pessoa, mas tão somente a apresentação dos aspectos fundamentais do seu desenvolvimento.

2.1 A CONTRIBUIÇÃO GREGA À TUTELA DA PESSOA

A história da Grécia Antiga é dividida em quatro períodos: a) período micênico ou homérico, do século XV ao século VIII, a.C., com predomínio dos cretenses e aqueus; b) período pré-clássico ou arcaico, do século VIII ao século VI, a.C.; c) período clássico, do século VI ao século IV a.C, quando preponderou a *polis*; d) período pós-clássico ou helênico, do século IV ao século I, a.C., que abrangeu o império de Alexandre e culminou com a dominação romana.[1]

---

1. SZANIAWSKI, Elimar. *Direitos de personalidade e sua tutela*, p. 23-24.

Tal divisão histórica é relevante para a compreensão do direito grego. Nos dois primeiros períodos o direito consuetudinário imperava, não obstante o surgimento das primeiras normas escritas no período arcaico. Aliás, vale ressaltar que a noção abstrata e geral de lei (*nomos*), desconhecida nos poemas homéricos, aparece em Hesíodo (século VIII a.C.).[2]

Como não poderia deixar de ser, o direito vigente na civilização grega mudou muito no decorrer de sua história, o que também se sentiu no que toca ao estatuto das pessoas. Apenas a título ilustrativo, vale aqui lembrar que as mulheres mantinham no período micênico uma posição de igualdade em relação aos homens, situação que foi drasticamente modificada no período clássico, quando houve redução de sua capacidade.[3]

A existência de normas diversas em cada pólis constitui outro fator de dificuldade para uma visão global do direito grego. Cada cidade-estado tinha seu próprio direito, tanto público como privado, uma vez que, com exceção do curto governo de Alexandre, o Grande, não houve unidade política e jurídica na Grécia Antiga.[4]

O direito privado mais conhecido é o de Atenas, que era muito individualista, permitindo ao cidadão dispor livremente de sua pessoa e de seus bens. Porém, a maior parte das fontes do direito grego acabou por se perder, chegando até nós apenas fragmentos esparsos ou fontes mediatas.[5]

Apesar de tudo, grande foi a contribuição dada pelos gregos à atual categoria dos direitos da personalidade, haja vista o pensamento filosófico que passou a ver o ser humano, tanto no âmbito estadual quanto no universal, como a origem e a finalidade do direito, ganhando "novo sentido os problemas da personalidade e da capacidade jurídica de todo e cada homem e dos seus inerentes direitos de personalidade".[6]

Ainda, o pensamento grego, especialmente por influência de Aristóteles, passou a conceber a existência de igualdade entre as pessoas, bem como buscou a regulamentação das relações humanas em sociedade pela lei (*nomos*),[7] que constituiria uma "disposição geral, uniforme e igual para todos", limitadora do poder da autoridade.[8]

---

2. CAPELO DE SOUSA, Rabindranath Valentino Aleixo. *O direito geral de personalidade*, p. 41.
3. SZANIAWSKI, Elimar. *Direitos de personalidade e sua tutela*, p. 24.
4. GILISSEN, John. *Introdução histórica ao direito*, p. 73.
5. GILISSEN, John. *Introdução histórica ao direito*, p. 77-78.
6. CAPELO DE SOUSA, Rabindranath Valentino Aleixo. *O direito geral de personalidade*, p. 47.
7. SZANIAWSKI, Elimar. *Direitos de personalidade e sua tutela*, p. 25.
8. GILISSEN, John. *Introdução histórica ao direito*, p. 75-76.

Não obstante a pretensa igualdade entre as pessoas e a submissão a uma lei geral, uniforme e igual para todos, a escravidão era instituto presente na Grécia Antiga. Entretanto, o escravo não era considerado simplesmente uma coisa, pois eram reprovados os maus-tratos a ele e punida sua morte, mesmo aquela provocada por seu senhor, bem como era permitido seu casamento e o exercício de atividade comercial.[9]

A igualdade, da mesma forma, não existia no campo político. Apenas eram considerados cidadãos os nascidos em Atenas, do sexo masculino e maiores de vinte anos, ficando excluídos do processo decisório as mulheres, os estrangeiros (metecos) e os escravos.[10]

A ideia de direito natural é outro importante legado grego, o qual era entendido como um corpo de normas ideais não escritas, opostas aos estatutos reais, que refletiam a imperfeição da vida cotidiana.[11] Essa ideia grega de direito natural pode ser nitidamente visualizada na obra de Sófocles, particularmente quando Antígona reclama, com fundamento no seu dever familiar imposto pelos deuses, o enterro de seu irmão como cidadão, em contradição ao que dispunha a legislação da pólis, que vedava o enterro daquele que combatera contra a cidade.[12]

O conceito de direito natural será de fundamental importância para o desenvolvimento dos direitos da personalidade, já que o pensamento grego é retomado, mais tarde, no movimento jusnaturalista, que serviu de base para as declarações de direitos.

Acrescente-se, ademais, que na Grécia Antiga ocorreu a laicização do direito, de maneira que as leis podiam ser revogadas pelos mesmos homens que as fizeram,[13] não tinham nada de religioso, de divino, o que foi um grande progresso para a civilização ocidental.

Outrossim, os gregos institucionalizaram o princípio da personalidade do direito e configuraram autênticas normas de direito internacional, "impostas pela consciência e que traduzem já um respeito universal pelo homem".[14]

Já no campo dos institutos jurídicos, pode-se destacar a tutela da pessoa em Atenas por meio de ação fundada na ideia de *hybris*. Essa ação tinha inicialmente caráter penal e objetivava a punição de ultrajes ou sevícias sobre uma pessoa. Com o passar do tempo houve o seu aprimoramento, o que permitiu,

---

9. CAPELO DE SOUSA, Rabindranath Valentino Aleixo. *O direito geral de personalidade*, p. 43.
10. AGUIAR, Renan. *História do direito*, p. 59.
11. CAENEGEM, R. C. van. *Uma introdução histórica ao direito privado*, p. 119.
12. SÓFOCLES. *A trilogia tebana: Édipo Rei, Édipo em Colono e Antígona*, passim.
13. AGUIAR, Renan. *História do direito*, p. 60.
14. CAPELO DE SOUSA, Rabindranath Valentino Aleixo. *O direito geral de personalidade*, p. 42.

mediante ações públicas ou privadas, a tutela de outros ilícitos, como as ofensas corporais, a difamação, a violação de mulheres e o uso proibido da força sobre coisa alheia.[15]

A palavra *hybris* é de definição e tradução difíceis, sendo normalmente utilizada por escritores modernos com o significado de "arrogância", o que não representa adequadamente o alcance da palavra grega.[16] Seja como for, é por meio da *hybris* que os gregos expressavam seu repúdio ao excesso, à injustiça, ao desequilíbrio, à insolência e à soberba,[17] valendo ainda destacar que essa ação também protegia os escravos, uma vez que punia diretamente atos contra qualquer criança, mulher ou homem, porém não punia um ato de *hybris* contra um deus.[18]

Por conseguinte, é possível atribuir aos gregos boa parte da base filosófica que deu sustentáculo aos direitos da personalidade, não se podendo esquecer, por outro lado, da importância da *hybris*.

2.2 A CONTRIBUIÇÃO ROMANA À TUTELA DA PESSOA

Ao longo da história do direito romano, tal qual ocorreu no direito grego, o acesso e a perda de estatutos jurídicos foi uma constante, o que decorreu de alterações sociais, econômicas, políticas etc. Daí que é interessante uma análise dos institutos jurídicos ligados à pessoa, de acordo com os períodos em que é dividida a história do direito romano, isto é: a) direito antigo ou pré-clássico, que vai das origens de Roma à *Lex Aebutia*, compreendida aproximadamente entre 149 e 126 a.C.; b) direito clássico, que tem término em 305 d.C., com o fim do reinado de Diocleciano; c) período pós-clássico ou romano-helênico, que se encerra com a morte de Justiniano, em 565 d.C.[19]

A despeito da mencionada diversidade dos estatutos jurídicos no decorrer da evolução do direito romano, o que será a seguir melhor explanado, não se pode deixar de observar que tradicionalmente os autores apontam a necessidade do preenchimento de três *status* (estados) para a aquisição, em Roma, da capacidade jurídica plena, que eram: a) *status libertatis* (a condição de homem livre); b) *status civitatis* (a cidadania romana, que era negada aos escravos e estrangeiros); c)

---

15. CAPELO DE SOUSA, Rabindranath Valentino Aleixo. *O direito geral de personalidade*, p. 44.
16. MACDOWELL, Douglas Maurice. *The law in classical Athens*, p. 129.
17. Conforme Capelo de Sousa, a noção comum de *hybris* traduzia as ideias de: excesso, injustiça, insolência, desequilíbrio e de soberba (CAPELO DE SOUSA, Rabindranath Valentino Aleixo. *O direito geral de personalidade*, p. 44).
18. MACDOWELL, Douglas Maurice. *The law in classical Athens*, p. 130.
19. ALVES, José Carlos Moreira. *Direito romano*, p. 2.

2 • A EVOLUÇÃO HISTÓRICA DA PROTEÇÃO DA PESSOA HUMANA

status familiae (a condição de *pater familias*, ou seja, o homem não subordinado a um ascendente masculino).[20]

2.2.1 Época pré-clássica

O direito romano do período pré-clássico traduz-se no *ius civile* e na aplicação a ele dada pelos jurisconsultos. Nessa época, as instituições jurídicas vigentes eram bastante primitivas, caracterizadas pelo formalismo e pela rigidez, já que voltadas para uma sociedade rural, fundada na solidariedade clânica.

Em vista disso, o sancionamento das ofensas aos bens da personalidade se dava precipuamente por meio da vingança privada, de maneira que as penas para as lesões pessoais eram fulcradas no Talião. Apenas nos casos de lesões pessoais leves cominava-se uma indenização.[21]

Neste estágio primitivo do direito romano até mesmo o devedor, que era visto como uma coisa do credor, podia ser massacrado, encarcerado em prisão doméstica e transformado em escravo,[22] o que demonstrava justamente o livre-arbítrio, o exercício da vingança, bem como a dissonância com os padrões de proteção da pessoa da civilização atual.

Em um momento posterior, passou-se da vingança privada para a pena privada de composições, primeiro voluntária e depois obrigatória. Na Lei das Doze Tábuas, elaborada no ano 305 a.C., já se podia encontrar sinais da transição da composição voluntária para a composição legal, porém, não estava compelida a vítima a aceitar a composição fixada.[23]

Com o desenvolvimento do direito, a *iniuria*, que na Lei das Doze Tábuas traduzia apenas ofensas corporais ligeiras, passa a encontrar proteção mais ampla na *Lex Aquilia* (entre 289 e 286 a.C.), equivalendo à ideia de injustiça ou de ilicitude.[24]

A condição dos escravos também muda sensivelmente através das várias épocas do direito romano. No direito pré-clássico o escravo estava sujeito a uma série de arbitrariedades de seu dono, mas mesmo assim podia participar de cultos domésticos e públicos, bem como ser membro e até ocupar, com o consentimento do dono, cargos de direção de corporações religiosas.[25]

---

20. GUARINO, Antonio. *Diritto privato romano*, p. 267-269.
21. CAPELO DE SOUSA, Rabindranath Valentino Aleixo. *O direito geral de personalidade*, p. 49.
22. GARCEZ NETO, Martinho. *Responsabilidade civil no direito comparado*, p. 25.
23. ALSINA, Jorge Bustamante. *Teoría general de la responsabilidad civil*, p. 31.
24. CORDEIRO, António Menezes. *Tratado de direito civil português*, Parte Geral, t. III, p. 31-32.
25. ALVES, José Carlos Moreira. *Direito romano*, p. 100.

Aliás, é na época mais antiga, no estágio inicial de desenvolvimento, que os escravos menos sentiram o peso de sua condição. Eram considerados quase como companheiros de trabalho do *dominus*, além de serem por ele conhecidos, bem como tratados com benevolência. Por sua vez, os escravos nutriam sentimentos de devoção, reconhecimento e disciplina.[26]

Esse quadro, no entanto, vai mudando com o passar do tempo, conforme Roma vai se desenvolvendo e obtendo vitórias militares, o que faz com que o número de escravos aumente bastante, bem como sua situação se torne assaz miserável.[27]

Outro dado interessante em relação à escravidão neste período é que os escravos eram geralmente povos da própria Itália, já que as guerras ainda estavam limitadas àquela região, o que garantia a esses povos certos laços de "parentesco" com os romanos.[28]

Logo, vê-se que no período pré-clássico a tutela da pessoa em Roma era demasiadamente distinta daquela que conhecemos hodiernamente, especialmente pelo fato de que as ofensas aos bens da personalidade (v.g. em caso de morte, ofensas corporais, rapto etc.) eram reprimidas pela vingança privada, a qual foi cedendo lentamente lugar à pena privada de composições, primeiro voluntária e depois obrigatória. No entanto, a vingança privada não desapareceu, pois durante o período monárquico o papel do monarca, na maior parte dos casos, limitava-se a autorizar e controlar a vingança privada, estabelecendo as formas que ela deveria revestir, bem como impedindo ou reprimindo o seu excesso.[29]

2.2.2 Época clássica

O direito da época clássica é caracterizado essencialmente por seu individualismo, por sua laicização e pela separação entre o direito público e o direito privado. A visão do direito da época clássica não partia mais da família, mas sim do indivíduo, o que é claramente demonstrado pela estrutura do primeiro livro das Instituições de Gaio, cuja parte principal trata das pessoas.[30]

O papel fundamental na administração da justiça era desempenhado pelo pretor urbano, que apesar de não poder atribuir direitos a ninguém, concedia ou negava ações, o que, na prática, equivalia à criação de direitos.[31] Assim, os

---

26. SANFILIPPO, Cesare. *Istituzioni di diritto romano*, p. 137-138.
27. MAYER-MALY, Theo. *Römisches Recht*, p. 37.
28. KASER, Max; OTTO, Walter; BENGTSON, Hermann. *Das römische Privatrecht*, v. 1, p. 112.
29. CAPELO DE SOUSA, Rabindranath Valentino Aleixo. *O direito geral de personalidade*, p. 48.
30. KASER, Max; OTTO, Walter; BENGTSON, Hermann. *Das römische Privatrecht*, v. 1, p. 278.
31. ALVES, José Carlos Moreira. *Direito romano*, p. 70.

magistrados encarregados da jurisdição, normalmente no início de seu mandato, mandavam afixar os editos, que constituíam proclamações que outorgavam proteção judicial em determinadas circunstâncias. Tal prática aproximava o direito da realidade, permitindo sua adaptação a vastos domínios e às mutações sociais.[32]

É justamente a partir do direito pretoriano que vão ser ultrapassadas as carências do *ius civile* em matéria de proteção da pessoa, pois quando o pretor concedia ação para tutelar situações não previstas no *ius civile*, na verdade ele supria as lacunas da ordem jurídica. Assim, ao *ius honorarium*, criado pelos magistrados romanos em razão de seu poder jurisdicional, contrapunha-se o *ius civile*. No entanto, ambos não se diferenciavam pela área de validade, mas sim pelo seu fundamento de validade.[33]

Posteriormente, no principado, ao *ius civile* e ao *ius honorarium* (ou *praetorium*) vai se sobrepondo o *ius extraordinarium*, integrado por constituições imperiais,[34] tornando-se progressivamente o imperador o único órgão legislativo.[35]

Não havia, entretanto, uma proteção sistemática da pessoa, de maneira que a tutela se fazia por meio de manifestações isoladas, entre as quais vale citar as disposições da *Lex Aquilia*, que outorgava ação destinada a tutelar a integridade física das pessoas, da *Lex Cornelia* (81 a.C.), que protegia o domicílio contra a sua violação, da *Lex Fabia*, que estabelecia meios processuais para a defesa de direitos inerentes à personalidade.[36]

Em caso de *iniuria* havia a proteção da *actio iniuriarum*, uma *actio ex delicto* baseada na *Lex Aquilia*.[37] Esta ação, de matriz pretoriana, alterou a forma de reparação do dano, afastando o critério tarifado existente na Lei das Doze Tábuas.

No período clássico, a *actio iniuriarum* outorgava ao ofendido o direito de exigir o pagamento de uma multa, que era arbitrada pelo magistrado e tinha a função punitiva e satisfativa. É desta ação que veio a essência da atual indenização por dano moral decorrente da lesão a direitos da personalidade.[38]

Ainda, deve-se destacar que a *actio iniuriarum* tutelou aspectos essenciais da personalidade humana e alguns dos direitos a ela relacionados, avançando além do aspecto puramente material,[39] o que tem levado muitos autores a apontá-la como o embrião de um direito geral de personalidade.

---

32. HAUSMANINGER, Herbert; SELB, Walter. *Römisches Privatrecht*, p. 23.
33. KASER, Max; OTTO, Walter; BENGTSON, Hermann. *Das römische Privatrecht*, v. 1, p. 201.
34. ALVES, José Carlos Moreira. *Direito romano*, p. 70-71.
35. GILISSEN, John. *Introdução histórica ao direito*, p. 89.
36. SZANIAWSKI, Elimar. *Direitos de personalidade e sua tutela*, p. 32.
37. CORDEIRO, António Menezes. *Tratado de direito civil português*, Parte Geral, t. III, p. 33.
38. BALTHASAR, Stephan. *Der Schutz der Privatsphäre im Zivilrecht*, p. 15.
39. GARCIA, Enéas Costa. *Direito geral da personalidade no sistema jurídico brasileiro*, p. 10-13.

Outrossim, é no período clássico que também passaram a vigorar leis que estenderam a cidadania romana aos habitantes do *Latium* (*Lex Iulia*, 90 a.C.), aos aliados de Roma (*Lex Plautia Papiria*, 89 a.C.) e aos habitantes da Gália Transpadana (*Lex Roscia*, 49 a.C.).[40]

Além disso, neste período ocorreu a atenuação da situação dos escravos, a qual tinha se tornado insuportável, o que levou ao surgimento de várias revoltas. Tal movimento se inicia na época do principado, sob influência da doutrina Estoica, podendo-se citar como exemplo o edito do imperador Cláudio, que atribuía liberdade ao escravo abandonado enfermo pelo *dominus*, bem como a constituição que vedou o homicídio do servo sem motivo válido.[41] Ademais, no início do principado, passa-se a admitir a capacidade processual do escravo no processo extraordinário, o que permitiu a utilização do escravo pelo proprietário para, em nome deste, contrair obrigações ou adquirir direitos, sendo que nos contratos celebrados em seu próprio nome, resultavam obrigações naturais.[42]

Por derradeiro, ainda no que toca à luta contra a escravidão, merece menção o posicionamento de Ulpiano, que entendia que o direito natural determinava que todas as pessoas nascem livres (*iure naturali omnes liberi nascerentur*).[43]

2.2.3 Época pós-clássica

O direito romano pós-clássico se caracterizou pela circunstância de passar a ser elaborado quase que exclusivamente pelo Estado, por meio de constituições imperiais, de forma bastante semelhante ao que ocorre no mundo moderno, deixando de existir a distinção entre o *ius civile*, o *ius honorarium* e o *ius extraodinarium*.[44]

Não há dúvida que neste período o direito romano sofreu influência do Cristianismo.[45] Entretanto, como adverte Capelo de Sousa, "a aliança entre o Império e a Igreja teve como contraprestação da hierarquia eclesiástica o reconhecimento da ordem socioeconômica-política estabelecida, nomeadamente dos poderes do Imperador como supremo garante da ordem estabelecida", incluindo

---

40. ALVES, José Carlos Moreira. *Direito romano*, p. 105.
41. SANFILIPPO, Cesare. *Istituzioni di diritto romano*, p. 138.
42. ALVES, José Carlos Moreira. *Direito romano*, p. 100.
43. MAYER-MALY, Theo. *Römisches Recht*, p. 35.
44. ALVES, José Carlos Moreira. *Direito romano*, p. 71.
45. Não se pode deixar de mencionar que também exerceram influência no direito romano pós-clássico os seguintes fatores: "a nova constituição política, social e econômica do Império, que passa a ter, depois de Constantino, seu centro de gravidade no Oriente; os direitos provinciais; o empirismo que resulta de toda época de decadência; e o espírito e a preparação doutrinária dos jurisconsultos do Oriente grego" (ALVES, José Carlos Moreira. *Direito romano*, p. 73).

aí a manutenção do sistema produtivo escravocrata e da situação de desigualdade da maioria da população.[46]

De fato, a moral cristã, não obstante ter exercido influência em Roma, não chegou a provocar grandes reformas na estrutura estatal, provocando mudanças apenas em zonas periféricas do direito, como, por exemplo, na atenuação da escravatura, na condenação dos jogos de gladiadores (325 d.C.), na repressão da prostituição (343 d.C.), na limitação da usura, na supressão do suplício da cruz e na abolição do cárcere privado.[47]

Por isso, o período influenciado pelo Cristianismo somente em estritos limites conheceu a proteção da personalidade e da liberdade individual.[48]

Em contrapartida, com o Cristianismo a tolerância religiosa, que era até então razoavelmente ampla, começou a ceder espaço à perseguição dos pagãos.

No que toca especificamente à situação do escravo,[49] no período pós-clássico intensificaram-se as disposições, emanadas dos imperadores, de proteção ao escravo contra o rigor das punições de seus donos. Entre os imperadores, pode-se destacar Justiniano, que influenciado pela ética cristã, apesar de não poder abolir a escravidão, esforçou-se para aliviar ainda mais a situação dos escravos, bem como reconheceu inúmeros casos de libertação.[50] A despeito disso, tais atenuações não chegaram a modificar a sua condição jurídica, de maneira que também no direito pós-clássico o escravo continuou a ser considerado como coisa.[51]

---

46. CAPELO DE SOUSA, Rabindranath Valentino Aleixo. *O direito geral de personalidade*, p. 56.
47. CAPELO DE SOUSA, Rabindranath Valentino Aleixo. *O direito geral de personalidade*, p. 57.
48. KASER, Max. *Das römische Privatrecht*, v. 2, p. 114.
49. Afirma-se, tradicionalmente, que os escravos não possuíam personalidade, eram coisas, de propriedade de seu senhor. Todavia, há alguns estudiosos, entre eles Cossio e Robleda, que vêm revisando o conceito tradicional, já que a escravidão seria apenas uma limitação da liberdade pessoal e não a negação da personalidade. Aponta o autor que vários atos praticados por escravos produziam efeitos no mundo jurídico, o que leva à conclusão de que os escravos não poderiam ser considerados como objeto, e sim como sujeito de direito com capacidade extremamente limitada (SZANIAWSKI, Elimar. *Direitos de personalidade e sua tutela*, p. 28). José Carlos Moreira Alves defende, entretanto, a doutrina tradicional, entendendo que o escravo podia praticar determinados atos, porém, isso ocorria porque servia como instrumento de ação jurídica de seu dono (como seu braço prolongado) e não porque tinha capacidade (ALVES, José Carlos Moreira. *Direito romano*, p. 98). Kaser, Otto e Bengtson, tratando do direito romano clássico, afirmam que os escravos eram simultaneamente *personae* e *res*. Como *res corporales* e *mancipi* são tratados conforme o direito das coisas, sendo propriedade de um senhor. Contudo, como seres humanos são *personae*, e, na verdade, como as crianças da casa, estavam sobre *potestas*, desenhando-se, assim, as características dos escravos como seres humanos. Além disso, também fora do direito privado, conforme os autores alemães, os escravos eram tratados como seres humanos (KASER, Max; OTTO, Walter; BENGTSON, Hermann. *Das römische Privatrecht*, v. 1, p. 285).
50. SANFILIPPO, Cesare. *Istituzioni di diritto romano*, p. 138 e 145.
51. ALVES, José Carlos Moreira. *Direito romano*, p. 100-101.

Fica claro, portanto, que a Igreja não se opôs à existência da escravidão, porém, procurou suavizar o seu rigor, particularmente pelo cultivo da *caritas*.[52]

Quanto à cidadania romana, desde os fins da República a tendência era a sua extensão a todos os súditos, havendo, com isso, um forte retrocesso no que toca à distinção entre cidadão e não cidadão[53].

Nessa linha, o imperador Caracala, em 212 d.C., por meio da *Constitutio Antoniniana*, outorgou o *status civitatis* a quase todos os habitantes do Império (*in orbe romano qui sunt*), já que aos peregrinos deditícios, que tinham sido vencidos em guerra, foi recusada a cidadania. As exceções que subsistiram desapareceram no oriente com Justiniano,[54] quando apenas se opunha o cidadão ao estrangeiro,[55] não sendo mais feita a distinção entre os cidadãos romanos, os latinos e os deditícios. No ocidente, porém, as fontes jurídicas mais tardias ainda conheciam essa distinção.[56]

Assim, com a atribuição cada vez maior de direitos aos estrangeiros, a qualidade de cidadão romano passou a ter influência apenas na maior ou menor amplitude da capacidade jurídica, deixando de ser requisito para a aquisição de personalidade jurídica.[57]

A tutela judicial da personalidade humana continuou a ser implementada pelos tribunais civis, por meio da *actio iniuriarum*, não obstante a presença do cristianismo no âmbito da tutela da personalidade moral e dos bens imateriais da pessoa.[58]

Por derradeiro, é de se destacar que no século VI, na obra de Justiniano, encontra-se uma ideia mais lata e mais precisa de *iniuria*, apresentada, em geral, como tudo o que não seja juridicamente regular (*quod non iure fit*). Assim, a *iniuria* explicitaria a afronta injuriosa a uma pessoa, o desprezo, a culpa, a iniquidade e a injustiça.[59]

Portanto, vê-se que na Antiguidade greco-romana a proteção da pessoa não se dava nos moldes atuais, já que a organização socioeconômica e política era outra, bastante diversa, bem como não houve o enfrentamento pelas civilizações clássicas dos problemas hodiernamente trazidos pelo desenvolvimento tecnológico. Entrementes, naquelas civilizações é possível encontrar o embrião dos direitos

---

52. KASER, Max. *Das römische Privatrecht*, v. 2, p. 125.
53. KASER, Max. *Das römische Privatrecht*, v. 2, p. 113.
54. CAPELO DE SOUSA, Rabindranath Valentino Aleixo. *O direito geral de personalidade*, p. 55.
55. SANFILIPPO, Cesare. *Istituzioni di diritto romano*, p. 151.
56. KASER, Max. *Das römische Privatrecht*, v. 2, p. 120-121.
57. ALVES, José Carlos Moreira. *Direito romano*, v. 1, p. 98.
58. CAPELO DE SOUSA, Rabindranath Valentino Aleixo. *O direito geral de personalidade*, p. 57.
59. CORDEIRO, António Menezes. *Tratado de direito civil português*, Parte Geral, t. III, p. 32.

2 • A EVOLUÇÃO HISTÓRICA DA PROTEÇÃO DA PESSOA HUMANA

da personalidade, tanto no que toca à sua base filosófica como jurídica, valendo aqui, mais uma vez, lembrar os institutos da *hybris* grega e da *injuria* romana.

2.3 A TUTELA DA PESSOA NA IDADE MÉDIA

A Idade Média é tradicionalmente delimitada com base em eventos políticos, iniciando-se com a desintegração do Império Romano do Ocidente, no século V (476 d.C.), e terminado com a queda de Constantinopla e o consequente fim do Império Romano do Oriente, no século XV (1453 d.C.).

2.3.1 A Alta Idade Média

Neste período a sociedade e a economia da Europa Ocidental são profundamente alteradas. As invasões bárbaras provocam o surgimento de muitos reinos politicamente independentes, onde as leis bárbaras, próprias das tribos germânicas, passam a vigorar ao lado do direito romano vulgar.

A influência de cada um destes direitos dependia da quantidade de invasores bárbaros, ou seja, quanto maior o número de invasores, mais fragilizadas ficavam as regras do direito romano, predominando o direito costumeiro bárbaro. Tal situação pode ser muito bem visualizada no território da atual França, pois no Sul a germanização foi superficial (*Herrensiedlung*) e os princípios essenciais do direito romano foram conservados. Já no Norte, houve uma maciça ocupação das tribos germânicas (*Bauernsiedlung*), perdendo-se o direito romano.[60]

Com o passar do tempo, o direito barbárico, absolutamente inferior, acabou recepcionando algumas categorias do direito romano vulgar. Contudo, onde houve forte ocupação dos povos bárbaros, os costumes dos germanos continuaram sendo a principal fonte do direito.

Desta feita, a literatura jurídica do período era repleta de concepções errôneas, de falta de análise doutrinária e de originalidade, bem como favorecia a barbarização de institutos, misturando elementos de origem germânica com aqueles romanos.[61]

Ademais, como era tradição o rei dividir as terras entre seus filhos, isto acabou levando à fragmentação e à decadência do poder real, merecendo destaque no período apenas o reino Franco, que legislou por meio das capitulares, as

---

60. CAENEGEM, R. C. van. *Uma introdução histórica ao direito privado*, p. 29.
61. WOLFF, Hans Julius. *Roman law*, p. 185.

quais, ao lado do direito da Igreja Romana, constituíram o único ordenamento supranacional da época.[62]

Assim sendo, durante os primeiros séculos da Idade Média a legislação teve uma importância apenas secundária, predominando um direito oral, que variava inicialmente de tribo para tribo e, posteriormente, de região para região. A principal fonte do direito era o costume, não havendo qualquer sinal de tratados de direito ou de ensino profissional do direito.[63]

Também não se pode esquecer a influência do direito canônico, considerado na época como fonte de direito vigente,[64] uma vez que no final do século VII já tinha ocorrido a conversão ao catolicismo de boa parte dos reinos bárbaros. O direito da Igreja Católica seguia os modelos do antigo direito romano, considerando parte de suas instituições, bem como os procedimentos em juízo.[65]

Outrossim, é interessante notar que o declínio da legislação não se explica apenas pela queda do Império Romano, ligando-se igualmente "às concepções dos povos germânicos acerca da realeza e do direito. Em sua visão, o direito não era uma técnica social que podia ser manipulada e adaptada quando as autoridades centrais desejassem, mas uma realidade eterna, um princípio fixo e intemporal de orientação, que devia ser elucidado e interpretado, mas jamais alterado fundamentalmente".[66]

Por conseguinte, a Alta Idade Média não é o campo fecundo para a doutrina dos direitos da personalidade, visto que as condições eram incompatíveis com o fundamento ideológico dos direitos da personalidade, ou seja, faltava a noção de individualidade,[67] ofuscada, sobretudo, pelo direito barbárico. A despeito disso, no decorrer da Idade Média há o reconhecimento, pelos filósofos cristãos, "da dignidade de cada homem concreto como filho de Deus, da unidade do género humano e da autonomia do espiritual perante o temporal".[68]

2.3.2 A Baixa Idade Média

A Baixa Idade Média é caracterizada pela crise da estrutura feudal e das relações econômicas, sociais e culturais a ela relacionadas. Há o surgimento da burguesia e do capitalismo, bem como o fortalecimento das cidades e do poder

---

62. CAENEGEM, R. C. van. *Uma introdução histórica ao direito privado*, p. 26.
63. CAENEGEM, R. C. van. *Uma introdução histórica ao direito privado*, p. 25.
64. SZANIAWSKI, Elimar. *Direitos de personalidade e sua tutela*, p. 34.
65. WOLFF, Hans Julius. *Roman law*, p. 188.
66. CAENEGEM, R. C. van. *Uma introdução histórica ao direito privado*, p. 22.
67. GARCIA, Enéas Costa. *Direito geral da personalidade no sistema jurídico brasileiro*, p. 13.
68. MIRANDA, Jorge. *Manual de direito constitucional*, t. IV, p. 17.

2 • A EVOLUÇÃO HISTÓRICA DA PROTEÇÃO DA PESSOA HUMANA   17

real, tornando-se o estado nacional soberano a forma dominante de organização política, cujo símbolo era o monarca absoluto.

É neste período que o Ocidente redescobriu, no século XI, com a Escola dos Glosadores de Bolonha, o direito romano justinianeu, que influenciou profundamente a evolução do direito em praticamente toda a Europa. Tal movimento se inicia na Itália e se espalha pela Espanha, França e Alemanha, influenciando também a Inglaterra e outros países, inclusive do norte e do leste europeu.[69]

Esta redescoberta não significou apenas que o texto integral da compilação foi encontrado, mas sim que passaria a ser estudado e ensinado nas universidades, o que, com o tempo, levou à produção de glosas e comentários às antigas compilações oficiais. Também houve a construção gradual de um direito romano medieval, o qual, junto com o direito canônico, criou um direito erudito comum para todo o Ocidente, que ficou conhecido como *ius commune*.[70]

Entretanto, para os glosadores não havia como se questionar a doutrina do *Corpus Iuris Civilis*, já que ela expressava a razão escrita, um modelo universal e eterno de revelação.[71] Aliás, os glosadores chegavam a considerar os textos de Justiniano como sagrados, atribuindo a eles autoridade quase bíblica.[72]

Desta maneira, não há que se falar em inovações produzidas pela Escola dos Glosadores, em especial no que toca aos direitos da personalidade. É que na glosa se manteve o âmbito e as características da *actio iniuriarum*, mas agora com desvantagem na sua aplicação prática, ante a ausência do conhecimento jurídico e da sensibilidade do pretor romano.[73]

Com a perda da posição dominante da Escola dos Glosadores surgiu a Escola dos Comentadores ou Conciliadores, que tinha a cidade de Perugia como o seu mais renomado centro de atividades e como expoentes Bartolus de Saxoferrato e Baldus de Ubaldis.[74] Esta nova escola alcançou uma jurisprudência mais adulta e consciente das suas tarefas quotidianas, tornando as fontes romanas diretamente úteis para a satisfação das necessidades sociais.[75]

De fato, conforme ensina Wieacker, os conciliadores "exploraram pela primeira vez instituições ou disciplinas a que faltava no direito romano qualquer

---

69. WOLFF, Hans Julius. *Roman law*, p. 183.
70. CAENEGEM, R. C. van. *Uma introdução histórica ao direito privado*, p. 49.
71. CAENEGEM, R. C. van. *Uma introdução histórica ao direito privado*, p. 53.
72. STEIN, Peter. *Roman law in European history*, p. 46.
73. CAPELO DE SOUSA, Rabindranath Valentino Aleixo. *O direito geral de personalidade*, p. 59.
74. WOLFF, Hans Julius. *Roman law*, p. 189.
75. WIEACKER, Franz. *História do direito privado moderno*, p. 84.

fundamento ou que aí apenas eram tratadas sob a forma de sugestões de carácter casuístico".[76]

Seus representantes tiveram um importante papel em direção à combinação do direito romano com os estatutos das cidades italianas, bem como com o direito canônico.[77]

Logo, vê-se que os conciliadores interpretaram as fontes do direito de forma mais livre, o que inclusive favorecia a criação de novas figuras jurídicas, atualizando o antigo direito às necessidades da sociedade da época. Por isso, a obra dos conciliadores ultrapassou a dos glosadores, colocando-os como precursores da moderna dogmática do direito privado.

A despeito disso, até o século XIV a tutela da personalidade não foi alterado pela Escola dos Comentadores,[78] visto que os esquemas da *actio iniuriarum* e da *Lex Aquilia* foram mantidos.[79] Pode-se então concluir que na Baixa Idade Média não houve desenvolvimento da tutela da personalidade, mas apenas o renascimento do direito romano justinianeu.

2.4 A TUTELA DA PESSOA DO SÉCULO XV AO XVIII

O período aqui analisado praticamente coincide com a Idade Moderna, a qual vai do século XV ao XVIII, tendo como marco inicial a tomada de Constantinopla pelos turcos otomanos (1453) e como término a Revolução Francesa (1789). Trata-se de um período de transição, cuja base consiste na substituição do modo de produção feudal pelo sistema capitalista, bem como pelo surgimento das Grandes Navegações, da Reforma Protestante, da Contrarreforma e do Renascimento.

2.4.1 Os avanços decorrentes do Renascimento, do Humanismo, do Direito Natural e da Reforma Protestante

O Renascimento dos séculos XV e XVI alterou substancialmente a concepção medieval, colocando o homem no centro de tudo (antropocentrismo) e dando importância primordial ao racionalismo.[80] O mundo aparece como cenário das ações humanas, e não como expressão da vontade divina.

---

76. WIEACKER, Franz. *História do direito privado moderno*, p. 82.
77. WOLFF, Hans Julius. *Roman law*, p. 189.
78. CAPELO DE SOUSA, Rabindranath Valentino Aleixo. *O direito geral de personalidade*, p. 59.
79. O mesmo entendimento é esposado por Judith von Schmädel, que defende a aceitação pelos glosadores e comentadores da legislação romana sem modificações no que toca à proteção da personalidade (SCHMÄDEL, Judith von. *Persönlichkeitsrechte im österreichischen und deutschen Filmrecht unter besonderer Beachtung der Rechte des Filmschauspielers*, p. 5).
80. GARCIA, Enéas Costa. *Direito geral da personalidade no sistema jurídico brasileiro*, p. 14.

Ao Renascimento está associado o Humanismo, movimento que fez reviver estudos da Antiguidade clássica e que celebrava uma série de valores e ideias relacionados ao ser humano. Com o Humanismo o homem acaba se tornando responsável por si mesmo e não mais subordinado à vontade divina, ou seja, abre-se o mundo à intervenção do ser humano, que passa a ter como princípios fundamentais a tolerância, a não violência e a liberdade de consciência.

Destarte, a potencialização das ideias humanistas pelo Renascimento faz com que o homem assuma sua condição e questione seu próprio destino, coexistindo, no entanto, a ideia e a imperiosidade da ordenação divina. Isso leva, conforme ensina Capelo de Sousa, à "continuação da reflexão antropocêntrica das relações entre o indivíduo e a sociedade, particularmente entre governantes e governados dentro do Estado, e a progressão do *ius*, cada vez mais ligado à vontade humana e à ideia de Justiça".[81]

No campo do direito, a Escola do Direito Natural desenvolveu amplamente as ideias humanistas de fundo individualista e voluntarista, bem como a doutrina dos direitos subjetivos. Esta escola defendia a primazia do direito natural sobre o direito positivo e fundamentava o direito natural "nos direitos 'inatos', 'originários' e irrenunciáveis do homem".[82] Aliás, daí se vê que na era moderna formou-se uma nova concepção do direito natural, o qual é entendido como um corpo de princípios básicos dos quais o direito positivo deveria diretamente derivar.

Desta maneira, os integrantes de tal escola, a partir de princípios evidentes e de axiomas, realizavam uma dedução *more geometrico*, com a imutabilidade própria das deduções matemáticas, o que leva a crer, com fulcro nas lições de Caenegem, que seria mais adequado o nome "direito da razão" (*Vernunftrecht*),[83] em vez de "direito natural".[84]

Este também é o posicionamento de Celso Lafer, o qual destaca que o modelo jusnaturalista moderno "tem como nota unificadora não um conteúdo em comum, mas sim um método compartilhado. Trata-se do método racional, donde resulta o empenho de enquadrar o Direito, a Moral e a Política no âmbito de uma ciência demonstrativa".[85]

---

81. CAPELO DE SOUSA, Rabindranath Valentino Aleixo. *O direito geral de personalidade*, p. 63.
82. CAPELO DE SOUSA, Rabindranath Valentino Aleixo. *O direito geral de personalidade*, p. 65.
83. CAENEGEM, R. C. van. *Uma introdução histórica ao direito privado*, p. 129.
84. Igualmente, adverte Wieacker que o "jusracionalismo europeu constituiu, na verdade, uma revolução cultural, mas traçada passo a passo por uma tradição coesa que, através das teorias sociais da Idade Média, remonta à filosofia greco-helenístico-romana. A unidade desta tradição é garantida não apenas pela continuidade histórica, mas também pela unidade dos problemas; já a execução deste projecto se processou por formas muitíssimo diversas" (WIEACKER, Franz. *História do direito privado moderno*, p. 290).
85. LAFER, Celso. *A reconstrução dos direitos humanos*, p. 277.

Ainda, em decorrência da manifestação de diversos direitos inerentes à pessoa, fundados no *ius in se ipsum*, ocorreu a evolução da *hybris* e da *actio iniuriarum*, sendo certo que nos séculos XV e XVI já havia, em estado embrionário, um conceito de *ius imaginis* e a absorção da máxima *dominus membrorum suorum nemo videtur*, ou seja, o direito ao corpo como direito de propriedade.[86]

Entre os autores da humanística tardia francesa, destaca-se a obra de Hugo Donellus, cujos textos fundamentais (*Commentarium de iure civile*, de 1590) "marcam a certidão de nascimento dos modernos direitos fundamentais".[87] Em sua obra, Donellus aceita uma propriedade dupla, é dizer: "in persona cuisque" e "in rebus externis". A primeira propriedade vai, posteriormente, no século XIX, ser objeto de discussão, uma vez que compreenderia a vida, a integridade corporal, a liberdade e a reputação.[88] Ademais, o referido autor também defendia a superação do sistema de ações pelo sistema de direitos subjetivos, o que influenciou no campo da proteção da personalidade.[89]

Outrossim, não se pode deixar de apontar as mudanças trazidas pela Reforma Protestante, uma vez que as novas seitas cristãs propugnavam um contato direto entre o homem e Deus, dispensando a participação da Igreja como intermediária desta relação. Sem a participação da Igreja, começou a perder sentido aquela visão até então predominante, que via no outro um elemento colaborante, imprescindível para a salvação de todos. O homem não necessitava mais dos semelhantes para obter a sua salvação, podia obtê-la autonomamente, o que afastava as justificativas então existentes para a intromissão da Igreja e da sociedade como um todo na vida alheia. Criou-se, por conseguinte, uma zona de individualismo até aquele momento inexistente.[90]

2.4.2 O papel do Iluminismo e das declarações de direitos

Superado o momento inicial dos séculos XV e XVI, no decorrer da Idade Moderna a nova classe social dos burgueses foi ficando mais forte, o que levou à redução da influência de instituições hierárquicas como a Nobreza e a Igreja. O Iluminismo, já no campo cultural, vai criticar, no século XVIII, a política e a

---

86. SZANIAWSKI, Elimar. *Direitos de personalidade e sua tutela*, p. 38.
87. CORDEIRO, António Menezes. *Tratado de direito civil português*, Parte Geral, t. III, p. 34.
88. WEICK, Gunter. Natürliche Personen, Verbraucher, Unternehmer. In: *J. von Staudingers Kommentar zum Bürgerlichen Gesetzbuch mit Einführungsgesetz und Nebengesetzen*, p. 171.
89. SCHMÄDEL, Judith von. *Persönlichkeitsrechte im österreichischen und deutschen Filmrecht unter besonderer Beachtung der Rechte des Filmschauspielers*, p. 6.
90. CAMPOS, Diogo Leite de. *Nós: estudos sobre o Direito das pessoas*, p. 100-105.

sociedade então existentes, surgindo, devido a todas estas mudanças, a chamada Crise do Antigo Regime.[91]

De fato, o Iluminismo forneceu boa parte do fermento intelectual de eventos políticos que se revelariam de extrema importância para a constituição do mundo moderno, visto que os ilustrados defendiam o respeito aos direitos naturais, à justiça, à diversidade de ideias, bem como tinham a razão como o grande instrumento de reflexão capaz de melhorar o mundo.

A crítica dos ilustrados concentrou-se especialmente na desigualdade diante da lei. Foram intensamente debatidos os problemas decorrentes das limitações às pessoas e à propriedade, das intervenções arbitrárias e imprevisíveis da Coroa, da exclusão da participação popular, da predominância da Igreja e da intolerância religiosa.[92]

Ademais, os iluministas fizeram prevalecer a noção por meio da qual o ser humano isolado era não somente parte do coletivo, mas dispunha de um singular plano interior, que deveria ser desenvolvido. Em correspondência com esta noção, atribuia-se ao ordenamento jurídico a tarefa de reconhecer as peculiaridades individuais de cada ser humano, protegê-las e desenvolvê-las.[93]

As ideias iluministas resultaram em novas concepções democráticas e liberais, na Independência dos Estados Unidos (1776) e na Revolução Francesa (1789), gerando liberalismo político, econômico e jurídico. Por isso, assevera Capelo de Sousa que:

> foi preciso esperar pelo liberalismo, não apenas econômico mas também sociopolítico, dos finais do séc. XVIII e do séc. XIX, para que se acentuasse a tendência – cara à escola de direito natural, aos filósofos franceses precursores da Revolução e a Kant – para a subjetivação dos direitos e para o reforço dos direitos individuais face ao Estado, pelo menos ao nível do discurso jurídico.[94]

Juntamente com os movimentos revolucionários surgiram as Declarações de Direitos,[95] que enunciaram os direitos naturais, inalienáveis e sagrados do homem, os quais apenas eram declarados pelo Estado, já que eram preexistentes a ele e decorreriam da própria natureza humana.[96]

---

91. GARCIA, Enéas Costa. *Direito geral da personalidade no sistema jurídico brasileiro*, p. 14.
92. CAENEGEM, R. C. van. *Uma introdução histórica ao direito privado*, p. 117-118.
93. LOCHER, René. *Persönlichkeitsschutz und Adoptionsgeheimnis*, p. 17.
94. CAPELO DE SOUSA, Rabindranath Valentino Aleixo. *O direito geral de personalidade*, p. 69.
95. As declarações de direitos das colônias americanas e da França revolucionária constituíram um momento fundamental para a definição unitária da pessoa, bem como para a passagem de concepções filosóficas para o plano jurídico (DOGLIOTTI, Massimo. Le persone fisiche. In: RESCIGNO, Pietro. *Trattato di diritto privato*, v. 2, p. 7).
96. GARCIA, Enéas Costa. *Direito geral da personalidade no sistema jurídico brasileiro*, p. 14.

A Declaração dos Direitos do Homem e do Cidadão, promulgada pela Assembleia Nacional da França, em 26 de agosto de 1789, foi o grande monumento legislativo do período, tornando-se modelo para todo o constitucionalismo liberal.[97] A sua importância consiste no fato de ela se endereçar ao homem, e não apenas ao cidadão francês, ou seja, o seu mérito está na sua universalidade.[98]

Também deve ser atribuída grande importância, no que toca à evolução dos direitos humanos e, por conseguinte, dos direitos da personalidade, às declarações americanas: Declaração de Direitos de Virgínia, de 16 de junho de 1776; Declaração de Independência dos Estados Unidos da América, de 4 de julho de 1776; e a Constituição dos Estados Unidos da América, de 17 de setembro de 1787.[99] Todavia, tais declarações, diferentemente da francesa, "aproximaram-se do modelo inglês, preocupando-se menos com o Homem e seus direitos do que com os direitos tradicionais do cidadão inglês".[100]

É justamente neste contexto que se inserem os movimentos e as medidas legais embrionárias de abolição da escravatura e da pena de morte, de reforma dos castigos corporais, de equiparação do homem e da mulher, de aproximação dos filhos e demais parentes nascidos dentro e fora do casamento e de atenuação de discriminações raciais ou motivadas pela nacionalidade.[101] Contudo, adverte Capelo de Sousa que:

> Os estatutos jurídicos das pessoas conheceram, é certo, um nivelamento em termos de capacidade jurídica, mas não se assistiu concomitantemente com a gestação de direitos subjectivos à fruição efectiva de bens sociais, que, significativamente, visassem a consecução dos objetivos igualitaristas das revoluções liberais. E os próprios direitos fundamentais, embora calorosamente apregoados, eram as mais das vezes deixados no remanso das declarações constitucionais ou dos discursos políticos da época, sem uma adequada tutela a nível do direito civil.[102]

De fato, a falta de tutela do homem, enquanto ser humano, tornou desprovida de real consistência a proclamação inicial de liberdade e igualdade, de maneira que não obstante a liberdade e igualdade diante da lei, na realidade os seres humanos não eram livres e nem iguais.[103]

---

97. RAMOS, André de Carvalho. *Curso de Direitos Humanos*, p. 27.
98. Segundo a Declaração dos Direitos do Homem e do Cidadão, "os homens nascem e permanecem livres e iguais em direitos" (art. 1º), sendo declarado que "o fim de toda associação política é a conservação dos direitos naturais e imprescritíveis do homem", que são "a liberdade, a propriedade, a segurança e a resistência à opressão" (art. 2º).
99. MIRANDA, Jorge. *Manual de direito constitucional*, t. I, p. 138.
100. FERREIRA FILHO, Manoel Gonçalves. *Direitos humanos fundamentais*, p. 20.
101. CAPELO DE SOUSA, Rabindranath Valentino Aleixo. *O direito geral de personalidade*, p. 66.
102. CAPELO DE SOUSA, Rabindranath Valentino Aleixo. *O direito geral de personalidade*, p. 70.
103. SCALISI, Antonino. *Il valore della persona nel sistema e i nuovi diritti della personalità*, p. 5.

2 • A EVOLUÇÃO HISTÓRICA DA PROTEÇÃO DA PESSOA HUMANA 23

Portanto, vê-se neste período o surgimento do Estado moderno, cuja lei maior é a Constituição, a qual assimilou todo o desenvolvimento filosófico-jurídico de mais de dois milênios, reconhecendo o valor fundamental da figura humana, bem como positivando a doutrina dos direitos fundamentais, que defende o cidadão dos abusos do Estado. A despeito disso, não se assistiu simultaneamente ao seu reconhecimento a sua fruição pelos cidadãos, dada a falta de efetividade da tutela então existente.

2.5 A CONSTRUÇÃO DOS DIREITOS DA PERSONALIDADE NO SÉCULO XIX

O século XIX absorveu a doutrina revolucionária francesa, desenvolvendo um direito de fundo jusracionalista e iluminista. Viu-se grande evolução no que toca ao que se denominou de direitos públicos da personalidade, o que se deu graças à promulgação de resoluções das diversas declarações e conferências internacionais, bem como ao trabalho dos constituintes, que reconheceram a tutela da pessoa humana por meio dos direitos fundamentais.[104]

No âmbito do direito civil, o século XIX é marcado pelo movimento de sistematização e codificação. O povo estava a exigir um sistema legal único, que fosse obrigatório para todos, não estabelecendo distinções odiosas entre os cidadãos. Para tanto, era imprescindível uma legislação que garantisse a liberdade do cidadão e a igualdade entre os mesmos. Tal movimento deve sua existência e conteúdo em parte à influência do direito natural, surgindo daí os códigos da Prússia (1794), da Áustria (1811) e, o mais importante de todos, da França (1804).[105]

Entretanto, o Código Napoleônico, que influenciou a maioria dos códigos civis do século XIX,[106] era um código do patrimônio e não um código dos direitos da pessoa. Consequentemente, não se ocupou da categoria dos direitos da personalidade.[107] As normas de proteção da personalidade no Código Civil francês eram escassas e fragmentárias, não existindo um sistema.[108]

---

104. SZANIAWSKI, Elimar. *Direitos de personalidade e sua tutela*, p. 49.
105. WOLFF, Hans Julius. *Roman law*, p. 216.
106. Diferentemente do Código Civil francês, uma primeira referência à pessoa e à capacidade se encontra no Código Civil austríaco de 1811 (*Allgemeines Bürgerliches Gesetzbuch* – ABGB), que estabelece, em seu § 16: "Todo homem tem direitos inatos que se conhecem somente com a razão: por isso ele deve ser considerado pessoa". Transcrição do original: *"Jeder Mensch hat angeborne, schon durch die Vernunft einleuchtende Rechte, und ist daher als eine Person zu betrachten"*.
107. LOISEAU, Grégoire. *Le droit des personnes*, p. 225.
108. DOGLIOTTI, Massimo. Le persone fisiche. In: RESCIGNO, Pietro. *Trattato di diritto privato*, v. 2, p. 49.

A despeito da ideia da necessária positivação dos multifacetados direitos da personalidade, bem como dos desencontros da doutrina do período, a categoria dos direitos da personalidade é apontada como criação do século XIX, devendo seus avanços particularmente ao trabalho dos tribunais, que contribuíram decisivamente para a sua construção.[109]

O maior embate doutrinário do período, no que toca aos direitos da personalidade, deu-se entre a Escola Histórica do Direito e o Positivismo Jurídico. Tais escolas acabaram alterando fundamentalmente a tutela da pessoa humana, a qual ainda era protegida pela *actio iniuriarum*, particularmente na Alemanha, não obstante o desenvolvimento ocorrido nos séculos XVII e XVIII.[110]

Segundo Savigny[111] e a maior parte da Escola Histórica, a admissão de um direito subjetivo da personalidade levaria ao reconhecimento de um direito que teria como objeto a própria pessoa, fundado no *ius in se ipsum*, o que autorizaria a disposição sobre si mesmo, inclusive o suicídio.[112] Por isso, tal escola negava a existência dos direitos da personalidade, não reconhecendo aos eventuais atributos, arrolados na lei, a natureza de direitos subjetivos.

Ainda, os adeptos da Escola Histórica desconstruíram a crença na possibilidade de descoberta de um sistema absoluto de direito, baseado na pura razão, bem como se opuseram ao direito natural. Segundo eles, não havia um direito eterno e universal, baseado na natureza abstrata do homem, uma vez que o direito, como a linguagem e os outros elementos da cultura, é uma forma de expressão da individualidade de um povo.[113]

Já para o positivismo jurídico, os diversos direitos que derivam da pessoa humana apenas poderiam ser reconhecidos como direitos da personalidade se estivessem expressamente tipificados no ordenamento jurídico, o que garantia a tutela do Estado, já que se tratavam de direitos subjetivos.[114]

Ao lado dessa visão dos direitos da personalidade como "direito à própria pessoa", surgiu, no decorrer da segunda metade do século XIX, um outro ponto de vista, o qual viu, nos direitos da personalidade, o direito ao respeito da própria

---

109. SZANIAWSKI, Elimar. *Direitos de personalidade e sua tutela*, p. 49.
110. SZANIAWSKI, Elimar. *Direitos de personalidade e sua tutela*, p. 42.
111. No entender de Menezes Cordeiro, Savigny não foi bem compreendido. É que segundo o autor português, Savigny não era contrário à tutela da pessoa, mas tão somente duvidava da viabilidade dogmática dos direitos da personalidade, uma vez que uma construção de "direitos sobre si próprio" só viria obscurecer a sua tutela (CORDEIRO, António Menezes, *Tratado de direito civil português*, Parte Geral, t. III, p. 36-37).
112. VASCONCELOS, Pedro Pais de. *Direito de personalidade*, p. 57-58.
113. WOLFF, Hans Julius. *Roman law*, p. 217.
114. SZANIAWSKI, Elimar. *Direitos de personalidade e sua tutela*, p. 43.

individualidade. Tal teoria foi fortemente influenciada pelo desenvolvimento dos direitos autorais, tendo sido fundada por Gareis e aperfeiçoada por Kohler.[115]

Em razão do tumultuoso desenvolvimento industrial, bem evidente, sobretudo a partir da segunda metade do século XIX, necessitava-se de uma incisiva e adequada tutela da personalidade. Considerando que as agressões sofridas pelos indivíduos no período eram gravíssimas, foram afastadas as teorias negativas,[116] que "enxergavam uma contradição lógica na possibilidade de que a personalidade, identificando-se com a titularidade de direitos, pudesse ser também objeto deles".[117]

Prevaleceu, em grande parte dos países da Europa, a ideia de que os direitos da personalidade necessitavam de fundamentação normativa, o que estava em consonância com o positivismo jurídico dominante na época. Entrementes, ante a ausência de normatização na órbita civil,[118] foi por meio de sanções penais que os elementos constitutivos e as manifestações da personalidade humana começaram a ser tutelados. Aliás, a tipologia penal ainda está atualmente entre as formas de defesa de determinados direitos da personalidade, justamente aqueles socialmente mais significativos.[119]

Por influência do positivismo jurídico e da teoria dos direitos inatos, passou-se a conceber a tutela do homem e de sua personalidade em dois grandes ramos, ou seja, os direitos públicos da personalidade e os direitos privados da personalidade. Os primeiros estariam previstos nas declarações de direitos e nas constituições, garantindo a defesa da pessoa contra atentados do próprio Estado; já os do segundo grupo eram aplicados nas relações entre particulares, nos casos de atentados por um sujeito privado contra algum atributo da personalidade de outro.[120]

É interessante notar que muitos países europeus, no século XIX, começaram a reconhecer os direitos da personalidade em diversas tipificações. O Direito da

---

115. WEICK, Günter. Natürliche Personen, Verbraucher, Unternehmer. In: *J. von Staudingers Kommentar zum Bürgerlichen Gesetzbuch mit Einführungsgesetz und Nebengesetzen*, p. 171-172.

116. DOGLIOTTI, Massimo. Le persone fisiche. In: RESCIGNO, Pietro. *Trattato di diritto privato*, v. 2, p. 49-50.

117. TEPEDINO, Gustavo; BARBOZA, Heloisa Helena; BODIN DE MORAES, Maria Celina. *Código Civil interpretado conforme a Constituição da República*, p. 31-32.

118. A falta de disciplina legal dos direitos da personalidade também se sentiu na Itália. O Código Civil italiano de 1865, analogamente ao Código napoleônico, não apresentou uma sistematização orgânica da disciplina atinente aos sujeitos, visto que no livro das "pessoas", onde estavam reunidas normas relativas ao direito das pessoas e da família, não foi introduzida uma regulamentação completa, apesar de conter disposições variadas (DOGLIOTTI, Massimo. Le persone fisiche. In: RESCIGNO, Pietro. *Trattato di diritto privato*, v. 2, p. 10).

119. CAPELO DE SOUSA, Rabindranath Valentino Aleixo. *O direito geral de personalidade*, p. 92.

120. SZANIAWSKI, Elimar. *Direitos de personalidade e sua tutela*, p. 44.

Alemanha, da Áustria e da Suíça, por outro lado, em conformidade com estudos de Otto von Gierke, Kohler e Huber, desenvolveram a tutela da personalidade a partir da existência de um único e genérico direito da personalidade.[121]

Na Alemanha, a situação se modificou após a entrada em vigor do Código Civil (*Burgerliches Gesetzbuch* – BGB), quando o *Reichsgericht* passou a decidir que o reconhecimento de um direito subjetivo geral da personalidade não tinha lugar dentro do sistema positivo alemão.[122] Tal posição foi confirmada em várias decisões, particularmente em uma ação onde se discutia a publicação de cartas íntimas de Nietzsche.[123]

O retrocesso alemão decorreu do fato de que, não obstante o conhecimento dos redatores do BGB acerca da discussão sobre o reconhecimento dos direitos da personalidade, entendeu-se que a categoria estava incompleta e era pouco operacional para um processo legislativo.[124] Desta forma, foram reconhecidos apenas alguns direitos da personalidade, deixando-se de lado o direito geral da personalidade. Seguiu-se assim a corrente dominante da época, ficando a proteção da personalidade como tarefa do direito penal.[125]

Com isso, em razão da negação do direito geral da personalidade pelo *Reichsgericht*, antes de 1945 há na Alemanha apenas uma decisão judicial, proferida pelo Tribunal de Apelação de Kiel (*Oberlandesgericht*), reconhecendo um direito da personalidade não expressamente previsto pela legislação.[126]

No Brasil, a disciplina dos direitos da personalidade não constou do Código Civil de 1916. A omissão legislativa se explica pelo fato de que na época em que o código estava sendo elaborado, ainda se discutia acerca da existência de direitos da personalidade. Assim sendo, não se pode ignorar a força da corrente doutrinária que considerava "não ser possível que o titular do direito subjetivo fosse ao mesmo tempo objeto desse direito".[127]

Ademais, não se pode deixar de reconhecer o mérito do Código Civil português de 1867, o Código de Seabra (Visconde de Seabra), que cuidou dos "direitos originários" (arts. 359 a 368), sendo, por isso, o código que, no século XIX, maior relevo deu aos hoje consagrados direitos da personalidade.[128]

---

121. SZANIAWSKI, Elimar. *Direitos de personalidade e sua tutela*, p. 45-47.

122. BALTHASAR, Stephan. *Der Schutz der Privatsphäre im Zivilrecht*, p. 106.

123. KAYSER, Pierre. Les droits de la personnalité. *Revue Trimestrielle de Droit Civil*, Paris, t. 69, n. 3, p. 486, 1971.

124. RIXECKER, Ronald. Allgemeines Persönlichkeitsrecht. In: *Münchener Kommentar zum Burgerlichen Gesetzbuch*, p. 268.

125. HELLE, Jürgen. *Besondere Persönlichkeitsrechte im Privatrecht*, p. 3-4.

126. BALTHASAR, Stephan. *Der Schutz der Privatsphäre im Zivilrecht*, p. 106-107.

127. LOTUFO, Renan. *Código Civil comentado*, v. 1, p. 47.

128. CORDEIRO, António Menezes. *Tratado de direito civil português*, Parte Geral, t. III, p. 51-53.

Destarte, no século XIX os direitos da personalidade não estavam suficientemente desenvolvidos para que pudessem ser amplamente acolhidos pelo direito privado. Muitos juristas do período, como pôde ser observado, chegavam até mesmo a negar a existência da categoria. Apesar disso, é inegável a contribuição dada pelos tribunais e pela doutrina francesa e alemã para a formação e evolução dos direitos da personalidade. Merecem também destaque os mencionados "direitos originários", previstos no Código Civil português de 1867.

2.6 A CONSOLIDAÇÃO DOS DIREITOS DA PERSONALIDADE NO SÉCULO XX

No final do século XIX, com a Revolução Industrial, o mundo passou novamente por mudanças, que tiveram reflexo na sociedade, na economia e na política do início do século XX. Assim, formou-se uma nova classe social (a classe operária), a população concentrou-se nas grandes cidades, a estrutura familiar se modificou com a contínua emancipação da mulher, as ideias socialistas avançaram, houve a afirmação da doutrina social da Igreja, a produção se massificou, as empresas concentraram grandes capitais, o governo central reuniu maior soma de poderes por causa da necessidade de maior segurança, a intervenção do Estado no domínio econômico tornou-se crescente e institui-se o sufrágio universal.[129]

Com isso, os diplomas constitucionais do início do século XX passaram a apresentar forte preocupação social, o que pode ser facilmente observado na Constituição mexicana de 1917 e na Constituição de Weimar de 1919, bem como nas que nelas se inspiraram, que acabaram consolidando os direitos de segunda geração, ou seja, os direitos econômicos, sociais e culturais.[130]

No âmbito do direito civil o desenvolvimento foi mais modesto, visto que as codificações do início do século XX ainda tinham inspiração liberal. A despeito disso, é relevante lembrar que o Código Civil alemão de 1896 (BGB) já reconhecia alguns dos direitos de personalidade, a exemplo do direito à vida, à saúde, ao corpo, à liberdade (§ 823), à honra e ao nome (§ 12).[131]

Na mesma linha, o Código Civil suíço de 1907 (*Schweizerisches Zivilgesetzbuch* – ZGB) também contemplou o direito ao nome (arts. 29 e 30), conceituou como irrenunciável a liberdade, impedindo a sujeição, no uso da mesma, a uma

---

129. BITTAR, Carlos Alberto. *Direitos da personalidade*, p. 21.
130. SILVA, Virgílio Afonso da. *Direito Constitucional Brasileiro*, p. 71.
131. GOMES, José Jairo. *Responsabilidade civil e eticidade*, p. 247.

limitação incompatível com o direito e a moral (art. 28) e fixou a obrigação de indenização no atentado contra a pessoa (art. 27).[132]

Diferentemente do que ocorria no âmbito legislativo, que apresentava previsões bastante tímidas, a teoria dos direitos da personalidade não passou despercebida pelos doutrinadores e pela jurisprudência europeia, principalmente a alemã e a francesa.

Na Alemanha, os estudos sobre direitos da personalidade continuaram florescendo no início do século XX. Enquanto isso, na França uma primeira verdadeira teoria dos direitos da personalidade vai ser desenvolvida na obra de Bérard, em 1902, que defende a existência, no direito positivo, de um certo número de direitos cuja função imediata seria a de garantir a liberdade e a dignidade da pessoa. Apesar da importância do trabalho de Bérard, atribui-se a Perreau o mérito de ter consolidado a categoria dos direitos da personalidade no direito francês, o que teria se dado em um artigo publicado em 1909 na Revista Trimestral, intitulado "Des droits de la personnalité". Seja como for, é interessante notar que uma série de autores franceses consideram a teoria dos direitos da personalidade uma invenção alemã, que estava, no início do século XX, em vias de implantação na França.[133]

Em 1942, durante a Segunda Guerra Mundial, foi promulgado o Código Civil italiano, o qual inovou no que toca aos direitos da personalidade (arts. 5º a 10), trazendo uma disciplina parcial da matéria.[134] A codificação italiana serviu de modelo para os novos códigos que foram surgindo, entre eles o Código Civil português de 1966 (arts. 70 a 81) e o Código Civil brasileiro de 2002 (arts. 11 a 21).

Não obstante o reconhecimento dos direitos de segunda geração pelo direito constitucional e o desenvolvimento dos direitos da personalidade pelo direito civil, as ditaduras existentes no período calaram o que havia sido desenvolvido no que toca à proteção da personalidade e, ainda, muitas vezes fizeram uso do direito positivo para justificar as atrocidades praticadas. Por isso, o período do século XX que vai até a Segunda Guerra Mundial pode ser descrito, de uma maneira genérica, como uma época de grandes massacres e desrespeito aos direitos fundamentais e aos direitos da personalidade.

Com o fim da Segunda Guerra Mundial, a sociedade internacional passou a ter consciência dos riscos da subalternização do ser humano ante os desígnios da estrutura detentora do poder do aparelho do Estado.[135] Veio a lume, já em

---

132. BITTAR, Carlos Alberto. *Direitos da personalidade*, p. 32.
133. LUCAS-SCHLOETTER, Agnès. *Droit moral et droits de la personnalité*, t. I, p. 85-86, 89.
134. RESCIGNO, Pietro. *Manuale del Diritto Privato Italiano*, p. 222.
135. CAPELO DE SOUSA, Rabindranath Valentino Aleixo. *O direito geral de personalidade*, p. 84.

1945, a Carta de São Francisco (Carta das Nações Unidas), que reafirmou "a fé nos direitos fundamentais do homem, na dignidade e no valor do ser humano" (Preâmbulo), bem como promoveu e estimulou o "respeito aos direitos humanos e às liberdades fundamentais para todos, sem distinção de raça, sexo, língua ou religião" (art. 1º, 3).[136]

Também de segura relevância para a teoria dos direitos da personalidade foi a Declaração Universal dos Direitos do Homem, proclamada em 10 de dezembro de 1948 pela Assembleia Geral da ONU.[137] Tal declaração serviu, posteriormente, de modelo para outras declarações regionais, entre as quais vale destacar a Convenção Americana sobre os Direitos Humanos (Pacto de San José da Costa Rica), de 1969.

Desta maneira, vê-se que o total desrespeito pela vida e pela liberdade do ser humano, que predominou na Europa ao tempo dos regimes totalitários da primeira metade do século XX, deu lugar a uma nova realidade, onde o valor fundamental passou a ser a dignidade da pessoa humana, expressamente protegida pelos documentos internacionais que surgiram no pós-guerra, bem como pelas constituições a partir daí promulgadas.[138]

Ora, como não se podia mais permitir que o holocausto da Segunda Guerra Mundial voltasse a ocorrer, as constituições, fundadas na dignidade da pessoa humana, assumiram a posição de ponto nuclear da ordem jurídica dos povos, lugar antes ocupado pelo direito civil clássico.

Ainda, pelo fato de as instituições jurídicas fundamentais terem presença garantida nas constituições do pós-guerra, o novo direito civil deveria ser lido sob a ótica dos grandes princípios constitucionais, o que levou ao abandono dos valores do liberalismo, que não respondiam mais aos anseios sociais e às necessidades do homem. Assim sendo, o direito civil estendeu "seu poder de atuação no sentido de realizar a efetivação de valores existenciais e de justiça social".[139]

---

136. GOMES, José Jairo. *Responsabilidade civil e eticidade*, p. 247.
137. DOGLIOTTI, Massimo. Le persone fisiche. In: RESCIGNO, Pietro. *Trattato di diritto privato*, v. 2, p. 52.
138. A Lei Fundamental de Bonn (1949) está entre as Constituições do pós-guerra que protegeram a dignidade da pessoa humana, o que vem expresso já em seu art. 1º, 1: "A dignidade do homem é intangível. Todos os poderes públicos têm a obrigação de respeitá-la e de protegê-la" ("*Die Wurde des Menschen ist unantastbar. Sie zu achten und zu schützen ist Verpflichtung aller staatlichen Gewalt*"). Conforme Robbers, a Lei Fundamental de Bonn colocou os direitos fundamentais justamente em seu início para acentuar o consciente abandono da tradição jurídica prevalente, bem como reação contra o desrespeito dos direitos dos indivíduos pelo nacional-socialismo (ROBBERS, Gerhard. *Einführung in das deutsche Recht*, p. 47).
139. SZANIAWSKI, Elimar. *Direitos de personalidade e sua tutela*, p. 56.

Tal mudança de visão do direito civil, que deixou de ser centralizado no Código Civil, deu margem a uma leitura à luz dos preceitos constitucionais, entre eles a dignidade da pessoa humana. Isso acabou por dar um grande impulso, na segunda metade do século XX, aos direitos da personalidade, que foram amplamente acolhidos pelos países de sistema romano-germânico. Permaneceu, no entanto, a discussão acerca da técnica de inserção dos direitos da personalidade no ordenamento jurídico.[140]

Além disso, a aceleração do desenvolvimento científico e tecnológico provocou diversas interferências na vida privada dos cidadãos, como, por exemplo, o recolhimento e a utilização de dados pessoais (inclusive genéticos), a permanente vigilância das pessoas por aparelhos de captação de imagem e de som, as novas técnicas de reprodução humana, a clonagem, as pesquisas em células-tronco, bem como o surgimento de técnicas que permitem a realização de cirurgias de redesignação sexual ("mudança" de sexo). Ora, os abusos daí decorrentes devem ser prevenidos e reprimidos, surgindo com isso um novo campo, bastante fecundo, para a evolução dos direitos da personalidade.[141]

Destarte, constata-se que o direito civil, interpretado à luz dos ditames constitucionais, caminha para uma melhor colocação do ser humano na sociedade. A ordem jurídica passa a ver o ser humano como sua grande preocupação, deixando o patrimônio, tão festejado pelo direito civil do século XIX, em segundo plano. O "ter" foi colocado a serviço de uma plena realização do "ser".[142] Esta mudança já se vê no direito legislado, no entanto, mais uma vez, caberá aos tribunais e à doutrina a escolha dos caminhos a serem seguidos pelos direitos da personalidade no século XXI.

---

140. DONEDA, Danilo. Os direitos da personalidade no novo Código Civil. In: TEPEDINO, Gustavo (org.). *A parte geral do novo Código Civil*, p. 42.
141. BITTAR, Carlos Alberto. *Direitos da personalidade*, p. 35.
142. SCALISI, Antonino. *Il valore della persona nel sistema e i nuovi diritti della personalità*, p. 6.

3
A RELAÇÃO DOS DIREITOS DA PERSONALIDADE COM OS DIREITOS FUNDAMENTAIS E OS DIREITOS HUMANOS

3.1 PRELÚDIO

A proteção da pessoa atualmente se realiza tanto no âmbito internacional como interno. Ocorre que, dependendo da perspectiva de análise, isto é, ao se considerar principalmente os fatores tempo e espaço, tal proteção recebe diferentes denominações.

As denominações mais comuns dadas aos direitos que tutelam a pessoa são, entre outras: "direitos do homem", "direitos humanos", "direitos fundamentais", "direitos humanos fundamentais", "direitos inatos", "direitos essenciais da pessoa", "liberdades fundamentais", "liberdades públicas", "direitos públicos subjetivos", "direitos de humanidade", "direitos personalíssimos" e "direitos da personalidade". A nomenclatura apresenta variação tanto na doutrina como nos diplomas nacionais e internacionais.

Muitas vezes estas diferentes designações encontram fundamento justamente na diversidade da tutela concedida ao ser humano. Contudo, há também expressões que denominam o mesmo grupo de direitos, o que tem gerado muitas dificuldades para os operadores do direito, que precisam conhecer cada uma destas denominações, bem como o seu âmbito dentro do ordenamento jurídico.

Por isso, é imprescindível a distinção dos direitos da personalidade, que são o objeto do presente estudo, de outras categorias afins, em especial aquelas que encontram fundamento no direito constitucional e no direito internacional, o que garantirá uma maior precisão técnico-jurídica.

No entanto, antes de qualquer coisa, mister se faz uma breve análise de algumas das teorias que objetivam fundamentar os direitos humanos, visto que muitos autores procuram utilizar tais teorias para a fundamentação dos direitos da personalidade, como é o caso, por exemplo, de Carlos Roberto Gonçalves, que afirma que os direitos da personalidade têm sua existência proclamada pelo direito natural.[1]

3.2 A FUNDAMENTAÇÃO DOS DIREITOS HUMANOS

Tradicionalmente afirma-se que os direitos humanos (ou do homem) buscam fundamento no direito natural, isto é, são direitos derivados da própria natureza do homem, inerentes ao ser humano, que "por isso mesmo são comuns a todos os homens" e válidos em todos os tempos e lugares.[2]

Para a concepção jusnaturalista, os direitos humanos subsistem independentemente do seu reconhecimento pelo direito positivo, derivando da própria natureza humana. São direitos anteriores ao Estado, que se encontram em plano superior, acima do ordenamento estatal e em sua base.[3] Por isso, tais direitos devem ser respeitados, reconhecidos e protegidos pelo Estado por meio do direito positivo.[4]

A utilização do direito natural[5] como fundamento dos direitos humanos, como se derivados fossem da natureza do homem, sempre foi muito combatida pelo positivismo. Orlando Gomes há muito tempo já indicava que a qualificação destes direitos a partir do vetusto jusnaturalismo não pode ser mais admitida pela doutrina moderna.[6]

Neste contexto, opondo-se ao jusnaturalismo, a concepção positivista vê os direitos do homem como faculdades outorgadas e reguladas pela lei. Tal tese faz então prevalecer a fonte do direito, diferentemente do jusnaturalismo, que coloca em evidência o conteúdo do direito.[7] E partindo do positivismo, conforme é defendido por De Cupis, pode-se afirmar que os direitos da personalidade existem apenas e na medida em que a lei os reconhece.[8] Não é outro o posicionamento

---

1. GONÇALVES, Carlos Roberto. *Direito civil brasileiro*, v. 1, p. 153.
2. MIRANDA, Jorge. *Manual de direito constitucional*, t. IV, p. 50.
3. CIFUENTES, Santos. *Derechos personalísimos*, p. 27-28.
4. BITTAR, Carlos Alberto. *Os direitos da personalidade*, p. 38-39.
5. Segundo Jorge Miranda, as expressões "direitos inatos", "direitos naturais" ou "direitos originários" são próximas do termo "direitos do homem". Contudo, elas apresentam uma concepção jusnaturalista e individualista ainda mais vincada, bem como não são tão utilizadas atualmente como eram no passado, já que hoje se prefere o uso da designação "direitos do homem" (MIRANDA, Jorge. *Manual de direito constitucional*, t. IV, p. 52).
6. GOMES, Orlando. *Introdução ao direito civil*, p. 115.
7. MÉLIN-SOUCRAMANIEN, Bérengère. Qualification de droit de la personnalité au regard des droits fondamentaux. In: SAINT-PAU, Jean-Christophe (Org.). *Droits de la personnalité*, p. 422.
8. CUPIS, Adriano de. *I diritti della personalità*, p. 14-15.

de Lotufo, que se alinha à corrente que defende a natureza positiva dos direitos da personalidade.[9]

Entretanto, os autores atualmente têm apontado a tendência de superação das vertentes tradicionais destas teorias, o que tem dado espaço a um fundamento histórico.[10]

De acordo com Bobbio, toda pesquisa sobre um fundamento absoluto dos direitos humanos é, enquanto tal, infundada, haja vista, em primeiro lugar, que a expressão "direitos do homem" é muito vaga:

> A maioria das definições são tautológicas: "Direitos do homem são os que cabem ao homem enquanto homem". Ou nos dizem algo apenas sobre o estatuto desejado ou proposto para esses direitos, e não sobre o seu conteúdo: "Direitos do homem são aqueles que pertencem, ou deveriam pertencer, a todos os homens, ou dos quais nenhum homem pode ser despojado". Finalmente, quando se acrescenta alguma referência ao conteúdo, não se pode deixar de introduzir termos avaliativos: "Direitos do homem são aqueles cujo reconhecimento é condição necessária para o aperfeiçoamento da pessoa humana, ou para o desenvolvimento da civilização etc. etc." E aqui nasce uma nova dificuldade: os termos avaliativos são interpretados de modo diverso conforme a ideologia assumida pelo intérprete; com efeito, é objeto de muitas polêmicas apaixonantes, mas insolúveis, saber o que se entende por aperfeiçoamento da pessoa humana ou por desenvolvimento da civilização.[11]

Além da vagueza, Bobbio assevera que os direitos do homem são uma classe variável, bastando uma análise da história do homem para que se constate que no decorrer do tempo muitos direitos foram incluídos, ou excluídos do rol dos direitos inerentes à natureza humana, isso sem falar naqueles que sofreram transformações fundamentais, como o direito de propriedade.[12] E não poderia ser diferente, já que no campo filosófico sabe-se, desde Heráclito, que a imutabilidade não é atributo das coisas deste mundo.[13]

Argumenta ainda o jurista italiano que a classe dos direitos do homem é heterogênea, visto que há pretensões muito diversas entre si e, muitas vezes, até mesmo incompatíveis. Por isso, "não se deveria falar de fundamento, mas de fundamentos dos direitos do homem, de diversos fundamentos conforme o direito cujas boas razões se deseja defender".[14]

Fábio Konder Comparato obtempera, em relação à argumentação de Bobbio, que: a) todos os direitos e não apenas os fundamentais são historicamente relati-

---

9. LOTUFO, Renan. *Código Civil comentado*, v. 1, p. 54.
10. ARAUJO, Luiz Alberto David; NUNES JÚNIOR, Vidal Serrano. *Curso de direito constitucional*, p. 161.
11. BOBBIO, Norberto. *A era dos direitos*, p. 37.
12. BOBBIO, Norberto. *A era dos direitos*, p. 38.
13. ARANHA, Maria Lúcia de Arruda; MARTINS, Maria Helena Pires. *Filosofando*, p. 93.
14. BOBBIO, Norberto. *A era dos direitos*, p. 39.

vos, pois sua fonte primária é a pessoa humana, um ser essencialmente histórico; b) da mesma forma que ainda não se encontrou uma definição rigorosa de direito humano, também não se chegou a apresentar uma definição precisa e indiscutível do que seja direito; c) não causa surpresa a heterogenia e complexidade dos direitos humanos, visto que os próprios direitos subjetivos são dotados de ampla heterogenia e complexidade.[15]

De qualquer forma, fica evidente, da leitura dos referidos autores, que os direitos humanos sofreram alterações no decorrer de seu processo evolutivo, sendo certo que tais modificações não decorrem da variação da natureza do ser humano, mas simplesmente de mudanças das condições políticas, econômicas, culturais, sociais etc., ou seja, dos valores que regem a vida do homem em sociedade. Assim, o "que parece fundamental numa época histórica e numa determinada civilização não é fundamental em outras épocas e em outras culturas", o que, por si só, já afasta a ideia jusnaturalista da existência de direitos naturais do homem.[16]

Ademais, as reflexões da filosofia contemporânea sobre a essência histórica da pessoa humana, conjugadas à comprovação do fundamento científico da evolução biológica, vêm dando espaço à tese do caráter histórico (mas não meramente convencional) dos direitos humanos.[17]

Na mesma linha, pontifica Perlingieri, asseverando que a pessoa humana e seus direitos fundamentais são valores adquiridos, não decorrendo do direito natural. De fato, nas constituições estão contidos princípios éticos, que devem ser interpretados evolutivamente de acordo com as modificações dos valores ético-políticos da comunidade, o que afasta a ideia de direitos que decorrem da própria natureza do ser humano.[18]

Com efeito, o melhor modo de justificar os valores encontrados nos direitos do homem está no fundamento histórico e não na natureza humana, uma vez que, enquanto uma invenção humana, eles estão em constante processo de construção e reconstrução.[19]

Assim sendo, a historicidade destes direitos, verdadeiros direitos conquistados, superou a opção pelo reconhecimento de que eles são inerentes à natureza humana.[20] E na mesma senda, é certo que a própria noção de personalidade não

---

15. COMPARATO, Fábio Konder. *Fundamento dos direitos humanos*, p. 6-7.
16. BOBBIO, Norberto. *A era dos direitos*, p. 38.
17. COMPARATO, Fábio Konder. *A afirmação histórica dos direitos humanos*, p. 31.
18. PERLINGIERI, Pietro. La dottrina del diritto civile nella legalità costituzionale. *RTDC*, v. 8, n. 31, p. 79, jul./set. 2007.
19. PIOVESAN, Flávia. Direitos humanos e o princípio da dignidade humana. In: DE PAULA, Alexandre Sturion. *Ensaios constitucionais de direitos fundamentais*, p. 214.
20. RAMOS, André de Carvalho. *Curso de direitos humanos*, p. 50.

3 • DIREITOS DA PERSONALIDADE DIREITOS FUNDAMENTAIS DIREITOS HUMANOS

pode ser determinada de forma vinculante, pois se trata de um conceito condicionado às concessões e às experiências do momento histórico e da cultura jurídica.[21]

Em arremate, hodiernamente, mais importante que fundamentar os direitos humanos é protegê-los, pois ao lado dos bons motivos filosóficos é imprescindível, ainda, o concurso de condições sociais e históricas favoráveis, que permitam a sua real proteção.[22]

3.3 DIREITOS HUMANOS E DIREITOS FUNDAMENTAIS

A doutrina e a jurisprudência tratam muitas vezes as expressões "direitos fundamentais" e "direitos do homem" (ou "humanos") como se tivessem o mesmo sentido. A despeito disso, em uma análise mais acurada, percebe-se que as referidas locuções não são sinônimas.

Em direito internacional, sobretudo nas "declarações de direitos", são usados normalmente os termos "direitos humanos" ou "direitos do homem".

Nos principais documentos internacionais reconhecidos pelo Brasil são empregadas justamente as referidas expressões: a) Declaração Universal dos Direitos do Homem (1948); b) Declaração Americana dos Direitos e Deveres do Homem (1948); c) Convenção Americana sobre Direitos Humanos (Pacto de São José da Costa Rica, de 1969).

Não obstante o reconhecimento pelo direito internacional, isso não significa que tais direitos foram internalizados por todos os ordenamentos jurídicos existentes, o que demonstra que neles são mais imediatos os imperativos da consciência ética, mesmo porque, como exposto anteriormente, a sua fundamentação é histórica.

E nesse sentido, apesar da menção à fundamentação jusnaturalista, ensinam Mendes, Coelho e Branco que a expressão direitos humanos ou direitos do homem "é reservada para aquelas reivindicações de perene respeito a certas posições essenciais ao homem. São direitos postulados em bases jusnaturalistas, contam índole filosófica e não possuem como característica básica a positivação numa ordem jurídica particular".[23]

Outrossim, a tutela dos direitos humanos nem sempre encontra mecanismos de implementação, sendo que, quando isso ocorre, geralmente não é possível o

---

21. BIASIO, Giorgio De; FOGLIA, Aldo. *Introduzione ai codici di diritto privato svizzero*, p. 153-154.
22. MENDES, Gilmar Ferreira; BRANCO, Paulo Gustavo Gonet. *Curso de direito constitucional*, p. 235.
23. MENDES, Gilmar Ferreira; BRANCO, Paulo Gustavo Gonet. *Curso de direito constitucional*, p. 244.

acesso direto de pessoas e instituições privadas às cortes internacionais.[24] Há ainda casos em que a tutela internacional apenas é possível após o esgotamento de todos os mecanismos disponibilizados pela ordem jurídica interna.

No âmbito do direito constitucional, por outro lado, prefere-se a expressão direitos fundamentais para designar os direitos reconhecidos pela constituição, que garantem a toda pessoa uma esfera de ação própria protegida de violações por parte das autoridades públicas.[25] São direitos previstos constitucionalmente, encontram-se no plano do direito positivo e tutelam as pessoas frente ao Estado.[26] A Constituição Federal de 1988 trata de tais direitos no seu Título II "Dos Direitos e Garantias Fundamentais".[27]

A locução também é consagrada por outros Estados, entre os quais vale destacar: a) a Constituição portuguesa de 1976, que prevê no art. 12 e seguintes os "Direitos e Deveres Fundamentais"; b) a Constituição da Suíça, a qual fala no Capítulo 1 do seu Título 2 em "Direitos Fundamentais" (*Grundrechte*); c) a Lei Fundamental de Bonn (Constituição alemã), que dispõe em seu Título 1 sobre "Os Direitos Fundamentais" (*Die Grundrechte*); d) a Constituição da República de Cabo Verde, que cuida em sua Parte II dos "Direitos e Deveres Fundamentais".

Ainda, é digno de nota que, não obstante a existência de antecedentes, foi a Constituição alemã de 11 de agosto de 1919, conhecida como Constituição de Weimar, que deu notoriedade à expressão "direitos fundamentais" (*Grundrechte*), dedicando-lhes os artigos 106 a 165.[28]

Assim, os direitos fundamentais devem ser entendidos, pelo menos nas ordens internas do tipo continental, como os direitos humanos positivados, consagrados nas constituições estatais, ou seja, os "direitos relacionados com posições básicas das pessoas, inscritos em diplomas normativos de cada Estado".[29] Aliás, justamente pela sua positivação interna, os direitos fundamentais são passíveis de cobrança judicial.[30]

Não é outro o ensinamento de Robert Alexy, que também vê os direitos fundamentais essencialmente como os direitos humanos transformados em direito positivo.[31]

---

24. REZEK, Francisco. *Direito internacional público*, p. 215.
25. TERCIER, Pierre. *Le nouveau droit de la personnalité*, p. 29.
26. MIRANDA, Jorge. *Manual de direito constitucional*, t. IV, p. 49.
27. ARAUJO, Luiz Alberto David; NUNES JÚNIOR, Vidal Serrano. *Curso de direito constitucional*, p. 154.
28. CORDEIRO, António Menezes. *Tratado de direito civil português*, Parte Geral, t. III, p. 86-87.
29. MENDES, Gilmar Ferreira; BRANCO, Paulo Gustavo Gonet. *Curso de direito constitucional*, p. 244.
30. RAMOS, André de Carvalho. *Curso de direitos humanos*, p. 51.
31. ALEXY, Robert. Colisão de direitos fundamentais e realização de direitos fundamentais no Estado de Direito Democrático. *Revista de Direito Administrativo*, n. 217, p. 73, jul./set. 1999.

Todavia, no que toca ao conteúdo, não se pode falar em plena coincidência entre tais direitos, visto que há muitos direitos considerados fundamentais por determinados Estados e negados por outros, o que não é admissível quando se está diante de direitos humanos, que deveriam ser aceitos por todos os Estados, dado seu caráter universal.

De fato, pode-se apontar, entre os direitos fundamentais, muitos que são "pura e simplesmente criados pelo legislador positivo, de harmonia com as suas legítimas opções e com os condicionalismos do respectivo país".[32] Há também os direitos conferidos às pessoas jurídicas, às associações, aos sindicatos, aos partidos políticos e à própria família, que não podem ser considerados direitos humanos. Desta feita, um país pode não reconhecer um direito humano como fundamental em seu ordenamento jurídico, bem como acolher no rol de direitos fundamentais um direito que não faz parte daqueles considerados humanos.

Até aqui, procurou-se rechaçar a adoção da concepção jusnaturalista. No entanto, não obstante a crítica que foi apresentada acerca do direito natural, não se pode olvidar que renomados juristas, como Canotilho, Jorge Miranda e Carlos Alberto Bittar, consideram que tal concepção pode ser utilizada para diferenciar os direitos humanos dos direitos fundamentais.

Realmente, de acordo com Canotilho:

> As expressões "direitos do homem" e "direitos fundamentais" são frequentemente utilizadas como sinónimas. Segundo a sua origem e significado poderíamos distingui-las da seguinte maneira: *direitos do homem* são direitos válidos para todos os povos e em todos os tempos (dimensão jusnaturalista-universalista); *direitos fundamentais* são direitos do homem, jurídico-institucionalmente garantidos e limitados espacio-temporalmente. Os direitos do homem arrancariam da própria natureza humana e daí o seu caráter inviolável, intemporal e universal; os direitos fundamentais seriam os direitos objectivamente vigentes numa ordem jurídica concreta.[33]

Outro autor que também dá importância ao direito natural em tal distinção é Antonio Enrique Pérez Luño, que, conforme citação de Luiz Eduardo Gunther, define os direitos fundamentais como os direitos positivados em nível interno. Os direitos humanos, por seu turno, seriam aqueles direitos naturais positivados nas declarações e convenções internacionais, bem para aquelas exigências básicas relacionadas com a dignidade, a liberdade e a igualdade da pessoa que não alcançaram um estatuto jurídico positivo.[34]

---

32. MIRANDA, Jorge. *Manual de direito constitucional*, t. IV, p. 51.
33. CANOTILHO, José Joaquim Gomes. *Direito constitucional e teoria da Constituição*, p. 369.
34. GUNTHER, Luiz Eduardo. Os direitos da personalidade e suas repercussões na atividade empresarial. In: GUNTHER, Luiz Eduardo (coord.). *Tutela dos direitos da personalidade na atividade empresarial*, p. 151.

Apesar disso, o fundamento histórico é o que deve prevalecer, ainda mais se for considerado que atualmente as constituições preveem direitos que sequer eram imaginados pelos revolucionários do século XVIII. São direitos de conteúdo socioeconômico e político, que resultam de um processo expansivo de acumulação de níveis de proteção das esferas da dignidade da pessoa humana, os quais, se decorressem do direito natural, já deveriam constar das primeiras declarações.[35] Este é o caso dos direitos relativos à segurança, à saúde, ao lazer, à infância, à proteção da maternidade, à assistência aos desamparados, ao emprego remunerado, ao desenvolvimento intelectual, ao ensino, à cultura e à informação.

De qualquer forma, a distinção apresentada não significa que tais direitos estejam em esferas estanques, incomunicáveis entre si, sendo certo que há uma interação recíproca entre eles.[36]

Portanto, a diversidade em questão pode ser apresentada da seguinte forma: a) os direitos fundamentais são reconhecidos pelo ordenamento jurídico, já os direitos do homem são reconhecidos pela ordem internacional, com fundamento na evolução histórica do homem (mas há autores que buscam fundamento no direito natural); b) aqueles são reconhecidos às pessoas que se submetem a determinado ordenamento jurídico, estes tendem a ser universais, o que não lhes dá, porém, o caráter intemporal; c) muitos direitos humanos são reconhecidos como fundamentais, no entanto, isto não significa a existência de coincidência, visto que o ingresso no rol dos direitos fundamentais decorre da opção feita por cada Estado; d) os direitos fundamentais podem ser invocados diretamente pela pessoa contra o Estado e seus agentes, o que tem explicação histórica, haja vista a necessidade sentida pelos particulares de se defenderem contra as autoridades sempre mais poderosas.[37] Os direitos humanos, por sua vez, normalmente não permitem o acesso direto de pessoas e instituições privadas às cortes internacionais.

3.4 DIREITOS FUNDAMENTAIS E DIREITOS DA PERSONALIDADE

Também existe proximidade entre os "direitos da personalidade" e os "direitos fundamentais", uma vez que tais direitos colocam a proteção do ser humano no centro dos seus objetivos: respectivamente como indivíduo e como ser humano.[38] A despeito disso, referidas categorias não se confundem, não há equivalência entre elas, fazendo-se necessária a compreensão da sua dicotomia.

---

35. ARAUJO, Luiz Alberto David; NUNES JÚNIOR, Vidal Serrano. *Curso de direito constitucional*, p. 155.
36. MENDES, Gilmar Ferreira; BRANCO, Paulo Gustavo Gonet. *Curso de direito constitucional*, p. 244.
37. TERCIER, Pierre. *Le nouveau droit de la personnalité*, p. 29.
38. MÉLIN-SOUCRAMANIEN, Bérengère. Qualification de droit de la personnalité au regard des droits fondamentaux. In: SAINT-PAU, Jean-Christophe (Org.). *Droits de la personnalité*, p. 423.

3 • DIREITOS DA PERSONALIDADE DIREITOS FUNDAMENTAIS DIREITOS HUMANOS

Os "direitos fundamentais", como foi analisado, estão previstos nas constituições, por isso, eles "têm em vista particularmente a posição do indivíduo face ao Estado",[39] sendo certo que tal preocupação é que comanda o âmbito e o regime destes direitos, que surgiram justamente pela necessidade de limitação e controle dos abusos de poder do próprio Estado. São direitos que integram o direito público.[40]

Já os "direitos da personalidade"[41] por outro lado, "atendem às emanações da personalidade humana em si, prévias valorativamente a preocupações de estruturação política",[42] tendo como objetivo a proteção da dignidade do seu titular, "a sua dignidade enquanto pessoa, não uma pessoa geral, nem um membro da humanidade, mas aquela pessoa única, individual e individuada, irrepetível e infungível".[43] São direitos que se inserem no âmbito do direito privado.

Assim, em um primeiro momento já se percebe que a preocupação da abordagem dos "direitos da personalidade" e dos "direitos fundamentais" é diferente,[44] valendo aqui a transcrição dos ensinamentos de Jorge Miranda:

> Os direitos fundamentais pressupõem relações de poder, os direitos de personalidade relações de igualdade. Os direitos fundamentais têm uma incidência publicística imediata, ainda quando ocorram efeitos nas relações entre os particulares, os direitos de personalidade uma incidência privatística, ainda quando sobreposta ou subposta à dos direitos fundamentais. Os direitos fundamentais pertencem ao domínio do Direito constitucional, os direitos de personalidade ao do Direito civil.[45]

Desta forma, as disposições concernentes aos direitos da personalidade valem nas relações entre pessoas privadas,[46] isto é, nos casos de relações paritárias

---

39. ASCENSÃO, José de Oliveira. *Direito civil*, v. I, p. 75.
40. MAZUR, Maurício. A dicotomia entre os direitos de personalidade e os direitos fundamentais. In: MIRANDA, Jorge; RODRIGUES JUNIOR, Otavio Luiz; FRUET, Gustavo Bonato. *Direitos da Personalidade*, p. 27.
41. Há na doutrina brasileira autores que preferem a utilização da nomenclatura "direitos de humanidade", ao invés de direitos da personalidade. Para tanto, argumentam que "os direitos de humanidade são aqueles destinados a tutelar os bens que compõem a natureza humana, é dizer, a humanidade do ser". A personalidade, por outro lado, é atributo que confere ao ente a qualidade de sujeito de direitos (NERY, Rosa Maria de Andrade; NERY JUNIOR, Nelson. *Instituições de direito civil*, v. 1, p. 478). Contudo, vale notar que a nomenclatura já consagrada no direito pátrio é direitos da personalidade.
42. ASCENSÃO, José de Oliveira. *Direito civil*, v. I, p. 75.
43. VASCONCELOS, Pedro Pais de. *Direito de personalidade*, p. 57.
44. Entre os autores germânicos Günter Weick expressa semelhante distinção ao afirmar que bens como a vida e a integridade corporal são protegidos pelos direitos fundamentais nas relações do cidadão frente ao Estado, enquanto a proteção dos direitos da personalidade, para esses mesmos bens, dá-se nas relações privadas entre cidadãos, ou entre esses e entidades privadas (WEICK, Günter. Naturliche Personen, Verbraucher, Unternehmer. In: *J. von Staudingers Kommentar zum Bürgerlichen Gesetzbuch mit Einführungsgesetz und Nebengesetzen*, p. 172).
45. MIRANDA, Jorge. *Manual de direito constitucional*, t. IV, p. 59.
46. MEIER, Philippe. *Droit des personnes*, p. 307.

entre particulares ou entre estes e o Estado destituído de sua posição de suprema-cia (*ius imperii*). Nestas situações a tutela preventiva ou reparadora se dará pelo direito civil (arts. 11 e s. do Código Civil), podendo-se afirmar, consequentemente, que a "fonte imediata dos direitos da personalidade é, inegavelmente, o Código Civil, não a Constituição".[47]

Diversamente, no que toca aos direitos fundamentais, constata-se a exis-tência de relações juspublicísticas, as quais opõem os particulares ao próprio Estado no exercício de seu *ius imperii*, o que ocorre com o uso de mecanismos constitucionais, demonstrando que seu fundamento direto está na Constituição.[48]

Fica evidente, assim, que o direito constitucional, ressalvados os casos de direitos da personalidade previstos na própria Constituição, não é o campo mais frutífero para a tutela do cidadão que sofrer lesão ou ameaça de lesão por parte de outro particular. É que o direito constitucional, conforme a doutrina alemã majoritária, a qual foi aceita em nosso país, tem validade vertical na pirâmide hierárquica das normas, mas não horizontal, é dizer: salvo algumas exceções, que confirmam a regra, ele não vale imediatamente na relação cidadão-cidadão.[49]

Outrossim, no que atine ao objeto dos "direitos da personalidade" e dos "direitos fundamentais", muitos autores afirmam tão somente que se tratam dos mesmos direitos, encarados sob ângulos diversos.

Contudo, a distinção não é simples assim, não podendo tal ponto de vista ser aceito, pois "há direitos fundamentais que, por não terem como objecto tutelado directamente a personalidade humana, não se traduzem, ao nível juscivilístico ou nem sequer no plano da garantia juspublicística, em direitos de personalidade".[50] Nessa linha, a atribuição de direitos a organizações que não são pessoas físicas e envolvem direitos sociais, econômicos e culturais não se amolda à categoria dos direitos da personalidade.[51] Pode-se ainda citar os casos das garantias de acesso aos tribunais e da maioria das garantias processuais, como a ampla defesa, o contraditório e o devido processo legal, que não podem ser consideradas como direitos da personalidade, mas estão arroladas entre os direitos fundamentais.

Com isso, fica claro que há na Constituição direitos que são considerados, ao mesmo tempo, direitos da personalidade e direitos fundamentais, mas também há

---

47. MAZUR, Maurício. A dicotomia entre os direitos de personalidade e os direitos fundamentais. In: MIRANDA, Jorge; RODRIGUES JUNIOR, Otavio Luiz; FRUET, Gustavo Bonato. *Direitos da Perso-nalidade*, p. 27.
48. CAPELO DE SOUSA, Rabindranath Valentino Aleixo. *O direito geral de personalidade*, p. 584.
49. RAMOS, Erasmo M. Estudo comparado do direito de personalidade no Brasil e na Alemanha. *Revista dos Tribunais*, v. 799, p. 21, maio 2002.
50. CAPELO DE SOUSA, Rabindranath Valentino Aleixo. *O direito geral de personalidade*, p. 585.
51. LÔBO, Paulo. *Direito civil*, v. 1, p. 139.

aqueles que apenas são direitos fundamentais, não enquadráveis na categoria dos direitos da personalidade. O mesmo ocorre na legislação ordinária, especialmente no Código Civil, que prevê direitos da personalidade que também estão arrolados na Constituição como direitos fundamentais, porém, não deixa de dispor sobre direitos que tão somente podem ser considerados direitos da personalidade. Por isso, nem todos os direitos fundamentais constituem direitos da personalidade, bem como nem todos os direitos da personalidade são direitos fundamentais.[52]

De fato, no direito brasileiro, assim como no direito de muitos outros países, a Constituição consagra como fundamentais os mais importantes direitos da personalidade. Entretanto, isso "não significa que haja uma total coincidência, até nesses direitos singulares duplamente especificados".[53]

Essa distinção também é explanada por Canotilho:

> Muitos dos direitos fundamentais são direitos de personalidade, mas nem todos os direitos fundamentais são direitos de personalidade. Os direitos de personalidade abarcam certamente os direitos de estado (por ex.: direito de cidadania), os direitos sobre a própria pessoa (direito à vida, à integridade moral e física, direito à privacidade), os direitos distintivos da personalidade (direito à identidade pessoal, direito à informática) e muitos dos direitos de liberdade (liberdade de expressão). Tradicionalmente, afastam-se dos direitos de personalidade os direitos fundamentais políticos e os direitos a prestações, por não serem atinentes ao ser como pessoa. Contudo, hoje em dia, dada a interdependência entre o estatuto positivo e negativo do cidadão, e em face da concepção de um direito geral de personalidade como "direito à pessoa ser e à pessoa de vir", cada vez mais direitos fundamentais tendem a ser direitos de personalidade e vice-versa. (...) No entanto, não é apenas uma ordem de direitos subjectivos, mas também uma ordem objectiva que justificará, entre outras coisas, o reconhecimento de direitos fundamentais a pessoas colectivas e organizações (ex.: os direitos reconhecidos às organizações de trabalhadores na Constituição Portuguesa). Neste domínio é particularmente visível a separação entre direitos fundamentais e direitos de personalidade.[54]

Igualmente, adverte Capelo de Sousa que a larga coincidência realmente existente "não significa assimilação ou perda de autonomia conceitual recíproca, pois tais categorias jurídicas, mesmo quando tenham por objecto idênticos bens de personalidade, revestem um sentido, uma função e um âmbito distintos, em cada um dos planos em que se inserem".[55]

Aliás, considerando tal aproximação, é necessário que se esteja atento ao fato de que as regras materialmente civis (ou privadas) que foram constitucionalizadas (também chamadas de direitos fundamentais privados), que se opõem aos direitos

---

52. CAPELO DE SOUSA, Rabindranath Valentino Aleixo. *O direito geral de personalidade*, p. 581.
53. ASCENSÃO, José de Oliveira. *Direito civil*, v. I, p. 103.
54. CANOTILHO, José Joaquim Gomes. *Direito constitucional e teoria da Constituição*, p. 372.
55. CAPELO DE SOUSA, Rabindranath Valentino Aleixo. *O direito geral de personalidade*, p. 584.

fundamentais públicos, somente corresponderão aos direitos da personalidade quando se reportarem a bens da personalidade.[56]

Por conseguinte, pode-se concluir que muitos dos direitos fundamentais são direitos da personalidade, mas há direitos que são enquadráveis apenas em uma das categorias, o que, no que toca ao conteúdo, demonstra apenas parcial coincidência. Ainda, os direitos da personalidade são examinados sob o prisma das relações privadas, da proteção contra outros homens, enquanto os direitos fundamentais são direitos públicos que objetivam a proteção do indivíduo contra atos do Estado. Em todo caso, é certo que tal conjunto de direitos distintos compõe um verdadeiro mosaico fragmentado, isto é, um conjunto de elementos diversos e justapostos, cuja combinação se faz indispensável para a plena proteção da figura humana.[57]

3.5 DIREITOS HUMANOS E DIREITOS DA PERSONALIDADE

Os direitos humanos (ou direitos do homem) não se confundem com os direitos da personalidade. Não resta dúvida, entretanto, da existência de uma evidente proximidade, um verdadeiro parentesco, entre os direitos da personalidade e os direitos humanos, uma vez que ambos procedem de uma mesma herança cultural. Vale então aqui a lembrança indispensável das múltiplas dessemelhanças.[58]

Os direitos humanos, como já foi visto, são direitos reconhecidos internacionalmente, constituem as prerrogativas mínimas que devem ser reconhecidas a todo ser humano enquanto tal,[59] não importando onde ele se encontre e nem suas particularidades.[60]

No Brasil, após o processo previsto no art. 5º, § 3º da CF,[61] os direitos humanos podem até ter o *status* de emendas constitucionais, o que aumenta a sua confusão com os direitos da personalidade. Contudo, a distinção não é tão difícil quanto parece num primeiro momento e pode começar pelo âmbito de atuação.

Os direitos humanos atuam internacionalmente, estão previstos em documentos internacionais, enquanto os direitos da personalidade estão previstos no

---

56. CORDEIRO, António Menezes. *Tratado de direito civil português*, Parte Geral, t. III, p. 89.
57. MÉLIN-SOUCRAMANIEN, Bérengère. Qualification de droit de la personnalité au regard des droits fondamentaux. In: SAINT-PAU, Jean-Christophe (Org.). *Droits de la personnalité*, p. 424.
58. TERCIER, Pierre. *Le nouveau droit de la personnalité*, p. 28.
59. PETIT, Bruno. *Les personnes*, p. 22.
60. NERY, Rosa Maria de Andrade. *Introdução ao pensamento jurídico e à teoria geral do direito privado*, p. 297.
61. Art. 5º, § 3º, da CF: "Os tratados e convenções internacionais sobre direitos humanos que forem aprovados, em cada Casa do Congresso Nacional, em dois turnos, por três quintos dos votos dos respectivos membros, serão equivalentes às emendas constitucionais".

3 • DIREITOS DA PERSONALIDADE DIREITOS FUNDAMENTAIS DIREITOS HUMANOS

ordenamento jurídico interno, sendo que sua sede mais usual está na Constituição e no Código Civil.[62]

Aqui é interessante notar que a própria Constituição Federal reconhece que a sede dos direitos humanos está no direito internacional, uma vez que no seu art. 4º, II, dispõe que a República Federativa do Brasil é regida, nas suas relações internacionais, entre outros, pelo princípio da prevalência dos direitos humanos.

Assim, a proteção dos direitos da personalidade se dá pelo ordenamento jurídico de cada país, o que não ocorre na tutela dos direitos humanos, que é realizada pelos sistemas internacionais construídos principalmente no pós-guerra, que podem até mesmo subordinar o recurso às instâncias internacionais ao prévio esgotamento das vias internas,[63] afetando seu grau de efetividade.

Por outro lado, apesar de ser comum a tutela do mesmo bem por normas de direitos humanos e de direitos da personalidade, como ocorre com os direitos à vida, à integridade física, à segurança e à intimidade, é certo que isso nem sempre acontece. A diferenciação leva em conta aqui o objeto do direito.[64] E neste ponto é muito claro o ensinamento de Capelo de Sousa, valendo sua transcrição:

> há direitos do homem (particularmente, de carácter político) cujo objecto não é protegido pelos direitos de personalidade e, inversamente, há bens, zonas, graus ou expressões de bens da personalidade humana tutelados por direitos de personalidade, que, por não revestirem carácter primário ou essencial (v.g. em matéria de imagem, de autoria moral, de sentimentos e de aspirações), não estão protegidos por direitos do homem a nível internacional.[65]

Da mesma forma, ensina Bruno Petit que certos direitos da personalidade, não sendo julgados essenciais, são excluídos da lista dos direitos humanos, citando, entre eles, o direito à imagem ou o direito à voz. Ademais, destaca que numerosos direitos humanos não figuram entre os direitos da personalidade, seja porque eles não são direitos, mas simples liberdades, seja porque eles são estranhos à personalidade.[66]

---

62. CAPELO DE SOUSA, Rabindranath Valentino Aleixo. *O direito geral de personalidade*, p. 590.
63. CAPELO DE SOUSA, Rabindranath Valentino Aleixo. *O direito geral de personalidade*, p. 591-592.
64. TERCIER, Pierre. *Le nouveau droit de la personnalité*, p. 28.
65. CAPELO DE SOUSA, Rabindranath Valentino Aleixo. *O direito geral de personalidade*, p. 592.
66. PETIT, Bruno, *Les personnes*, p. 23. No original: "*Ensuite, de nombreux droits de l'homme ne sauraient figurer parmi les droits de la personnalité soit parce qu'ils ne sont pas des droits mais de simples libertés (liberté de pensée, liberté d'expression...) soit parce qu'ils sont étrangers à la personnalité (droit de propriété). Enfin, à l'opposé, certains droits de la personnalité, n'étant pas jugés essentiels, sont exclus de la liste des droits de l'homme: il en est ainsi, par exemple, du droit sur l'image ou sur la voix*". Tradução livre: "Em segundo lugar, numerosos direitos do homem não figurariam entre os direitos de personalidade, seja porque não são direitos, mas simples liberdades (liberdade de pensamento, liberdade de expressão...), seja porque são estranhos à personalidade (propriedade intelectual). Finalmente, por outro lado, certos direitos da personalidade, não sendo considerados essenciais, são excluídos da lista dos direitos do homem: é assim, por exemplo, no direito sobre a imagem ou sobre a voz".

Outrossim, os direitos humanos, conforme a concepção geralmente admitida, somente podem ser invocados em face de um Estado, enquanto os direitos da personalidade regulam as relações entre particulares, são dirigidos aos sujeitos submetidos ao direito privado.[67]

Por conseguinte, não obstante as distinções apresentadas, o desenvolvimento paralelo de tais categorias de direitos é notório, em especial a partir da segunda metade do século XX, o que encontra substrato na dignidade da pessoa humana, que será estudada a seguir. Todavia, vale ressaltar, os direitos humanos não servem de fundamento para a proteção da personalidade, não se admitindo que um particular invoque, diretamente, um direito humano contra aquele que atenta contra sua personalidade.[68]

---

67. TERCIER, Pierre. *Le nouveau droit de la personnalité*, p. 27-28.
68. Conforme adverte Tercier, se os direitos do homem definem um conteúdo mínimo da liberdade que o Estado deve respeitar nas relações com os particulares, estes direitos também definem um conteúdo mínimo de proteção que tal Estado deveria garantir em seu ordenamento jurídico nas relações entre particulares. E nesta mesma ordem de ideias, conclui o professor suíço afirmando que é normal que o juiz se inspire nos direitos do homem quando chamado a se pronunciar sobre a extensão da proteção dos direitos da personalidade (TERCIER, Pierre. *Le nouveau droit de la personnalité*, p. 28).

4
A DIGNIDADE DA PESSOA HUMANA

4.1 ORIGEM

A dignidade da pessoa humana[1] está intimamente ligada aos direitos examinados no capítulo anterior. É ela hoje a base da tutela jurídica do ser humano, sendo prevista nos mais relevantes documentos do direito internacional, em um grande número de constituições, bem como na legislação infraconstitucional de boa parte dos países.

A despeito de sua importância, a conceituação da dignidade da pessoa humana é algo extremamente difícil, talvez impossível, pois se trata de um conceito fluido, multifacetário e multidisciplinar.[2] Por isso, o direito necessita recorrer a outras áreas do saber humano, como a filosofia, a política, a sociologia, a teologia, a história etc., as quais se ocupam há mais tempo do problema, o que não significa que o tenham resolvido.

A origem da palavra dignidade é encontrada no latim, onde *dignus* é aquele que é importante, que merece estima e honra. Os romanos vinculavam a dignidade a um título ou função proeminente, sendo ela, portanto, um elemento externo.[3] Nesse sentido, a dignidade não tinha caráter universal, pois constituía um *status* superior de certas pessoas, pela posição social ou pela função exercida. Tal acepção ainda existe na atualidade, na linguagem comum, quando se alude à dignidade de certos cargos públicos.[4]

Segundo Cícero, filósofo estoico da Roma Antiga, em sua obra *De Officiis* (Dos Deveres, XXX, 105), a proteção da *dignitas* é a definição mesma da justiça, que corresponde a uma característica de todas as pessoas, a qual assegura a distinção entre seres humanos e animais.[5]

---

1. A expressão "pessoa humana" não se constitui um pleonasmo, visto que ela se opõe à "pessoa jurídica".
2. SZANIAWSKI, Elimar. *Direitos de personalidade e sua tutela*, p. 140.
3. GARCIA, Enéas Costa. *Direito geral da personalidade no sistema jurídico brasileiro*, p. 122.
4. SARMENTO, Daniel. *Dignidade da pessoa humana*, p. 103.
5. TERRÉ, François; FENOUILLET, Dominique. *Droit civil*: les personnes, la famille, les incapacites, p. 96.

Apesar da etimologia do vocábulo e de sua utilização na Antiguidade ter correspondido tão somente à espécie humana, é apenas com o Cristianismo que se vai conceber uma ideia de dignidade pessoal, atribuída a cada indivíduo, uma vez que anteriormente não existia qualquer personificação.[6]

O Cristianismo estribou o pensamento sobre a dignidade humana no fato de o homem ser o centro da criação divina, o ser amado por Deus e capaz de tomar decisões contra seu desejo natural, já que ele foi salvo de sua natureza originária por meio da noção de liberdade de escolha. Ao mesmo tempo, tal doutrina pressupõe que o ser humano necessita do auxílio de Deus para se tornar virtuoso, o que é feito mediante a observância da lei divina. Por isso, estaria a dignidade humana ligada à figura divina, seria uma dignidade dependente, derivada da figura de Deus.[7]

Daí se vê que a única dignidade existente na Idade Média, ao menos até os séculos XIII e XIV, "é de origem externa, a heterônoma, baseada na imagem de Deus ou na dignidade como honra, cargo ou título, como aparência ou como imagem que cada um representa ou se lhe reconhece na vida social".[8]

Ocorre que as concepções romana e cristã de dignidade, que prevaleceram durante muito tempo no ocidente, não correspondem à dignidade da pessoa humana atualmente encontrada no Direito, a qual começou a ser construída com o Renascimento.[9]

De fato, já na *Oratio de Hominis Dignitate* (1486), de autoria de Giovanni Pico della Mirandola, considerada por muitos o discurso fundador do renascimento humanista, vê-se que não é estabelecida a habitual relação de dependência entre a *ratio theologica* e a *ratio philosophica*. Nessa nova perspectiva renascentista, a dignidade da pessoa humana consiste na capacidade que tem o ser humano de fazer escolhas sobre os rumos de sua vida.[10]

Em todo caso, qualquer estudo moderno acerca da concepção de dignidade da pessoa humana passa invariavelmente pela filosofia kantiana, que "mostra que o homem, como ser racional, existe como fim em si, e não simplesmente como meio".[11]

---

6. MORAES, Maria Celina Bodin de. *Danos à pessoa humana*, p. 77.
7. MORAES, Maria Celina Bodin de. *Danos à pessoa humana*, p. 77-78.
8. MARTINEZ, Gregório Peces-Barba. *La dignidad de la persona desde la filosofia del derecho*, p. 27.
9. GARCIA, Enéas Costa. *Direito geral da personalidade no sistema jurídico brasileiro*, p. 121-122.
10. SARMENTO, Daniel. *Dignidade da pessoa humana*, p. 33.
11. DA SILVA, José Afonso. A dignidade da pessoa humana como valor supremo da democracia. *Revista de Direito Administrativo*, v. 212, p. 90, abr./jun. 1998.

4.2 A CONCEPÇÃO KANTIANA DE DIGNIDADE DA PESSOA HUMANA

A palavra "dignidade" está presente na obra de Kant, que não a utiliza em contexto jurídico, mas sim ético.[12]

De acordo com o filósofo de Königsberg, na sociedade tudo tem um preço (*Preis*) ou uma dignidade (*Würde*). O preço representa um valor exterior, de mercado, estando ligado às coisas, às mercadorias, que admitem a sua substituição pelo equivalente. Por outro lado, a dignidade é um valor interno (moral), de interesse geral, superior a qualquer preço, não sendo um valor relativo, o que afasta a sua substituição pelo equivalente.[13] Dessa forma, as coisas têm um preço, enquanto as pessoas têm dignidade.[14]

Como o homem está acima de todo preço, haja vista que possui dignidade, ele não pode ser transformado em meio para se alcançar qualquer fim.[15] O homem é um fim em si mesmo, o único ser cuja existência constitui um valor absoluto, uma vez que é da sua essência a dignidade, que afasta qualquer substituição pelo equivalente.[16]

Ora, considerando que o imperativo categórico kantiano compõe-se da exigência de que o ser humano seja sempre considerado como um fim em si mesmo, fica claro que "todas as normas decorrentes da vontade legisladora dos homens precisam ter como finalidade o homem, a espécie humana enquanto tal".[17] Isso porque o sistema jurídico existe exatamente em função do ser humano.

---

12. AZEVEDO, Antonio Junqueira. Caracterização jurídica da dignidade da pessoa humana. *Revista dos Tribunais*, v. 797, p. 11, mar. 2002.

13. Transcrição do texto: "A razão relaciona, então, cada máxima da vontade concebida como universalmente legisladora com todas as demais vontades e com todas as ações para com nós próprios, e isso não se dá em virtude de qualquer outro prático ou de qualquer vantagem futura, mas pela ideia da dignidade de um ser racional que não obedece outra lei senão àquela que simultaneamente dá a si mesmo. No reino dos fins, tudo tem ou um preço ou uma dignidade. Quando uma coisa tem um preço, pode ser substituída por algo equivalente; por outro lado, a coisa que se acha acima de todo preço, e por isso não admite qualquer equivalência, compreende uma dignidade.

    O que diz respeito às inclinações e necessidades do homem tem um preço comercial; o que, sem supor uma necessidade, se conforma a certo gosto, digamos, a uma satisfação produzida pelo simples jogo, sem finalidade alguma, de nossas faculdades, tem um preço de afeição ou de sentimento [*Affektionspreis*]; mas o que se faz condição para alguma coisa que seja fim em si mesma, isso não tem simplesmente valor relativo ou preço, mas um valor interno, e isso quer dizer, dignidade" (KANT, Immanuel. *Fundamentação da metafísica dos costumes*, p. 65).

14. FACHIN, Luiz Edson. Direito civil e dignidade da pessoa humana. *Revista Forense*, v. 383, p. 117, maio/jun. 2006.

15. TAVARES, André Ramos. *Curso de Direito Constitucional*, p. 193.

16. SARMENTO, Daniel. *Dignidade da pessoa humana*, p. 107-108.

17. MORAES, Maria Celina Bodin de. *Danos à pessoa humana*, p. 80.

Nesse contexto, é a dignidade que permite a formulação pelo ser humano das regras que regerão sua vida, ou seja, garante a ele autonomia, exprimindo a separação entre o reino natural das causas e o reino humano dos fins.[18]

Com isso, fica evidente que todo ser humano, sem distinção, é pessoa, não necessitando de realizar nenhum ato para que se lhe atribua a dignidade inerente à espécie humana, visto que é digno simplesmente por ser pessoa. Assim, na medida em que todos os seres humanos são dignos, essa dignidade é naturalmente reproduzida no nosso semelhante, "razão por que desconsiderar uma pessoa significa em última análise desconsiderar a si próprio".[19]

Por conseguinte, de acordo com a concepção kantiana, a dignidade é um atributo intrínseco à espécie humana, "única cujo valor ético é superior a todos os demais no mundo" e cuja existência é um fim em si mesma, nunca devendo ser um meio para a consecução de outros fins.[20] Essa dignidade leva em conta toda a espécie humana, bem como o ser humano individualizado, devendo deixar "um espaço de liberdade através do qual a livre realização da autonomia ética possa coexistir com a liberdade de todos os outros".[21]

4.2.1 Crítica à denominada concepção insular

A concepção da dignidade da pessoa humana fundada na razão e na vontade, segundo alguns autores, ou na autoconsciência, segundo outros, é, sem dúvida, pelo menos entre os autores brasileiros, a dominante.[22]

Não se pode negar a importância dos subsídios trazidos por tal concepção, visto que não pode faltar na conceituação atual da dignidade humana a ideia de que cada pessoa possui um valor intrínseco, o qual decorre da simples condição de ser humano, isto é, a dignidade é um atributo inerente ao ser humano.[23]

Apesar disso, é interessante notar que atualmente muito se critica a visão do direito fundada na razão e na vontade, ou seja, a concepção iluminista, a qual conduziu justamente ao movimento das grandes codificações, ao fechamento do sistema e ao positivismo. No entanto, no que toca à dignidade da pessoa humana,

---

18. COMPARATO, Fábio Konder. *Fundamentos dos direitos humanos*, p. 18.
19. DA SILVA, José Afonso. A dignidade da pessoa humana como valor supremo da democracia, *Revista de Direito Administrativo*, v. 212, p. 91.
20. COMPARATO, Fábio Konder. *Fundamentos dos direitos humanos*, p. 19.
21. WIEACKER, Franz. *História do direito privado moderno*, p. 427.
22. AZEVEDO, Antonio Junqueira. Caracterização jurídica da dignidade da pessoa humana. *Revista dos Tribunais*, v. 797, p. 12.
23. MCCRUDDEN, Christopher. Human dignity and judicial interpretation of human rights. *European Journal of international Law*, Firenze, v. 19, n. 4, p. 23-24, 2008.

valor fonte dos ordenamentos jurídicos, a maioria dos autores brasileiros adota uma concepção criada justamente pelo Iluminismo.

Diante de tal paradoxo, é imprescindível mencionar algumas das críticas feitas a referida concepção, que é denominada por Antonio Junqueira de Azevedo como concepção insular.

De acordo com a concepção insular, não há encontro entre o ser humano e a natureza, os quais estão em níveis diversos e são respectivamente sujeito e objeto. A distinção do homem em relação aos demais seres estaria na racionalidade, na capacidade de querer e na autoconsciência. Nessa linha, seria a natureza um fato bruto, sem valor em si.[24]

Ocorre que a ciência avançou muito desde o Iluminismo, época em que sequer se poderia pensar na Teoria da Evolução de Charles Darwin, isto é, no fato de que toda a vida do planeta teria uma origem comum. Por isso, naquele período Descartes chegou a afirmar que os animais são "máquinas que se movem" e Kant os reduziu simplesmente a "coisas".[25]

Todavia, hoje se sabe que a inteligência e a vontade são faculdades comuns aos ser humano e aos animais superiores. A autoconsciência é dado comum ao ser humano e, pelo menos, ao chimpanzé. Assim, não se pode aceitar uma concepção que fixa a especificidade do ser humano apenas na inteligência, na vontade e na autoconsciência.[26] Por isso, o direito civil brasileiro merece novas reflexões no que toca ao tratamento dispensado aos animais, que são considerados meramente como semoventes, isto é, bens móveis.

Em relação aos animais, melhor esclarecendo, não se pretende que sejam reconhecidos como sujeitos de direitos, muito menos que lhes seja reconhecida, apenas pelo fato de que muitos deles têm inteligência, vontade e autoconsciência, a dignidade própria do ser humano.

Na verdade, todo ser vivo, pelo simples fato de viver, possui dignidade, contudo, tal dignidade não se iguala à dignidade da pessoa humana, o que não significa que os outros seres vivos devam ser tratados meramente como coisas.

Aliás, nesse ponto andou bem o Código Civil alemão (BGB) na alteração legislativa de 20 de agosto de 1990, que introduziu, em sua parte geral, o § 90a, que dispõe acerca dos animais da seguinte forma: "Animais não são coisas. Eles

---

24. AZEVEDO, Antonio Junqueira. Caracterização jurídica da dignidade da pessoa humana. Revista dos Tribunais, v. 797, p. 13.
25. AZEVEDO, Antonio Junqueira. Caracterização jurídica da dignidade da pessoa humana. *Revista dos Tribunais*, v. 797, p. 13.
26. AZEVEDO, Antonio Junqueira. Caracterização jurídica da dignidade da pessoa humana. *Revista dos Tribunais*, v. 797, p. 14.

são protegidos por leis especiais. Até onde não for diversamente determinado, a eles são aplicáveis os correspondentes preceitos válidos para as coisas".[27]

Larenz e Wolf justificam a distinção de tratamento pelo fato de que os animais são seres viventes semelhantes ao ser humano, e não meramente coisas. Assim sendo, o seu tratamento legal não é, em linhas gerais, o da propriedade (§ 903 do BGB), mas sim regulado por leis especiais de proteção.[28] Todavia, isso não significa que a legislação alemã tenha outorgado aos animais a autodeterminação e a responsabilidade próprias dos seres humanos.[29]

Com isso, após a referida alteração o BGB passou a distinguir os animais (*Tiere*) das coisas (*Sachen*), considerando legalmente como coisas apenas os objetos corporais, as parcelas existentes da natureza dominável (§ 90).[30] Em realidade, apesar da distinção, no âmbito do direito civil alemão não existem disposições especiais relativas aos animais, que são tratados como coisas móveis e regidos pelas normas atinentes à propriedade e à posse.[31]

Outrossim, vale notar que, segundo muitos estudiosos, essa alteração não passa de uma ficção, uma banalidade, decorrente de motivação política, que procurou implantar a pauta de proteção dos animais no âmbito do Código Civil alemão. A alteração é realmente objeto de fortes críticas na Alemanha, afirmando-se que, no fim das contas, os animais continuam tendo tratamento como coisas na esfera do direito civil.[32]

Aliás, como alerta Dieter Medicus, é um absurdo a pretensão de dar tratamento aos animais como sujeitos jurídicos.[33] E para reforçar seu entendimento, exemplifica com um pedido teratológico de chamamento de focas para participação em um litígio administrativo sobre a poluição do Mar do Norte.[34]

---

27. Transcrição do original: "*§ 90a Tiere. Tiere sind keine Sachen. Sie werden durch besondere Gesetze geschutzt. Auf sie sind die fur Sachen geltenden Vorschriften entsprechend anzuwerden, soweit nicht etwas anderes bestimmt ist*".

28. A proteção especial outorgada aos animais na Alemanha encontra-se, em linhas gerais, na *Tierschutzgesetz – TierSchG* (HÜBNER, Heinz. *Allgemeiner Teil des Bürgerlichen Gesetzbuches*, p. 166).

29. LARENZ, Karl; WOLF, Manfred. *Allgemeiner Teil des Bürgerlichen Rechts*, p. 387.

30. BROX, Hans; WALKER, Wolf-Dietrich. *Allgemeiner Teil des BGB*, p. 400.

31. SCHWAB, Dieter; LÖHNIG, Martin. *Einführung in das Zivilrecht*, p. 129.

32. KÜHL, Kristian; REICHOLD, Hermann; RONELLENFITSCH, Michael. *Einführung in die Rechtswissenschaft*, p. 210.

33. No Brasil, a despeito de algumas decisões isoladas, é certo que a legislação considera os animais como coisas, ou melhor, como semoventes (art. 82 do Código Civil). Não se pode negar, entretanto, que muitos animais, especialmente os mamíferos, devem ser considerados como seres sencientes, o que demandaria uma revisão na legislação brasileira. Nessa linha, o caminho adotado pelo BGB parece ser o mais salutar, uma vez que os animais foram excluídos da categoria das coisas, mas continuam sendo objetos de direito, isto é, os animais não pertencem à categoria dos sujeitos de direito (WOLF, Manfred; NEUNER, Jörg. *Allgemeiner Teil des Bürgerlichen Rechts*, p. 301-302).

34. MEDICUS, Dieter. *Allgemeiner Teil des BGB*, p. 480.

4 • A DIGNIDADE DA PESSOA HUMANA 51

Em todo caso, como esclarece Antonio Junqueira Azevedo, essa nova visão pode ser notada no direito alemão em caso de dano ao animal, visto que o juiz não pode recusar a tutela específica, ainda que os custos da cura sejam maiores que o valor econômico hipotético do animal (§ 251, 2 do BGB).[35]

Por conseguinte, a dignidade da pessoa humana não comporta mais uma análise que leve em conta apenas e tão somente a inteligência, a capacidade de querer e a autoconsciência. Ela vai além disso.

4.3 A NOVA CONCEPÇÃO DE DIGNIDADE DA PESSOA HUMANA

A nova concepção deve inicialmente reconhecer que a natureza é um bem e a vida seu maior valor. Com isso, evita-se o erro da filosofia kantiana de negar valor à natureza e à vida em geral, mesmo porque o homem é um ser integrado à natureza, é um participante do magnífico fluxo vital da natureza.[36] Nessa linha, negar valor à natureza e à vida em geral é negar valor ao próprio homem.

É certo que para a concepção insular a razão, a vontade e a autoconsciência bastam para distinguir o homem dos demais animais. Entretanto, como se viu, para a diferenciação do homem dos demais animais, é necessário que se leve em consideração outras características além da razão, da vontade e da autoconsciência. Assim, também devem ser consideradas na nova concepção de dignidade da pessoa humana a capacidade de dialogar, o reconhecimento do próximo e a vocação espiritual, pois a pessoa não é apenas razão, mas também é sentimento e emoção.[37]

Nessa senda, de acordo com Antonio Junqueira Azevedo, o homem distingue-se dos demais animais pela capacidade de sair de si, "reconhecer no outro um igual, usar a linguagem, dialogar e, ainda, principalmente, na sua vocação para o amor, como entrega espiritual a outrem".[38]

De fato, atualmente a crítica à valorização exclusiva do racionalismo não é posição isolada, visto que muitos outros autores, além de Antonio Junqueira Azevedo, também veem a capacidade de dialogar e a sociabilidade humana como traços distintivos da pessoa em relação aos animais.[39]

---

35. AZEVEDO, Antonio Junqueira. Caracterização jurídica da dignidade da pessoa humana. *Revista dos Tribunais*, v. 797, p. 18.
36. AZEVEDO, Antonio Junqueira. Caracterização jurídica da dignidade da pessoa humana. *Revista dos Tribunais*, v. 797, p. 18.
37. GARCIA, Enéas Costa. *Direito geral da personalidade no sistema jurídico brasileiro*, p. 128.
38. AZEVEDO, Antonio Junqueira. Caracterização jurídica da dignidade da pessoa humana. *Revista dos Tribunais*, v. 797, p. 13.
39. GARCIA, Enéas Costa. *Direito geral da personalidade no sistema jurídico brasileiro*, p. 128-130.

A racionalidade do ser humano está em um patamar superior aos dos demais seres do nosso planeta, o que, sem dúvida, é uma nota distintiva que deve ser levada em conta. No entanto, para uma distinção mais aperfeiçoada, é imprescindível a conjugação da razão, da emoção e dos sentimentos.

No mesmo sentido, Carlos Fernández Sessarego aponta a importância das emoções e dos sentimentos, censurando o racionalismo puro:

> o racionalismo pretendia captar o ser do homem somente por meio da razão, mediante um ato cognoscitivo elegantemente conceitual. Para o racionalismo as emoções, os sentimentos, são absolutamente acidentais, tratando-se do conhecimento do ser humano. Frente a esta concepção, a filosofia da existência supõe uma radical mudança de ótica enquanto postula, pelo contrário, que as emoções, os sentimentos, a "inteligência emocional", constituem experiências reveladoras do ser humano.[40]

Aliás, a valorização exclusiva da racionalidade e a desconsideração dos sentimentos e emoções, grande falha dos iluministas, pode ser facilmente explicada pela falta de conhecimento àquela época acerca da neurociência, que atualmente muito tem contribuído para os estudos nesse campo.

Por isso, não se pode tão somente repetir a concepção iluminista de dignidade da pessoa humana, pois se estaria incorrendo no mesmo erro, ou seja, os sentimentos e as emoções seriam deixados fora da concepção de dignidade da pessoa humana.

Como decorrência dessa conjugação, o ser humano apresenta a capacidade de reconhecer no outro um semelhante, um igual, um pouco de si mesmo, e de se relacionar com esse semelhante. Tais notas distintivas devem ser consideradas, não obstante possam existir em grau inferior de sofisticação em outros animais.[41]

Aqui, mais uma vez, vale a transcrição dos ensinamentos de Carlos Fernández Sessarego, que não deixam de fazer menção ao caráter relacional da pessoa:

> A pessoa é, estruturalmente, um ser coexistencial. Não foi criada para viver constantemente em solidão, senão para conviver, necessariamente, com os outros seres humanos em seu habitat natural, que não é outro que a sociedade. Daí que não é possível conceber o ser humano como um ente isolado, incomunicável, voltado sobre si mesmo, ignorando o "tu" e o "nós". Existe "com os outros". O ser humano precisa dos demais para realizar-se, simplesmente "para viver". Viver é conviver ou, se preferir, a existência é coexistência.[42]

---

40. SESSAREGO, Carlos Fernández. Persona y Derecho. In: Alberto José Bueres; Aída Kemelmajer de Carlucci (orgs.). *Responsabilidad por danõs en el tercer milenio*, p. 873.
41. GARCIA, Enéas Costa. *Direito geral da personalidade no sistema jurídico brasileiro*, p. 128-129.
42. SESSAREGO, Carlos Fernández. Persona y Derecho. In: Alberto José Bueres; Aída Kemelmajer de Carlucci (orgs.). *Responsabilidad por danõs en el tercer milenio*, p. 873.

Dito tudo isso, pode-se concluir que conforme a nova concepção apresentada, o ser humano participa da natureza e está integrado a ela, encontrando-se no patamar mais elevado da escala evolutiva. O ser humano se distingue dos demais seres vivos pela capacidade de dialogar, de transmitir ideias, de se reconhecer no próximo, de argumentar e convencer, de compartilhar experiências e de amar.[43] Em suma, na base da dignidade da pessoa humana não se encontra apenas a razão, mas também o sentimento e a emoção, sendo exigido como seu pressuposto a intangibilidade da vida humana.[44]

4.4 A DIGNIDADE DA PESSOA HUMANA COMO PRINCÍPIO CONSTITUCIONAL

A dignidade da pessoa humana começa, no período que sucede à Segunda Guerra Mundial, a ser maciçamente inserida como princípio fundamental nas constituições, o que está intimamente ligado, conforme já mencionado, ao holocausto nazifascista.[45]

As experiências totalitárias desvalorizaram os seres humanos, transformando-os em objetos descartáveis, supérfluos, dispondo arbitrariamente sobre homens e mulheres como se fossem meras coisas.[46] Por isso, fez-se necessário o resgate da dignidade da pessoa humana, fundamento ético da experiência jurídica, dado que não era mais possível a aceitação de um ordenamento jurídico indiferente a valores éticos, captado pela ótica meramente formal.[47]

A solução foi encontrada na construção de ordenamentos jurídicos suficientemente dotados de princípios com elevada carga axiológica, os quais permitiriam a entrada de valores no campo do direito, enterrando as teses que defendiam o direito puro, cuja teoria geral não se ocupava dos valores.[48]

---

43. GARCIA, Enéas Costa. *Direito geral da personalidade no sistema jurídico brasileiro*, p. 130.
44. AZEVEDO, Antonio Junqueira. Caracterização jurídica da dignidade da pessoa humana. *Revista dos Tribunais*, v. 797, p. 19.
45. GARCIA, Enéas Costa. *Direito geral da personalidade no sistema jurídico brasileiro*, p. 119.
46. Aliás, o rebaixamento do ser humano à categoria das coisas era tal que não se pode deixar de apontar as "semelhanças entre a tecnologia aplicada na linha de produção em massa, típica da sociedade industrial burocraticamente organizada, e a tecnologia aplicada nos campos de concentração, destinada à eliminação maciça e ordenada de seres humanos em grande quantidade. Como assinala Henry Feingold, Auschwitz foi uma extensão do moderno sistema fabril. Em vez de produzir bens, fabricava mortes, cuidadosamente registradas nos mapas de produção, a partir da matéria-prima que eram os seres humanos" (TURRI, Márcia Hoffmann do Amaral e Silva. Modernidade e direitos humanos: as duas faces de Jano. *Revista do Tribunal Regional Federal 3ª Região*, São Paulo, n. 83, p. 133, maio/jun. 2007).
47. PIOVESAN, Flávia. *Direitos humanos e o princípio da dignidade humana*, p. 231.
48. PIOVESAN, Flávia. *Direitos humanos e o princípio da dignidade humana*, p. 224.

Daí, fica fácil compreender que a recorrente menção à dignidade da pessoa humana em documentos internacionais, no frontispício das constituições e na legislação, em geral, foi uma reação do sistema jurídico aos períodos de barbárie, de graves violações dos direitos humanos.[49]

Essa reação se iniciou justamente onde a dignidade da pessoa humana havia sido mais desrespeitada, ou seja, na Alemanha, cuja Lei Fundamental de 1949 (da República Federal da Alemanha) é apontada como a primeira constituição a consagrar a dignidade da pessoa humana em termos mais incisivos (art. 1º, 1).[50]

Já no âmbito internacional, a dignidade da pessoa humana também foi acolhida pela Declaração Universal dos Direitos Humanos (1948) como valor inerente a todos os membros da família humana, sendo a condição humana o único e exclusivo requisito para a titularidade dos direitos do homem.[51]

Nessa linha, depois da coroação da dignidade da pessoa humana pela Lei Fundamental de Bonn (1949), muitas outras constituições também acabaram por reconhecê-la, entre elas, além da Constituição da República Federativa do Brasil de 1988, vale ainda destacar as seguintes: da Irlanda (preâmbulo), da Índia (preâmbulo), da Venezuela (preâmbulo), da Grécia (art. 2º), da Espanha (art. 10, 1), da China (art. 38), da Hungria, após 1989 (art. 54), da Namíbia (preâmbulo e art. 8º), da Colômbia (art. 1º), da Bulgária (preâmbulo), da Romênia (art. 1º), de Cabo Verde (art. 1º), da Lituânia (art. 21), do Peru (art. 1º), da Rússia (art. 21), da África do Sul (arts. 1º, 10 e 39), da Polônia (art. 30) e de Portugal (art. 1º).[52]

E a dignidade da pessoa humana também mereceu tratamento especial no projeto de Constituição para a Europa, da qual faz parte a "Carta de Direitos Fundamentais da União" (Parte II), que coloca a dignidade no primeiro dos títulos, antes da liberdade, da igualdade, da solidariedade, da cidadania, da justiça etc.[53].

Assim, a dignidade da pessoa humana, depois de transformada em princípio constitucional, passou a ocupar lugar de destaque no ordenamento jurídico, o que levou muitos operadores do direito a considerá-la como ponto de partida do sistema jurídico, seu valor fonte.[54]

Desta forma, é natural que a dignidade da pessoa humana, princípio fundamental do sistema de valores existente nas constituições, oriente a interpretação e

---

49. TERRÉ, François; FENOUILLET, Dominique. *Droit civil*: les personnes, la famille, les incapacites, p. 96.
50. DA SILVA, José Afonso. A dignidade da pessoa humana como valor supremo da democracia. *Revista de Direito Administrativo*, v. 212, p. 89.
51. PIOVESAN, Flávia. Direitos humanos e o princípio da dignidade humana, p. 223.
52. MIRANDA, Jorge. A Constituição portuguesa e a dignidade da pessoa humana. *Revista de Direito Constitucional e Internacional*, São Paulo, v. 45, p. 81, out./dez. 2000.
53. TERRÉ, François; FENOUILLET, Dominique. *Droit civil*: les personnes, la famille, les incapacites, p. 97.
54. ASCENSÃO, José de Oliveira. *Direito civil*: teoria geral, p. 72.

a aplicação de todas as demais normas, vinculando tanto o poder público quanto os particulares.[55] As atenções então se deslocaram para o direito constitucional, fazendo com que toda interpretação necessariamente estivesse em conformidade com a Constituição.[56]

4.5 A DIGNIDADE DA PESSOA HUMANA E A CONSTITUCIONALIZAÇÃO DO DIREITO CIVIL

As constituições, originalmente idealizadas como meros estatutos de organização jurídica do Estado, também passaram no pós-guerra a incorporar institutos nucleares do direito privado, o que certamente decorreu de influência do princípio fundamental da dignidade da pessoa humana. Isso levou a um processo de personalização do direito civil, o qual não mais seria guiado pelos valores burgueses da propriedade e da autonomia privada, mas sim voltado para a tutela da pessoa, considerada em toda a sua diversidade e complexidade.[57]

Nessa senda, o constitucionalismo contemporâneo, nas palavras de Perlingieri, reconhece que a ideia forte do sistema já não é o mercado, mas sim a dignidade da pessoa humana, em uma perspectiva tendente à despatrimonialização do direito.[58]

Essa tendência do direito civil, geralmente denominada no Brasil de "constitucionalização do direito privado", mas que também pode ser considerada a partir da expressão "eficácia civil dos direitos fundamentais",[59] provocou, ainda, modificações no arcabouço normativo até então dominante, que tinha no Código Civil o seu grande e único centro de produção legislativa.[60]

A nova configuração do direito privado não mais se fundamentaria tão somente no Código Civil, visto que ao lado dele surgiram legislações a um só

---

55. GARCIA, Enéas Costa. *Direito geral da personalidade no sistema jurídico brasileiro*, p. 121.
56. BROX, Hans; WALKER, Wolf-Dietrich. *Allgemeiner Teil des BGB*, p. 24. Transcrição do original: "*Die im GG enthaltene objektive Werteordnung wirkt auf alle Bereiche des Rechts und damit auch auf das Privatrecht ein. Diese 'Ausstrahlungwirkung' der Verfassung führt zu einer verfassungskonformen Auslegung einer Vorschrift des BGB*". Tradução livre: "O ordenamento objetivo de valores contido na Lei Fundamental atua em todas as áreas do Direito e com isso também no direito privado. Essa 'irradiação' da Constituição conduz a uma interpretação dos dispositivos do BGB conforme a Constituição".
57. MELLO, Cláudio Ari. Contribuição para uma teoria híbrida dos direitos de personalidade. In: SARLET, Ingo Wolfgang (org.). *O novo Código Civil e a Constituição*, p. 67-68.
58. PERLINGIERI, Pietro. La dottrina del diritto civile nella legalità costituzionale. *RTDC*, v. 8, n. 31, p. 79.
59. NERY, Rosa Maria de Andrade; NERY JUNIOR, Nelson. *Introdução à ciência do direito privado*, p. 492.
60. Na França, vale notar, a dignidade da pessoa humana é reconhecida pelo art. 16 do Código Civil, que dispõe: "*La loi assure la primauté de la personne, interdit toute atteinte à la dignité de celle-ci e garantit le respect de l'être humain dès le commencement de sa vie*". Tradução livre: "A lei assegura a primazia da pessoa, proíbe todo atentado à sua dignidade e garante o respeito do ser humano desde o começo de sua vida".

tempo extraordinárias e especiais, fragmentando o direito privado em estatutos de especialização por matéria.[61]

Isso tudo não significou o fim dos tradicionais códigos civis, como queriam alguns juristas, mas sim resultou na substituição de um monossistema, antes representado pelo Código Civil, por um polissistema, que está construindo uma nova interpretação unificadora e revigoradora do direito privado, o qual "adquire um novo fôlego por causa das comunicações constitucionais".[62]

No mesmo sentido, ensinam Pablo Stolze Gagliano e Rodolfo Pamplona Filho:

> A coexistência harmônica desse polissistema – formado pelo Código, pelos estatutos jurídicos e leis especiais – encontra um ponto lógico-formal de apoio e aplicação hermenêutica nos princípios e normas superiores de Direito Civil consagradas na própria Constituição Federal.[63]

Aliás, a promulgação do Código Civil de 2002 é prova da vitalidade dos códigos civis, que apenas deixaram de ter a importância antes a eles atribuída pelo positivismo jurídico. Contudo, isso não significa que são desnecessários, mas que devem ser aplicados à luz das regras e princípios da lei maior.[64]

Da mesma forma, o fenômeno da constitucionalização do direito civil não colocou em cheque, na Alemanha, o monumento jurídico que é o BGB. Ao contrário, nele foi incluída parte da disciplina das relações de consumo,[65] o que é regulado no Brasil por estatuto próprio, ou seja, pelo Código de Defesa do Consumidor (Lei n. 8.078/90).

Assim sendo, o isolacionismo e a independência temática do antigo direito privado não mais resistem às transformações históricas ocorridas. Hoje as constituições mais recentes, guiadas pela dignidade da pessoa humana, são sensíveis a aspectos específicos da convivência humana e se incluem entre as fontes do direito privado. Isso afasta a antiga divisão entre "sociedade civil" e "sociedade política" e possibilita o diálogo entre a terminologia e os conceitos originários da Constituição e os institutos do direito privado.[66]

---

61. DIAS, Joaquim José de Barros. Direito civil constitucional. In: LOTUFO, Renan (org.). *Direito civil constitucional*, p. 19.
62. DIAS, Joaquim José de Barros. Direito civil constitucional. In: LOTUFO, Renan (org.). *Direito civil constitucional*, p. 19.
63. GAGLIANO, Pablo Stolze; FILHO, Rodolfo Pamplona. *Novo curso de direito civil*, v. 1, p. 47.
64. NERY, Rosa Maria de Andrade; NERY JUNIOR, Nelson. *Introdução à ciência do direito privado*, p. 299.
65. BÜLOW, Peter; ARTZ, Markus. *Verbraucherprivatrecht*, p. 1.
66. NERY, Rosa Maria de Andrade. *Introdução ao pensamento jurídico e à teoria geral do direito privado*, p. 299.

Ademais, é de se notar que a pretensa intangibilidade do direito civil foi colocada em dúvida pela sua constitucionalização. De fato, aquela ideia de que o direito civil seria estável, haja vista a pouca influência que sofria por parte das transformações, especialmente políticas, que a história apresentava, estaria desmoronando.[67] E isso pode ser verificado pelas mudanças do direito de família brasileiro nos últimos anos.

Constatou-se, graças à dignidade da pessoa humana, a necessidade da constitucionalização de institutos nucleares do direito privado, o que levou, consequentemente, à constitucionalização do direito civil. Tal fenômeno permitiu a introdução de expressões de direito público em normas que regem a vida dos particulares, personalizando o direito privado, impregnando-o de um sentido de justiça social, que tende a amenizar as desigualdades produzidas pela ideologia capitalista liberal.[68]

Diante de tudo isso, fica evidente que a dignidade da pessoa humana, elevada ao *status* de princípio constitucional, é o mais importante princípio do direito privado e do direito público, regendo todos os outros princípios,[69] o que acabou por determinar a releitura da legislação civil, em especial no que atine aos direitos da personalidade.

4.6 A DIGNIDADE DA PESSOA HUMANA NO ORDENAMENTO JURÍDICO BRASILEIRO

No Brasil, durante o período dos governos militares, era comum a tortura e toda sorte de desrespeito à pessoa humana. Com a redemocratização do país, o constituinte brasileiro se colocou diante da obrigação de incluir a dignidade da pessoa humana como um dos fundamentos do Estado Democrático de Direito em que se constituiu a República Federativa do Brasil.

Atualmente, a tutela da pessoa desfruta de primazia em nossa ordem constitucional, uma vez que a dignidade da pessoa humana constitui princípio fundamental da República Federativa do Brasil, previsto no art. 1º, III da Constituição Federal.

Por estar no topo do ordenamento jurídico brasileiro, esse princípio fundamental, que é inerente ao indivíduo, vincula todas as esferas jurídicas, pro-

---

67. BORGES, Roxana Cardoso Brasileiro. *Direitos de personalidade e autonomia privada*, p. 80-81.
68. DIAS, Joaquim José de Barros. Direito civil constitucional. In: LOTUFO, Renan (org.). *Direito civil constitucional*, p. 14.
69. NERY, Rosa Maria de Andrade. *Introdução ao pensamento jurídico e à teoria geral do direito privado*, p. 235.

tegendo o ser humano tanto em relação ao próprio Estado quanto em relação aos demais indivíduos. Por isso, é ele a "chave de leitura e da interpretação dos demais princípios fundamentais e de todos os direitos e garantias fundamentais expressos na Constituição".[70]

Isso significa dizer que uma lei, mesmo cumprindo os ditames constitucionais específicos para certas matérias, poderá ser reputada inconstitucional se o legislador não estiver atento à preocupação constitucional relativa à dignidade da pessoa humana.[71]

O mesmo pode ser dito em relação aos negócios jurídicos, visto que não há negócio jurídico que não tenha seu conteúdo redesenhado pelo texto constitucional, especialmente pela dignidade da pessoa humana.[72]

Não há, dessa forma, campo jurídico onde a dignidade da pessoa humana não atue de forma a vincular todos os tipos de relações.[73]

Na dignidade encontra-se a vida e a liberdade do ser humano. A inclusão da vida no espectro da dignidade dispensa qualquer esclarecimento. Já a liberdade garante a cada ser humano um espaço de atuação, uma vez que somente na presença da liberdade o homem pode desenvolver sua personalidade.[74]

Entretanto, não bastam a vida e a liberdade formalmente reconhecidas, a dignidade da pessoa humana também reclama "condições mínimas de existência, existência digna conforme os ditames da justiça social".[75] É que um sistema de profundas desigualdades deve ser considerado como um desrespeito a esse princípio fundamental da República Federativa do Brasil.

Deveras, outorga o princípio da dignidade da pessoa humana não somente vida e liberdade aos seres humanos, mas também exige um verdadeiro dever fundamental de tratamento igualitário, de maneira que o indivíduo, além de ter sua dignidade respeitada, deve igualmente respeitar a dignidade de seu semelhante.[76]

Essa igualdade inerente ao princípio da dignidade da pessoa humana é, como não poderia deixar de ser, garantida a qualquer dos gêneros, ou seja, aos homens e às mulheres (art. 5º, I, da CF[77]), mesmo porque, como pontifica Jorge

---

70. SZANIAWSKI, Elimar. *Direitos de personalidade e sua tutela*, p. 141.
71. TEPEDINO, Gustavo. *Temas de direito civil*, p. 54.
72. TEPEDINO, Gustavo. *Temas de direito civil*, p. 55.
73. BORGES, Roxana Cardoso Brasileiro. *Direitos de personalidade e autonomia privada*, p. 84.
74. ASCENSÃO, José de Oliveira. *Direito civil*: teoria geral, p. 109.
75. DA SILVA, José Afonso. A dignidade da pessoa humana como valor supremo da democracia. *Revista de Direito Administrativo*, v. 212, p. 93.
76. MORAES, Alexandre de. *Direitos humanos fundamentais*, p. 60-61.
77. Art. 5º, I, da CF: "homens e mulheres são iguais em direitos e obrigações, nos termos desta Constituição".

Miranda, em "cada homem e em cada mulher estão presentes todas as faculdades da humanidade".[78]

Apesar de parecer óbvio, pelo menos para quem vive atualmente no Brasil, que os homens e as mulheres são iguais em direitos e obrigações, o que poderia dispensar o comentário do parágrafo anterior, não se pode esquecer que até pouco tempo atrás isso não ocorria em nosso país. Também vale lembrar que ainda hoje, em muitas outras partes do mundo, em especial em países de tradição islâmica, à mulher não é garantida a mesma dignidade concedida ao homem. Por isso, nunca é demais repetir que a qualquer dos gêneros humanos cabe a mesma dignidade.

Ainda, é na dignidade da pessoa humana que se encontra a referência unificadora dos direitos fundamentais, ou seja, ela reúne a afirmação da integridade física e espiritual do homem, "garantida pelo livre desenvolvimento da personalidade, pela defesa da autonomia individual, pela igualdade de tratamento e pelo fornecimento de condições mínimas de existência".[79]

Assim, em consonância com o que foi até aqui exposto, Alexandre de Moraes apresenta o princípio da dignidade da pessoa humana como:

> um valor espiritual e moral inerente à pessoa, que se manifesta singularmente na autodeterminação consciente e responsável da própria vida e que traz consigo a pretensão ao respeito por parte das demais pessoas, constituindo-se um mínimo invulnerável que todo estatuto jurídico deve assegurar, de modo que, somente excepcionalmente, possam ser feitas limitações ao exercício dos direitos fundamentais, mas sem menosprezar a necessária estima que merecem todas as pessoas enquanto seres humanos. O direito à vida privada, à intimidade, à honra, à imagem, dentre outros, aparecem como consequência imediata da consagração da dignidade da pessoa humana como fundamento da República Federativa do Brasil.[80]

Seja como for, por ser um signo plural e poroso, é extremamente complicada a sua redução a uma fórmula abstrata e genérica. Por isso, é melhor que se deixe de lado a sua conceituação, uma vez que mais importante que sua definição é a verificação da ocorrência de lesão à dignidade da pessoa humana em casos concretos, o que certamente configura uma afronta ao texto constitucional.[81]

---

78. MIRANDA, Jorge. A Constituição portuguesa e a dignidade da pessoa humana. *Revista de Direito Constitucional e Internacional*, v. 45, p. 85.
79. LOUREIRO, Francisco Eduardo. Direito ao sossego. In: LOTUFO, Renan (org.). *Cadernos de Direito Civil Constitucional*, p. 113.
80. MORAES, Alexandre de. *Direitos humanos fundamentais*, p. 60.
81. FACHIN, Luiz Edson. Direito civil e dignidade da pessoa humana. *Revista Forense*, v. 383, p. 116.

E aqui é interessante que se note que a dignidade da pessoa humana pode ter seu substrato desdobrado no ordenamento jurídico brasileiro em quatro postulados:[82]

> i) o sujeito moral (ético) reconhece a existência dos outros como sujeitos iguais a ele; ii) merecedores do mesmo respeito à integridade psicofísica de que é titular; iii) é dotado de vontade livre, de autodeterminação; iv) é parte do grupo social, em relação ao qual tem a garantia de não vir a ser marginalizado.[83]

Por se estar diante de um princípio, os postulados acima mencionados logicamente são de grande valia, particularmente para o operador do direito, visto que seu trabalho é muito superior ao da mera operação lógica de subsunção do fato à norma.

Todavia, além do campo jurisprudencial e doutrinário, é certo que a concretização desse princípio, dada a sua extensão, igualmente traz grandes desafios no plano legislativo, uma vez que o legislador deve se esforçar não só para "refletir a realidade, mas também, conscientemente, buscar a sua transformação".[84]

Nessa esteira, a luta incessante pela efetivação do respeito à dignidade da pessoa humana tem produzido alterações constitucionais que merecem destaque, entre elas vale mencionar os §§ 3º e 4º do art. 5º da Carta Magna, introduzidos pela Emenda Constitucional 45, de 2004, que objetivam aperfeiçoar os instrumentos de proteção aos direitos humanos.[85]

Outra inovação foi o § 5º do art. 109, também incluído à Lei Fundamental pela Emenda Constitucional n. 45. Tal dispositivo permite, nas hipóteses de grave violação de direito humanos, que o Procurador-Geral da República, com a finalidade de assegurar o cumprimento de obrigações decorrentes de tratados internacionais de direitos humanos dos quais o Brasil seja parte, suscite, perante o Superior Tribunal de Justiça, em qualquer fase do inquérito ou processo, inci-

---

82. De modo semelhante, Jorge Miranda sintetiza as diretrizes básicas da dignidade da pessoa humana no direito português: "a) a dignidade da pessoa humana reporta-se a todas e cada uma das pessoas e é a dignidade da pessoa individual e concreta; b) a dignidade é da pessoa enquanto homem e enquanto mulher; c) cada pessoa vive em relação comunitária, o que implica o reconhecimento por cada pessoa de igual dignidade das demais pessoas; d) cada pessoa vive em relação comunitária, mas a dignidade que possui é dela mesma, e não da situação em si; e) o primado da pessoa é o do *ser*, não o do *ter*; a liberdade prevalece sobre a propriedade; f) só a dignidade justifica a procura da qualidade de vida; g) a proteção da dignidade das pessoas está para além da cidadania portuguesa e postula uma visão universalista da atribuição dos direitos; e h) a dignidade pressupõe a autonomia vital da pessoa, a sua autodeterminação relativamente ao Estado, às demais entidades públicas e às outras pessoas" (MIRANDA, Jorge. A Constituição portuguesa e a dignidade da pessoa humana. *Revista de Direito Constitucional e Internacional*, v. 45. p. 84).
83. MORAES, Maria Celina Bodin de. *Danos à pessoa humana*, p. 85.
84. MORAES, Maria Celina Bodin de. *Na medida da pessoa humana*, p. 46.
85. MENDES, Gilmar Ferreira; BRANCO, Paulo Gustavo Gonet. *Curso de direito constitucional*, p. 154.

dente de deslocamento de competência para a Justiça Federal, onde se espera que o assunto receba tratamento compatível com sua elevada importância.[86]

Por outro lado, tal como em outros ordenamentos jurídicos, no Brasil a dignidade da pessoa humana é, além de um princípio fundamental, também uma cláusula geral constitucional de tutela da personalidade, a qual permite a utilização dos mais diversos instrumentos jurídicos para a sua proteção. Assim sendo, passa-se a uma breve análise da dignidade da pessoa humana como cláusula geral.

4.7 A DIGNIDADE DA PESSOA HUMANA COMO CLÁUSULA GERAL

4.7.1 A técnica das cláusulas gerais

O princípio fundamental da dignidade da pessoa humana está consagrado no art. 1º, III da Constituição Federal, dispositivo que também atua e funciona como uma cláusula geral de tutela do ser humano.[87]

Entretanto, antes de se analisar especificamente a dignidade da pessoa humana como uma cláusula geral, é imprescindível que se faça uma breve explanação sobre as cláusulas gerais, bem como sua distinção em relação aos princípios.

A adoção de cláusulas gerais pelo ordenamento jurídico brasileiro certamente é um notável avanço. Tal técnica legislativa permite:

o ingresso, no ordenamento jurídico codificado, de princípios valorativos, ainda inexpressos legislativamente, de *standards*, máximas de conduta, arquétipos exemplares de comportamento, de deveres de conduta não previstos legislativamente, de direitos e deveres configurados segundo os usos do tráfego jurídico, de diretivas econômicas, sociais e políticas, de normas, enfim, constantes de universos metajurídicos, viabilizando a sua sistematização e permanente ressistematização no ordenamento positivo.[88]

Assim sendo, legisla-se com mais amplitude por meio das cláusulas gerais, permitindo-se soluções mais justas e harmonizadas para determinado caso concreto. Já do ponto de vista de sistema, abre-se caminho à mutabilidade necessária ao direito, pois, à medida que se abrange variada gama de interpretações plausí-

---

86. MENDES, Gilmar Ferreira; BRANCO, Paulo Gustavo Gonet. *Curso de direito constitucional*, p. 154-155.

87. SZANIAWSKI, Elimar. *Direitos de personalidade e sua tutela*, p. 143.

88. MARTINS-COSTA, Judith. O direito privado como um "sistema em construção": as cláusulas gerais no projeto do Código Civil brasileiro. *Jus Navigandi*, Teresina, ano 4, n. 41, maio 2000. Disponível em: <http://jus2.uol.com.br/doutrina/texto.asp?id=513>.

veis, admite-se o importante desapego ao momento político e ao entendimento jurídico que inicialmente determinou a regra.[89]

Isso porque existe nas cláusulas gerais, conforme ensina Judith Martins-Costa, uma disposição normativa:

> que utiliza, no seu enunciado, uma linguagem de tessitura intencionalmente "aberta", "fluida" ou "vaga", caracterizando-se pela ampla extensão do seu campo semântico, a qual é dirigida ao juiz de modo a conferir-lhe um mandato (ou competência) para que, à vista dos casos concretos, crie, complemente ou desenvolva normas jurídicas, mediante o reenvio para elementos cuja concretização pode estar fora do sistema; estes elementos, contudo, fundamentarão a decisão, motivo pelo qual, reiterados no tempo os fundamentos da decisão, será viabilizada a ressistematização destes elementos originariamente extrassistemáticos no interior do ordenamento jurídico.[90]

Aliás, essa vagueza das cláusulas gerais, longe de ser prejudicial, encerra noção de grande valia para o direito, pois permite a sua renovação constante, prolongando a aplicabilidade de institutos jurídicos, o que não ocorre quando se está diante de uma norma que contenha termos dotados de grau de vagueza mínima.[91]

De fato, pelas cláusulas gerais não são simplesmente prescritas condutas a serem observadas, mas são definidos valores e parâmetros hermenêuticos, que servem "como ponto de referência interpretativo e oferecem ao intérprete os critérios axiológicos e os limites para a aplicação das demais disposições normativas".[92]

Por isso, não resta dúvida de que a técnica das cláusulas gerais será decisiva para a construção de um sistema jurídico comprometido com a realidade social,[93] dada a sua atuação como uma ponte entre o sistema e a realidade social, entre o sistema e os valores da sociedade, constituindo um dos instrumentos que auxiliam a abertura e a mobilidade do sistema, necessárias à consecução da função primordial do direito, que é a busca da Justiça.[94]

---

89. SANTOS, Eduardo Sens dos. O novo Código Civil e as cláusulas gerais: exame da função social do contrato. *Revista de Direito Privado*, São Paulo, v. 3, n. 10, p. 18, abr./jun. 2002.

90. MARTINS-COSTA, Judith. *A boa-fé no direito privado*, p. 303.

91. NERY, Rosa Maria de Andrade. *Introdução ao pensamento jurídico e à teoria geral do direito privado*, p. 264.

92. TEPEDINO, Gustavo. Cidadania e os direitos de personalidade. *Revista Jurídica*, Porto Alegre, v. 51, n. 305, p. 29, mar. 2003.

93. NALIN, Paulo. Cláusula geral e segurança jurídica no Código Civil. *RTDC*, v. 6, n. 23, p. 75, jul./set. 2005.

94. APARÍCIO, Márcia de Oliveira Ferreira. Cláusulas gerais: a incompletude satisfatória do sistema, p. 23-24.

4.7.2 Cláusulas gerais e princípios

As cláusulas gerais podem introduzir no corpo legislativo um princípio, tornando-o expresso, como é o caso do art. 1º, III da Constituição Federal, mas isso não quer dizer que toda cláusula geral encerre um princípio, nem que princípios e cláusulas gerais são a mesma coisa. O que ocorre costumeiramente é que os princípios, que em geral também contêm noções imprecisas por estarem imbuídos de valores, são enunciados em termos vagos, assim como as cláusulas gerais.[95]

Entretanto, antes de se investigar a distinção entre as cláusulas gerais e os princípios,[96] que é imprescindível para a continuidade do presente estudo, mister se faz lembrar que a palavra "princípio" comporta vários significados. Por isso, para a diferenciação que se propõe, é imprescindível limitar o campo de análise a apenas um dos significados de princípio.

Miguel Reale, no festejado *Lições preliminares de direito*, ensina que os princípios "são 'verdades fundantes' de um sistema de conhecimento, como tais admitidas, por serem evidentes ou por terem sido comprovadas, mas também por motivos de ordem prática de caráter operacional, isto é, como pressupostos exigidos pelas necessidades da pesquisa e da *práxis*".[97] Contudo, o tridimensionalista também vê nos princípios "enunciações normativas de valor genérico, que condicionam e orientam a compreensão do ordenamento jurídico, quer para sua aplicação e integração, quer para a elaboração de novas normas".[98]

Partindo do segundo significado de princípio acima transcrito, Márcia de Oliveira Ferreira Aparício muito bem sintetiza a distinção em questão, a qual, muito se aproxima daquela feita por Judith Martins-Costa:[99]

---

95. SANTOS, Eduardo Sens dos. O novo Código Civil e as cláusulas gerais: exame da função social do contrato. *Revista de Direito Privado*, n. 10, p. 17.

96. No mesmo sentido, assevera Judith Martins-Costa que as cláusulas gerais não são princípios, embora na maior parte dos casos os contenham em seu enunciado ou permitam a sua formulação (MARTINS-COSTA, Judith. *A boa-fé no direito privado*, p. 161).

97. REALE, Miguel. *Lições preliminares de direito*, p. 303.

98. REALE, Miguel. *Lições preliminares de direito*, p. 303.

99. Se nos afigura importante nesta nota a transcrição da distinção entre as cláusulas gerais e os princípios feita por Judith Martins-Costa: "a) não se pode pensar em 'cláusula geral inexpressa'. Constituindo uma técnica legislativa, não há o que falar em sua 'implicitude'. Ou estão formuladas na lei ou não estão. Portanto, um dos dois setores em que se divide a classificação dos princípios acima aludida, qual seja a que distingue entre os princípios inexpressos e os expressos, resta completamente afastado da possibilidade de sinonímia ou equiparação às cláusulas gerais; b) considerando o setor que resta, vale dizer, o dos princípios expressos, nem aí se justifica a equiparação. É que não se pode pensar em cláusula geral que não promova o reenvio, seja a outros espaços do próprio ordenamento, seja a *standards*, jurídicos ou ainda extrajurídicos, ou a valores, sistemáticos ou extrassistemáticos, podendo-se apontar, contudo, como acima se aludiu, a um considerável quadro de princípios que não contém conceitos dotados de vagueza (semântica) socialmente típica, e que, portanto, não promovem o mencionado reenvio; c) têm-se, então, no campo residual, os princípios expressos que referenciam valores e que

As cláusulas gerais carregam, no mais das vezes, princípios e valores. Nesses casos, poderíamos vislumbrar, cumulativamente, em uma só norma, princípio e cláusula geral. Os conceitos, no entanto, ainda que coincidam em alguns momentos, são diversos. Não pode haver cláusula geral não expressa, ou implícita [mas admite-se princípio implícito.[100]] Há cláusulas gerais que não contêm princípios, mas apenas referem princípios e valores. É da essência das cláusulas gerais a possibilidade do reenvio a outros espaços do ordenamento que não o dos princípios, e mesmo a valores extrajurídicos e extrassistemáticos. E, por fim, há princípios jurídicos que não contêm conceitos dotados de vagueza semântica, e que não poderiam integrar a sistemática das cláusulas gerais.[101]

Ademais, num comparativo entre princípios e cláusulas gerais, os princípios irradiam uma identidade própria no interior do sistema jurídico, o que já não se passa com as cláusulas gerais, que devem promover o reenvio ao próprio ordenamento,[102] inclusive aos princípios, e até mesmo para fora do sistema jurídico.

No que toca à expressa previsão normativa, é sabido que a vanguarda da doutrina nacional, mesmo antes da consagração da boa-fé objetiva como cláusula geral no novo Código Civil (art. 422), já a aplicava como princípio. Isso demonstra que um princípio pode ser aplicado mesmo se estiver implícito no ordenamento jurídico. O mesmo não ocorre com uma cláusula geral, uma vez que se trata de técnica legislativa, devendo estar expressa no ordenamento jurídico.

Malgrado ficar evidente a distinção entre as cláusulas gerais e os princípios, a confusão decorre geralmente, como já apontado, do fato da norma que configura cláusula geral conter um princípio, reenviando ao valor que este exprime. É justamente isso que acontece com o disposto no art. 1º, III da Constituição

---

se traduzem em linguagem dotada de alto grau de vagueza semântica, tal como 'boa-fé', 'correção', 'moralidade pública', 'razoabilidade' etc. Mesmo aí é indevida a equiparação. O que se poderá dizer é que aí se trata de uma cláusula geral que contém um princípio, embora possa haver outras que nem de longe contêm princípios, apenas reenviando a outros estatutos, como é o caso do art. 7º do CDC" (MARTINS-COSTA, Judith. *A boa-fé no direito privado*, p. 323-324).

100. Judith Martins-Costa explana que os princípios inexpressos ou implícitos são "aqueles que, embora não formulados em determinada disposição legislativa, são, à vista da racionalidade do sistema, da natureza de certa instituição, ou do conjunto normativo aplicável a certo campo, elaborados, construídos, 'recolhidos' ou formulados pelo intérprete. Assim, o princípio da prevalência do interesse público sobre o particular, o da razoabilidade da ação administrativa, o da vedação ao enriquecimento sem causa, o princípio da realidade nas relações de emprego, o da autonomia da vontade nos contratos privados, o já aludido princípio da boa-fé objetiva no direito obrigacional, o da boa-fé subjetiva no direito possessório etc. Aí se entende, afirma Guastini, 'que os intérpretes, ao formularem um princípio inexpresso, não se submetem ao legislador, mas assumem que tal princípio esteja implícito, latente, no discurso das fontes'" (MARTINS-COSTA, Judith. *A boa-fé no direito privado*, p. 320).

101. APARÍCIO, Márcia de Oliveira Ferreira. *Cláusulas gerais*: a incompletude satisfatória do sistema, p. 21.

102. JORGE JUNIOR, Alberto Gosson. *Cláusulas gerais no novo Código Civil*, p. 42.

Federal. Nesse caso, pode-se dizer que referida disposição é, ao mesmo tempo, um princípio e uma cláusula geral.[103]

Por conseguinte, as cláusulas gerais e os princípios não se confundem, não obstante ambos sejam, em regra, dotados de vagueza semântica, bem como muitas vezes uma norma veicule ao mesmo tempo uma cláusula geral e um princípio.

4.7.3 A cláusula geral da dignidade da pessoa humana

A cláusula geral da dignidade da pessoa humana permite ao operador do direito, na hipótese de interesse existencial da pessoa não tutelado pelo método casuístico, a proteção ao caso concreto, o que flexibiliza o direito vigente, fazendo com que não ocorra o envelhecimento precoce dos ordenamentos jurídicos.

Com isso, não se pode mais negar tutela a quem pretenda o amparo de sua existência, já que tal interesse tem relevância constitucional, não importando que haja ou não a previsão de um instrumento protetivo específico, visto que em tais hipóteses será soberana a cláusula geral que tutela a dignidade da pessoa humana.[104]

Assim, essa cláusula geral representa o "ponto de referência de todas as situações nas quais algum aspecto ou desdobramento da personalidade esteja em jogo, estabelecendo nitidamente a prioridade a ser dada à pessoa humana".[105]

De mesma forma, ensina Maria Celina Bodin de Moraes que os direitos das pessoas estão, "todos eles, garantidos pelo princípio constitucional da dignidade humana, e vêm a ser concretamente protegidos pela cláusula geral de tutela da pessoa humana".[106]

E a proteção em tela foi inclusive objeto do Enunciado 274 das Jornadas de Direito Civil do Conselho da Justiça Federal: "Os direitos da personalidade, regulados de maneira não exaustiva pelo Código Civil, são expressões da cláusula geral de tutela da pessoa humana, contida no art. 1º, inc. III, da Constituição (princípio da dignidade da pessoa humana). Em caso de colisão entre eles, como nenhum pode sobrelevar os demais, deve-se aplicar a técnica da ponderação".

Todavia, a despeito do reconhecimento dessa cláusula geral pelos civilistas, deve-se notar que existem doutrinadores que encontram seu fundamento não apenas no art. 1º, III, como menciona o Enunciado 274 das Jornadas de Direito Civil do Conselho da Justiça Federal, mas que a esse dispositivo associam os arts.

---

103. MARTINS-COSTA, Judith. *A boa-fé no direito privado*, p. 322.
104. MORAES, Maria Celina Bodin de. *Na medida da pessoa humana*, p. 115.
105. DONEDA, Danilo. *Os direitos da personalidade no novo Código Civil*, p. 46.
106. MORAES, Maria Celina Bodin de. *Danos à pessoa humana*, p. 127.

3º, III, e 5º, § 2º, todos da Constituição Federal. Entre referidos doutrinadores se posta Gustavo Tepedino, que expõe:

> a escolha da dignidade da pessoa humana como fundamento da República, associada ao objetivo fundamental de erradicação da pobreza e da marginalização, bem como de redução das desigualdades sociais, juntamente com a previsão do § 2º do art. 5º, no sentido da não exclusão de quaisquer direitos e garantias, ainda que não expressos, mas decorrentes dos princípios adotados pelo Texto Maior, configuram uma verdadeira cláusula geral de tutela e promoção da pessoa humana, tomada como valor máximo pelo ordenamento jurídico.[107]

De qualquer forma, não obstante a elevação da tutela da pessoa humana ao ápice do ordenamento jurídico, é necessária atenção à utilização da cláusula geral da dignidade da pessoa humana, a qual deve ser restringida às manifestações essenciais da personalidade humana, pois ela não pode ser usada como solução para todo e qualquer problema jurídico, sob pena de sua banalização e consequente enfraquecimento.

Portanto, espera-se que tenha ficado nítida a íntima relação existente entre os direitos da personalidade e o princípio/cláusula geral da dignidade da pessoa humana, bem como a importância do presente capítulo ter sido dedicado ao estudo da dignidade da pessoa humana, pedra angular de todo o sistema jurídico brasileiro.

---

107. TEPEDINO, Gustavo. Cidadania e os direitos de personalidade. *Revista Jurídica*, v. 51, n. 305, p. 28.

5
OS DIREITOS DA PERSONALIDADE

5.1 TERMINOLOGIA

Diversamente do que ocorreu com grande parte do direito civil, a categoria dos hoje denominados direitos da personalidade não foi desenvolvida pelos romanos, sendo trabalho de juristas europeus do século XIX.

Ora, considerando sua construção relativamente recente, é certo que até pouco tempo atrás não havia consenso na doutrina e na jurisprudência em relação à designação dessa categoria. Por isso, existem autores, e isso não é incomum, que fazem uso de diferentes expressões para sua denominação, o que certamente desembocou em inúmeras controvérsias, inclusive acerca da própria natureza desses direitos.[1]

A denominação dessa categoria como "direitos da personalidade" é apontada como obra de Gierke[2] e tem sido a terminologia que alcançou maior número de adeptos, chegando mesmo a ser consagrada por várias legislações.

Entre os brasileiros, podem ser arrolados os seguintes autores que têm predileção por referida expressão: Carlos Alberto Bittar, Orlando Gomes, Rubens Limongi França, José Carlos Moreira Alves, Josaphat Marinho, Antônio Chaves, Silvio Rodrigues, Orozimbo Nonato e Anacleto de Oliveira Faria. Já entre os estrangeiros, merecem destaque Adriano de Cupis, Pietro Perlingieri, Capelo de Sousa, Pierre Kayser, Dieter Medicus, Karl Larenz e Heinrich Hubmann.

A partir do Código Civil de 2002, a expressão "direitos da personalidade" foi expressamente consagrada pela legislação nacional, que dedicou o Capítulo II do Livro I, Título I, da sua Parte Geral ao tema. Essa também foi a terminologia adotada por Orlando Gomes em seu Anteprojeto de Código Civil.[3]

---

1. SZANIAWSKI, Elimar. *Direitos de personalidade e sua tutela*, p. 71.
2. SZANIAWSKI, Elimar. *Direitos de personalidade e sua tutela*, p. 71.
3. "Art. 29 – Direitos da personalidade – O direito à vida, à liberdade, à honra e outros reconhecidos à pessoa humana são inalienáveis, intransmissíveis, não podendo seu exercício sofrer limitação voluntária".

Em outros países a denominação foi igualmente acolhida pela legislação, como se pode verificar, por exemplo, no Código Civil português (arts. 70 e s.), no Código Civil de Quebec (art. 3º[4]), no Código Civil de Cabo Verde (arts. 68 e s.) e no Código Civil de Macau (arts. 67 a 82).

Na Alemanha, a despeito da consagração de alguns direitos da personalidade no BGB, a expressão não foi acolhida pela legislação. Apesar disso, é amplamente aceita pela doutrina a existência do chamado direito geral de personalidade (*allgemeines Persönlichkeitsrecht*), bem como de direitos especiais da personalidade (*besondere Persönlichkeitsrechte*).[5]

De qualquer forma, não obstante a dicção legislativa "direitos da personalidade", há autores brasileiros que preferem a utilização do termo "direitos de personalidade", fazendo uso apenas da preposição "de", o que não está em consonância com o Código Civil brasileiro, que usa a combinação da preposição "de" com o artigo feminino "a". Aliás, nesse sentido, explica Jales de Alencar Araripe que:

> A imediatidade do alvitre contido em direitos da personalidade confere apego ao seu uso, eis que a contração é, aí, indicativa do objeto. Outros direitos designam-se do mesmo modo. Por isso, são ditos direito das coisas aqueles que têm por objeto coisas. Ou reais, em referência à correspondente expressão latina (*res*).[6]

No presente trabalho será preferida a designação consagrada pela legislação pátria, mas isso não constitui empecilho para que se apresente algumas das outras denominações acolhidas pela doutrina.

Dentre os autores nacionais, Nelson Nery Junior e Rosa Maria de Andrade Nery preferem o termo "direitos de humanidade", alertando que a opção feita pelo Código Civil não é a melhor, já que confunde dois conceitos distintos: a) pessoa (ente com personalidade) e; b) natureza humana (essências e potências da humanidade do ser). Além disso, argumentam os autores que os objetos básicos desses direitos são componentes da natureza do homem e não da pessoa.[7]

Não há dúvidas que a terminologia escolhida pelo Código Civil gera confusão com a pessoa (sujeito de direito) e a personalidade (qualidade que faz de um ente sujeito de direito), que nada têm a ver com os direitos da personalidade,

---

4. Art. 3º do Código Civil de Quebec: "*Toute personne est titulaire de droits de la personnalité, tels le droit à la vie, à l'inviolabilité et à l'integrité de sa personne, au respect de son nom, de sa réputation et de sa vie privée*". Tradução livre: "Toda pessoa é titular de direitos da personalidade, como o direito à vida, à inviolabilidade e à integridade da pessoa, ao respeito do seu nome, da sua reputação e da sua vida privada".

5. BROX, Hans; WALKER, Wolf-Dietrich. *Allgemeiner Teil des BGB*, p. 365.

6. ARARIPE, Jales de Alencar. Direitos da personalidade. In: LOTUFO, Renan. *Direito civil constitucional*, p. 213.

7. NERY JUNIOR, Nelson; NERY, Rosa Maria de Andrade. *Código Civil comentado*, p. 179-180.

entretanto essa é a expressão consagrada pela doutrina, jurisprudência e legislação brasileira, de modo que só nos resta deixar clara a distinção e esperar que os operadores do direito não incidam em tal erro. Ademais, o termo "direitos de humanidade" também pode gerar confusão com os direitos humanos.

A adoção de outras denominações entre os doutrinadores estrangeiros é mais ampla, valendo elencar algumas delas: "direitos essenciais da pessoa" ou "direitos subjetivos essenciais" (por Castan Tobeñas); "direitos à personalidade", "direitos essenciais" ou "direitos fundamentais da pessoa" (por Ravà e Gangi); "direitos sobre a própria pessoa" (por Windscheid e Campogrande); "direitos individuais" (por Kohler e Gareis); "direitos pessoais" (por Wachter e Bruns); "direitos personalíssimos" (por Pugliatti e Rotondi).[8]

Entretanto, tais expressões não se prestam para designar os direitos acolhidos pelos arts. 11 e seguintes do Código Civil, o que parece já ter sido superado pelos juristas brasileiros.

Destarte, considerando sua relevância para o prosseguimento do presente estudo, passa-se à análise da conceituação dos direitos da personalidade. Em seguida, será examinada a distinção existente entre esses direitos, os direitos pessoais e os direitos personalíssimos, que servirá justamente para refutar tais terminologias. Não será dedicado um item específico às demais expressões, no entanto, no desenvolvimento do trabalho ficará clara a sua inadequação.

5.2 CONCEITO

O Código Civil de 2002 dedicou todo um capítulo aos direitos da personalidade (arts. 11 a 21), porém, sabiamente, não os definiu. Assim, essa tarefa nada simples cabe à doutrina, que tem apresentado os mais diversos conceitos, o que acaba por refletir o alinhamento doutrinário de cada autor.

Segundo definição elaborada por Gierke, a qual obteve grande projeção, os direitos da personalidade são aqueles que garantem ao sujeito o domínio de uma parte da própria esfera da personalidade. Essa conceituação, entretanto, não ficou imune às críticas da doutrina alemã, que entendia que alguns direitos, como a honra, não atribuíam esse domínio parcial da esfera da personalidade.[9] Desse modo, o seu problema estaria ligado à tentativa de adaptar os direitos da personalidade ao modelo criado para os direitos patrimoniais, já que a definição fala em domínio, o que atualmente é rechaçado tanto pela doutrina nacional como pela alienígena.

---

8. BITTAR, Carlos Alberto. *Direitos da personalidade*, p. 2.
9. MARIA, José Serpa de Sta. *Direitos da personalidade e a sistemática civil geral*, p. 33.

De acordo com Adriano de Cupis, autor italiano cuja obra muito influenciou os juristas brasileiros, os direitos da personalidade são os direitos subjetivos cuja função, relativamente à personalidade, é especial, constituindo o *minimum* necessário e imprescindível ao seu conteúdo. Constituem, assim, a medula da personalidade, a qual, sem eles, restaria uma disposição completamente irrealizada, privada de todo o seu valor concreto.[10]

Essa essencialidade dos direitos da personalidade, a sua ligação a um conteúdo mínimo de direitos imprescindíveis ao desenvolvimento da personalidade, é ressaltada também em outras concepções, elaboradas tanto por autores nacionais como por estrangeiros.

Conforme Francisco Amaral, os direitos da personalidade são "os direitos subjetivos que têm por objeto os bens e valores essenciais da pessoa, no seu aspecto físico, moral e intelectual".[11]

Na acepção de Gustavo Tepedino os direitos da personalidade compreendem "os direitos atinentes à tutela da pessoa humana, considerados essenciais à sua dignidade e integridade".[12]

Pontes de Miranda assevera que "todos os direitos necessários à realização da personalidade, à sua inserção nas relações jurídicas" são considerados direitos da personalidade.[13]

Já a noção de Andrea Torrente e Piero Schlesinger é um pouco mais complexa, visto que considera como sinônimas as expressões "direitos da personalidade", "direitos personalíssimos" e "direitos sobre a própria pessoa", bem como traz, além da essencialidade, outras características dos direitos da personalidade: "Os direitos da personalidade (ditos também direitos personalíssimos ou sobre a própria pessoa), são, portanto, direitos absolutos, inerentes a atributos essenciais da personalidade: por isso eles se dizem essenciais ou necessários, pois não podem nunca faltar".[14]

Ora, pelas definições até aqui apresentadas, fica claro que os direitos da personalidade são o mínimo essencial ao pleno desenvolvimento da personalidade de todos os seres humanos. São direitos inerentes à condição humana e sem os quais a pessoa não subsiste dignamente.[15] Como decorrem da personalidade, da

---

10. CUPIS, Adriano de. *I diritti della personalità*, p. 13.
11. AMARAL, Francisco. *Direito civil*: introdução, p. 249.
12. TEPEDINO, Gustavo. *Temas de direito civil*, p. 26.
13. PONTES DE MIRANDA, Francisco Cavalcanti. *Tratado de direito privado*, t. VII, p. 39.
14. TORRENTE, Andrea; SCHLESINGER, Piero. *Manuale di diritto privato*, p. 288.
15. GARCIA, Enéas Costa. *Direito geral da personalidade no sistema jurídico brasileiro*, p. 20.

condição de ser humano, não se pode falar em direito à personalidade, mas sim em direitos da personalidade.

Por outro lado, há autores, como Karl Larenz, que procuram conceituar esses direitos enfatizando, em vez de sua essencialidade, o objeto por eles protegido:

> Ha de entenderse por "derecho general de la personalidad" el derecho al respeto, a no la lesión de la persona en todas sus manifestaciones inmediatas dignas de protección (tales como lo declarado oralmente o escrito por la misma) y en la esfera privada e íntima, sustraída a la curiosidad y la inoportunidad de otros, sin que con ello se dé ya una delimitación terminante y segura.[16]

Pablo Stolze Gagliano e Rodolfo Pamplona Filho também buscam no objeto dos direitos da personalidade a sua conceituação, aduzindo que eles são os direitos "que têm por objeto os atributos físicos, psíquicos e morais da pessoa em si e em suas projeções sociais".[17]

O mesmo caminho é trilhado por Maria Helena Diniz, que conceitua os direitos da personalidade como:

> direitos subjetivos da pessoa de defender o que lhe é próprio, ou seja, a identidade, a liberdade, a sociabilidade, a reputação, a honra, a autoria etc. Por outras palavras, os direitos da personalidade são direitos comuns da existência, porque são simples permissões dadas pela norma jurídica, a cada pessoa, de defender um bem que a natureza lhe deu, de maneira primordial e direta.[18]

É de se observar que Maria Helena Diniz considera que os direitos da personalidade são direitos subjetivos, o que também se verifica na doutrina de Adriano de Cupis e de Francisco Amaral.

Contudo, os autores citados não estão isolados nisso, pois muitos outros renomados estudiosos nacionais e estrangeiros igualmente consideram os direitos da personalidade como direitos subjetivos. E aqui merece destaque a noção de Goffredo Telles Júnior, que considera que os direitos da personalidade são os direitos subjetivos da pessoa de defender o que lhe é próprio, ou seja, a vida, a integridade, a liberdade, a sociabilidade, a reputação ou honra, a imagem, a privacidade, a autoria etc. São direitos subjetivos *excludendi alios*, ou seja, direitos de exigir um comportamento negativo dos outros, protegendo bens inatos, valendo-se de ação judicial.[19]

---

16. LARENZ, Karl. *Derecho civil – parte general*, p. 161.
17. GAGLIANO, Pablo Stolze; FILHO, Rodolfo Pamplona. *Novo curso de direito civil*, v. 1, p. 136.
18. DINIZ, Maria Helena. *Curso de direito civil brasileiro*, v. 1, p. 120.
19. TELLES JÚNIOR, Goffredo da Silva. Direito subjetivo (verbete). *Enciclopédia Saraiva do Direito*, v. 28, p. 315-316.

Günter Weick, no direito alemão, seguindo a mesma linha, assevera que por direitos da personalidade devem ser entendidos aqueles direitos subjetivos que protegem a personalidade individual do ser humano em sua existência corporal, psíquica e espiritual, bem como protegem os bens em que a personalidade se manifesta.[20]

Ocorre que o reconhecimento da natureza jurídica de direito subjetivo dos direitos da personalidade é um ponto que sempre gerou discórdia entre os doutrinadores. Por isso, é menos polêmica a definição que não qualifica os direitos da personalidade simplesmente como direitos subjetivos.

Outrossim, existem ainda definições que dão destaque ao caráter absoluto desses direitos, como a apresentada por Carlos Alberto da Mota Pinto, que assevera que a pessoa é titular de um certo número de direitos (de estrutura idêntica à dos direitos reais) que "se impõem ao respeito de todos os outros, incidindo sobre os vários modos de ser físicos ou morais da sua personalidade".[21]

Além do caráter absoluto, há quem dê ênfase à extrapatrimonialidade e à indisponibilidade dos direitos da personalidade,[22] o que, em última instância, demonstra que boa parte das definições apresentadas traz alguma preocupação com as características dos direitos da personalidade, o que reforça o estudo de tal temática.

Não se pretende aqui a apresentação de uma definição por nós elaborada, o que demandaria maior amadurecimento jurídico. De qualquer forma, pelo fato de os direitos da personalidade ainda serem uma categoria que está em pleno desenvolvimento, talvez seja melhor uma conceituação mais simples, que não faça alusão às características desses direitos, ao ramo jurídico ao qual pertencem e nem à sua natureza como direitos subjetivos, ainda que isso resulte na aceitação, por ora, de uma definição incompleta ou "inacabada".

Nessa linha, pode-se apresentar a noção proposta por Hans Brox e Wolf-Dietrich Walker, que veem tal categoria como o direito do indivíduo ao respeito e ao desenvolvimento de sua personalidade,[23] ou aquela formulada por Roxana Cardoso Brasileiro Borges, que considera os direitos de personalidade como

---

20. Tradução livre do original: "*Unter Persönlichkeitsrechten versteht man diejenigen subjektiven Rechte, welche die individuelle Perönlichkeit des Menschen in ihrer leiblichen, seelischen und geistigen Existenz und in den Gütern schutzen, in denen sich die Persönlichkeit manifestiert*" (WEICK, Günter. Naturliche Personen, Verbraucher, Unternehmer. In: *J. von Staudingers Kommentar zum Burgerlichen Gesetzbuch mit Einführungsgesetz und Nebengesetzen*, p. 169-170).

21. PINTO, Carlos Alberto da Mota. *Teoria geral do direito civil*, p. 208.

22. PEREIRA, Caio Mario da Silva. *Instituições de direito civil*, v. 1, p. 242.

23. BROX, Hans; WALKER, Wolf-Dietrich, *Allgemeiner Teil des BGB*, p. 365.

aquelesque objetivam garantir o livre desenvolvimento da personalidade humana, prevendo a proteção dos modos de ser da pessoa.[24]

Bastante maduras são igualmente as palavras de Bruno Petit, que em sua visão acerca dos direitos da personalidade na França faz expressa menção às incertezas que perenemente rondam a categoria:

> Os direitos da personalidade podem ser amplamente definidos como o conjunto das prerrogativas, indissociáveis do indivíduo, que exprimem a sua personalidade: direito à integridade física e moral, direito ao nome, direito à imagem... A noção, no entanto, não é isenta de incerteza.[25]

Aliás, esse mesmo espírito foi seguido pelo legislador de 2002, que na Exposição dos Motivos do Anteprojeto do Código Civil esclareceu:

> Todo o capítulo novo foi dedicado aos Direitos da personalidade, visando à sua salvaguarda, sob múltiplos aspectos, desde a proteção dispensada ao nome e à imagem até o direito de dispor do próprio corpo para fins científicos ou altruísticos. Tratando-se de matéria de per si complexa e de significação ética essencial, foi preferido o enunciado de poucas normas dotadas de rigor e clareza, cujos objetivos permitirão os naturais desenvolvimentos da doutrina e da jurisprudência.

Portanto, melhor do que o alinhamento a autores que apresentam uma definição extensa e talvez errônea, é a aceitação de conceituações concisas. Assim sendo, espera-se que no futuro, com uma melhor sedimentação da categoria dos direitos da personalidade, seja possível a adoção ou até mesmo a construção de uma concepção mais completa.

5.3 OBJETO DOS DIREITOS DA PERSONALIDADE

O problema da demarcação do objeto dos direitos da personalidade exige, antes de tudo, uma análise no que toca à própria noção de objeto de direito.

O Código Civil de 2002 trata dos bens no Livro II da Parte Geral (arts. 79 a 103), não oferecendo uma conceituação, o que cabe, novamente, ao operador do direito. Nisso merece nosso Código Civil aplauso, visto que o tema não é pacífico na doutrina nacional, sendo muitas vezes abordado de forma equivocada por legislações estrangeiras.

---

24. BORGES, Roxana Cardoso Brasileiro. Dos direitos da personalidade. In: LOTUFO, Renan; NANNI, Giovanni Ettore (coord.). *Teoria geral do direito civil*, p. 243.

25. Tradução livre do original: "*Les droits de la personnalité peuvent être largement definis comme l'ensemble des prérogatives, indissociables de l'individu, qui expriment la personnalité de celui-ci: droit à l'intégrité physique et morale, droit sur le nom, droit sur l'image... La notion, cependant, n'est pas exempte d'incertitude*" (PETIT, Bruno, *Les personnes*, p. 22).

Todavia, o legislador brasileiro perdeu uma boa oportunidade de introduzir uma lei civil mais avançada, que tratasse não apenas da classe dos bens patrimoniais. É que os bens não se resumem àqueles que tenham valor econômico, visto que bem, conforme ensina a Economia Política, é tudo aquilo que é útil.[26]

Dessa forma, é certo que normalmente a utilidade corresponde à patrimonialidade, mas isso não significa que seja possível confundi-las, uma vez que há bens em que toda a ideia de patrimonialidade se esvazia, não obstante a utilidade de caráter pessoal (moral) ou até político.[27]

Por isso, deve-se compreender como bem, em sentido amplo, tudo aquilo que satisfaz uma necessidade humana, "toda utilidade, material ou não, que incide na faculdade de agir do sujeito".[28]

Orlando Gomes já era sensível a essa realidade em 1965, ao pontificar que: "Todo bem econômico é jurídico, mas a recíproca não é verdadeira, pois nem todo bem jurídico é econômico".[29]

A despeito dos ensinamentos do mestre baiano, com o Código Civil de 2002 mais uma vez se apresenta o velho problema da legislação criada para cuidar apenas das relações jurídicas patrimoniais. É que o Código Civil brasileiro, no livro dos bens, preocupou-se basicamente com as coisas, que certamente são a espécie mais corrente de objetos de relações jurídicas, entretanto, elas não esgotam a extensão do conceito de objeto jurídico.[30] Isso porque a figura mais genérica é a do bem, ou seja, bem é o gênero do qual a coisa é a espécie.[31]

Pontes de Miranda, da mesma maneira, não deixou escapar o problema da extensão do conceito de objeto de direito, afirmando que tudo aquilo que pode ser matéria de relação jurídica é objeto de direito, o que "compreende as coisas e os objetos que não são coisas".[32]

Nessa senda, as coisas seriam aqueles bens, não necessariamente corporais, que apresentam as seguintes características: a) existência autônoma ou separada;

---

26. ASCENSÃO, José de Oliveira. *Direito civil*: teoria geral, p. 346.
27. ASCENSÃO, José de Oliveira. *Direito civil*: teoria geral, p. 346.
28. GOMES, Orlando. *Introdução ao direito civil*, p. 136.
29. GOMES, Orlando. *Introdução ao direito civil*, p. 173.
30. PINTO, Carlos Alberto da Mota. *Teoria geral do direito civil*, p. 333.
31. No que toca à relação entre bem e coisa, Silvio Rodrigues adota uma concepção isolada em nosso direito civil, porém, considerando que se trata de um civilista tradicional, vale a transcrição de seu posicionamento: "Os vocábulos *bem* e *coisa* são usados indiferentemente por muitos escritores e, por vezes, pela própria lei. Trata-se, todavia, de palavras de extensão diferente, uma sendo espécie da outra. Com efeito, *coisa* é gênero do qual *bem* é espécie. A diferença específica está no fato de esta última incluir na sua compreensão a ideia de utilidade e raridade, ou seja, a de ter valor econômico" (RODRIGUES, Silvio. *Direito civil*, v. 1, p. 116).
32. PONTES DE MIRANDA, Francisco Cavalcanti. *Tratado de direito privado*, t. II, p. 38-45.

5 • OS DIREITOS DA PERSONALIDADE **75**

b) possibilidade de apropriação exclusiva por alguém, isto é, devem ser apropriáveis e; c) aptidão para satisfazer interesses ou necessidades humanas.[33]

É justamente esse o conceito de coisa dado pelo art. 193, 1, do Código Civil de Macau, que certamente buscou inspiração na doutrina portuguesa: "Diz-se coisa toda a realidade autónoma, externa à pessoa, dotada de utilidade e suscetível de ser objecto de relações jurídicas a título de domínio".

José de Oliveira Ascensão também vê a coisa como uma realidade exterior e independente na sua subsistência do homem, dotada das características da utilidade, da individualidade e da apropriabilidade.[34] Todavia, é interessante destacar que o Código Civil português de 1966 não andou bem ao definir coisa, visto que, como já foi mencionado, a figura mais genérica é o bem, do qual a coisa é espécie. As coisas não esgotam o objeto das relações jurídica.[35]

Há, ainda, o emprego no Código Civil alemão (BGB) do vocábulo coisa (*Sache*) em sentido ainda mais restrito, designando tão somente os objetos corpóreos (§ 90).[36] Para os autores alemães, ao lado das coisas, também integram a categoria dos objetos de direito os bens imateriais e os direitos, os quais não podem ser possuídos fisicamente.[37]

Assim, considerando a tradicional separação entre o objeto jurídico e o sujeito,[38] bem como a confusão daquele com a coisa, é natural que a utilidade externa tenha se consagrado, erroneamente, como pressuposto lógico do próprio objeto jurídico.

Contudo, essa regra da exterioridade não se adapta à categoria das relações não patrimoniais, visto que a noção do objeto jurídico como um *quid* exterior somente se verifica nas coisas.[39]

E isso contribuiu decisivamente para a negação da categoria dos direitos da personalidade, uma vez que muitos autores procuravam encaixar tais direitos nas construções jurídicas patrimoniais.[40] Contudo, como isso não era possível,

---

33. PINTO, Carlos Alberto da Mota. *Teoria geral do direito civil*, p. 342-343.
34. ASCENSÃO, José de Oliveira. *Direito civil*: teoria geral, p. 344.
35. Art. 202.º, 1 do Código Civil português: "Diz-se coisa tudo aquilo que pode ser objecto de relações jurídicas".
36. § 90 *Begriff der Sache. Sachen im Sinne des Gesetzes sind nur körperliche Gegenstände.* Tradução livre: § 90 Conceito de coisa. Coisas, no sentido da lei, são somente objetos corpóreos.
37. BROX, Hans; WALKER, Wolf-Dietrich. *Allgemeiner Teil des BGB*, p. 392-393.
38. É de notar a força dessa separação no art. 369 do Código Civil português de 1867, o qual afirmava que: "coisa diz-se em direito tudo aquilo que carece de personalidade".
39. ASCENSÃO, José de Oliveira. *Direito civil*: teoria geral, p. 90.
40. Sobre o tema também se manifesta Perlingieri afirmando que deve ser abandonada "a tradicional concepção que configura o objeto dos direitos da personalidade como um direito sobre si mesmo ou sobre o próprio corpo, em termos de 'bem' externo ao sujeito, e segundo a qual os interesses concernentes à

sustentavam que não seria admissível um direito subjetivo que tivesse por objeto a própria pessoa.[41]

Nesse mesmo sentido leciona Gustavo Tepedino:

> O debate, portanto, como se depreende do último excerto, ressente-se da preocupação exasperada da doutrina em buscar um objeto de direito que fosse externo ao sujeito, tendo em conta a dogmática construída para os direitos patrimoniais. Em outras palavras, a própria validade da categoria parecia depender da individuação de um bem jurídico – elemento objetivo da relação jurídica – que não se confundisse com a pessoa humana – elemento subjetivo da relação jurídica –, já que as utilidades sobre as quais incidem os interesses patrimoniais do indivíduo, em particular no direito dominical, lhe são sempre exteriores.[42]

Vê-se, dessa maneira, a necessidade da reformulação da noção de objeto jurídico,[43] o que não demanda a redução ou aumento do seu atual conteúdo patrimonial, mas sim a admissão de outros bens que não apenas aqueles patrimoniais e exteriores ao sujeito. Isso porque não há razão para o direito se limitar a proteger a categoria do ter, deixando de lado a categoria do ser, ainda mais quando se leva em conta que esta abarca exatamente os bens mais preciosos, ou seja, os relacionados à pessoa.[44]

Não é outro o pensamento de Larenz e Wolf, que asseveram que o objeto de direito não deve ser simplesmente entendido como objeto de disposição (como é o caso dos bens patrimoniais), mas sim como objeto de proteção, o que caracteriza a objetiva área de utilização do direito.[45]

Com isso, em uma visão geral do ordenamento jurídico brasileiro, "percebe-se que a ideia de bem jurídico ultrapassa a definição de bem econômico [exterior ao sujeito] e tende a se ampliar cada vez mais, principalmente diante da codificação dos direitos da personalidade".[46]

De fato, o que se vê nos direitos da personalidade é justamente o oposto, uma vez que o objeto de tais direitos não é exterior ao sujeito e nem tem conteúdo econômico. Ainda, esse objeto não se confunde com a própria personalidade, visto que ela, "sendo o pressuposto de todos os direitos, em si mesma não é um *direito* (Unger) e, muito menos, *objeto de qualquer relação*".[47]

---

personalidade (também aqueles de caráter imaterial) seriam bens que o sujeito possui e sobre os quais exercita um poder de gozo" (PERLINGIERI, Pietro. *Istituzioni di diritto civile*, p. 82).

41. LOISEAU, Grégoire. *Le droit des personnes*, p. 229.
42. TEPEDINO, Gustavo. *Temas de direito civil*, p. 33.
43. ASCENSÃO, José de Oliveira. *Direito civil*: teoria geral, p. 90.
44. CUPIS, Adriano de. *Os direitos da personalidade*, p. 31.
45. LARENZ, Karl; WOLF, Manfred. *Allgemeiner Teil des Bürgerlichen Rechts*, p. 405.
46. BORGES, Roxana Cardoso Brasileiro. *Direitos de personalidade e autonomia privada*, p. 40.
47. GOMES, Orlando. *Introdução ao direito civil*, p. 136.

5 • OS DIREITOS DA PERSONALIDADE   77

Deveras, está-se diante de bens que, embora não separáveis da personalidade, dela podem, por abstração, serem distinguidos.[48]

De tal sorte, o fato de não se encaixarem no conceito jurídico tradicional de patrimônio não impede que os atributos da personalidade sejam considerados o objeto dos direitos da personalidade,[49] visto que estão inseridos na classe dos bens jurídicos em sentido amplo,[50] isto é, tudo aquilo que satisfaz uma necessidade humana.

É que os atributos da própria personalidade estão entre aqueles entes suscetíveis de serem objeto de relações jurídicas, haja vista que são bens em sentido amplo, mas não se enquadram no conceito jurídico de coisa.[51]

A vida, a saúde, a integridade física, a honra, a imagem, a identidade, a liberdade física e psicológica, as obras de criação do indivíduo, a privacidade e a intimidade são alguns dos atributos da personalidade normalmente arrolados pela doutrina como objeto dos direitos da personalidade,[52] os quais, não obstante contidos na pessoa, como já mencionado, mentalmente são autonomizáveis.

Walter Moraes, de forma semelhante, também apresenta um rol de bens considerados como da personalidade pela *communis opinio* doutrinária, que ele qualifica como partes integrantes do homem *in natura*, valendo aqui a transcrição:

> o *corpo* (saúde etc.) e a *psique* (integridade psíquica), que são substâncias, a *vida*, que é essência da psique, a *obra* dita do espírito, que é ato da potência intelectiva, a *imagem*, que é propriedade do corpo (visibilidade), a condição de *família*, que é propriedade da potência generativa (congeneratividade), a *liberdade* e a *dignidade*, que são propriedades da *anima intellectiva*, a *identidade* (verdade pessoal, nome) e *intimidade* (incomunicabilidade ontológica), que são propriedades do todo humano – além de outros cuja qualificação como bens e direitos de personalidade é discutida.[53]

Ora, da leitura desses róis fica evidente que os atributos da personalidade apresentam, como asseverou Adriano de Cupis, uma dupla característica: 1) encon-

---

48. ASCENSÃO, José de Oliveira. *Direito civil:* teoria geral, p. 347.
49. BORGES, Roxana Cardoso Brasileiro. *Direitos de personalidade e autonomia privada*, p. 46.
50. É interessante notar que, enquanto apresentamos os objetos de direito divididos em bens em sentido amplo e as coisas, Roxana Cardoso Brasileiro Borges apresenta três classes: "os bens jurídicos em sentido amplíssimo, classe na qual parte da doutrina encaixa a igualdade, a justiça e outros valores; os bens jurídicos em sentido amplo, que admitem titularidade exclusiva ou coletiva e não exigem, como regra, patrimonialidade; os bens jurídicos em sentido estrito, que têm valor pecuniário e são tratados, de forma geral, pelos arts. 79 a 103 do Código Civil" (BORGES, Roxana Cardoso Brasileiro. *Direitos de personalidade e autonomia privada*, p. 42).
51. PINTO, Carlos Alberto da Mota. *Teoria geral do direito civil*, p. 341.
52. PEREIRA, Caio Mario da Silva. *Instituições de direito civil*, p. 243.
53. MORAES, Walter. Concepção tomista de pessoa. Um contributo para a teoria do direito da personalidade. *Revista de Direito Privado,* São Paulo, v. 2, p. 197, abr./jun. 2000.

tram-se em um nexo estreitíssimo com a pessoa, a ponto de poder dizer-se orgânico; e 2) identificam-se com os bens de maior valor suscetíveis de domínio jurídico.[54]

E não poderia ser diferente, já que esses atributos encontram proteção na Constituição, especialmente em seu art. 5º, o que vem justamente a confirmar as características acima apresentadas por Adriano de Cupis.

Por derradeiro, vale aqui notar que, a despeito das críticas do passado, atualmente boa parte da doutrina admite a existência de direitos sobre a pessoa de outrem, o que geralmente ocorre nas relações de direito de família[55] e não nos direito da personalidade. Porém, esses direitos sobre outras pessoas têm um conteúdo especial, já que não são direitos subjetivos do tipo comum, mas sim poderes-deveres ou poderes funcionais, cujas figuras mais emblemáticas são os institutos do poder familiar e do poder de tutela, que estão a serviço do filho ou do pupilo.[56] E arremata o mesmo autor:

> Daí que considerar esta construção (relações jurídicas tendo por objecto outras pessoas) inaceitável, por o ser humano só poder "fazer parte de uma relação jurídica conforme a sua condição de pessoa", é, a meu ver, uma confusão de juízos de valor com análises conceituais ou, pelo menos, retórica a mais e lógica a menos.[57]

Por conseguinte, pode-se concluir que: a) os atributos da personalidade incluem-se no grupo dos bens jurídicos tutelados pelo ordenamento jurídico e são objeto de direito; b) a personalidade não é o objeto dos direitos da personalidade, mas sim seus atributos, já que o "modo de ser da pessoa" não é a mesma coisa que "a pessoa"; c) os atributos da personalidade são bens essenciais e preciosos para o ser humano; d) a sua qualificação como bens decorre do fato de que satisfazem necessidades humanas; e) esses bens não precisam ser configurados como realidade exterior ao sujeito; e f) admite-se a existência de direitos sobre a pessoa de outrem, o que normalmente ocorre nas relações de direito de família e não nos direitos da personalidade.

5.4 DIREITOS DA PERSONALIDADE E INSTITUTOS JUSCIVILÍSTICOS AFINS

5.4.1 Direitos da personalidade e direitos pessoais

Com frequência a distinção entre os direitos da personalidade e os direitos pessoais (ou das pessoas) não é enfrentada pelas obras que versam sobre a ma-

---

54. CUPIS, Adriano de. *I diritti della personalità*, p. 32.
55. PONTES DE MIRANDA, Francisco Cavalcanti. *Tratado de direito privado*, t. II, p. 38-45.
56. PINTO, Carlos Alberto da Mota. *Teoria geral do direito civil*, p. 334.
57. PINTO, Carlos Alberto da Mota. *Teoria geral do direito civil*, p. 335.

téria. Situação ainda pior ocorre quando as expressões são confundidas, o que muitas vezes decorre da proximidade dos vocábulos, bem como da equivocidade da expressão "direitos pessoais".

Duas são as acepções mais utilizadas pela doutrina para os direitos pessoais. Assim sendo, o problema proposto será enfrentado estabelecendo a relação existente entre os direitos da personalidade e cada uma das duas acepções dos direitos pessoais.

Pois bem, a primeira acepção toma os direitos pessoais como sendo aqueles direitos não patrimoniais, o que traduz uma certa oposição entre a pessoa e o patrimônio. O critério predominante dessa distinção é, logicamente, a avaliabilidade em dinheiro, decorrendo daí regimes jurídicos diversos. Nessa linha, os direitos da personalidade podem ser enquadrados dentre os direitos pessoais ou não patrimoniais. Por outro lado, fazem parte dos direitos patrimoniais os direitos das coisas (ou reais) e os direitos de crédito (ou obrigacionais).[58]

Entretanto, os direitos pessoais, no sentido supramencionado, não compreendem apenas os direitos da personalidade, mas também outros direitos, como os direitos de família em geral, seara na qual ainda se pode destacar os direitos sobre a pessoa de outrem.[59] Logo, os direitos da personalidade não podem ser confundidos com toda a ampla categoria dos direitos pessoais.

Dessa maneira, esclarece José de Oliveira Ascensão que o "âmbito dos direitos pessoais é muito vasto", uma vez que podem "ser familiares, individuais, sociais, econômicos, políticos etc.", o que impossibilita que todos esses direitos sejam vistos como direitos da personalidade.[60]

Outrossim, ressalta o referido autor que "pode haver outros direitos pessoais civis, mesmo não pertencentes a ramos institucionalizados do direito, que não são direitos de personalidade", exemplificando com o direito a um lugar sentado em transportes públicos, assegurado às grávidas, aos deficientes e às pessoas idosas.[61]

Carlos Alberto Bittar também faz a distinção, colocando, ao lado dos direitos da personalidade, entre as espécies dos direitos pessoais, outros direitos que dizem respeito ao estado ou à posição da pessoa na sociedade, os quais, conforme o estudioso, já teriam sido detectados na Antiguidade e consagrados na época das grandes codificações.[62]

---

58. CAPELO DE SOUSA, Rabindranath Valentino Aleixo. *O direito geral de personalidade*, p. 576-577.
59. CAPELO DE SOUSA, Rabindranath Valentino Aleixo. *O direito geral de personalidade*, p. 578.
60. ASCENSÃO, José de Oliveira. *Direito civil*: teoria geral, p. 78.
61. ASCENSÃO, José de Oliveira. Os direitos de personalidade no Código Civil brasileiro. *Revista Forense*, v. 94, n. 342, p. 126, abr./jun. 1998.
62. BITTAR, Carlos Alberto. *Direitos da personalidade*, p. 27.

Com isso, fica claro que os direitos da personalidade são considerados direitos pessoais, no entanto, isso não significa a equivalência das expressões, visto que, não obstante a existência de áreas comuns, a categoria dos direitos pessoais é mais abrangente do que a dos direitos da personalidade,[63] ou seja, este é a espécie, da qual aquele é o gênero.

Todavia, o fato de se afirmar que os direitos da personalidade e os direitos pessoais não são expressões sinônimas, bem como se ter trabalhado com exemplos, por si só, não traz maiores esclarecimentos acerca de como se deve proceder para distinguir os direitos da personalidade das outras espécies de direitos pessoais.

A delimitação, porém, não é simples, visto que os critérios são vários e bastante fluidos.

Na ótica de Carlos Alberto Bittar, a distinção se dá pelo fato de que os direitos da personalidade versam sobre elementos individualizadores do ser e, por conseguinte, sobre componentes de sua personalidade. Não se ocupam de componentes gerais, como a idade, o nascimento e outros, comuns a qualquer pessoa e levados em conta nos direitos da pessoa, que normalmente são tratados no frontispício dos códigos.[64]

Por outro lado, de acordo com José de Oliveira Ascensão, somente nos direitos da personalidade é que se vai encontrar fundamento ético na personalidade humana, de maneira que qualquer outra posição favorável ao indivíduo, que não derive dessa fonte, não pode ser considerada como um direito de personalidade. É dizer: o critério essencial para a distinção é o forte conteúdo ético.[65]

E a diferenciação se justifica porque aos direitos da personalidade compete um regime jurídico todo especial, extremamente protecionista, fundamentado justamente na excepcional dignidade ética da categoria, não se admitindo a sua extensão a outras situações meramente pessoais, não dotadas desse fundamento.[66]

O mesmo não ocorre com os outros direitos pessoais. De fato, quando se fala simplesmente em direitos pessoais, o conteúdo ético esgota-se, visto que pessoal acaba significando tão somente não patrimonial, não avaliável em dinheiro.[67]

Outro fator interessante a ser utilizado na distinção é apresentado por Carlos Alberto Bittar, que assevera que, ao contrário do que se dá nos direitos da personalidade, nos direitos pessoais formam-se diversas e distintas relações jurídicas:

---

63. RAMOS, Erasmo M. Estudo comparado do direito de personalidade no Brasil e na Alemanha. *Revista dos Tribunais*, v. 799, p. 17.
64. BITTAR, Carlos Alberto. *Direitos da personalidade*, p. 30.
65. ASCENSÃO, José de Oliveira. *Direito civil*: teoria geral, p. 79.
66. ASCENSÃO, José de Oliveira. *Direito civil*: teoria geral, p. 78.
67. ASCENSÃO, José de Oliveira. *Direito civil*: teoria geral, p. 77.

a) com o Estado, ou com seus órgãos, ou entidades (a pessoa considerada como nacional, ou não); b) com a família e seus componentes (como pai, como marido, como filho, como parente); e c) com a sociedade como um todo, ou com qualquer de seus membros, ou de seus grupos (as diversas relações privadas: intelectual; pessoal; obrigacional; ou real).[68]

Ademais, excepcionada a categoria dos direitos da personalidade, todos os demais direitos pessoais só existem onde a lei os consagrar, ou seja, a tipificação é necessária, mesmo porque em muitos casos da tutela decorrem monopólios no meio social.[69]

Por conseguinte, no que toca a essa acepção dos direitos pessoais, pode-se concluir que todo direito da personalidade é um direito pessoal, mas a recíproca não é verdadeira. Isso porque nem todos os direitos que tenham por objeto a disciplina de aspectos pessoais encontram fundamento ético na personalidade humana.

Passa-se agora ao segundo sentido dos direitos pessoais.

Como foi visto anteriormente, incluem-se na categoria dos direitos patrimoniais os direitos reais e os direitos de crédito. No entanto, a quase totalidade dos doutrinadores usa como sinônimo para direitos de crédito a expressão direitos pessoais. Assim, nesse sentido, direitos pessoais seriam os direitos de crédito, os direitos obrigacionais.

Contudo, há autores, como Orlando Gomes, que não estabelecem sinonímia entre os direitos de crédito e os direitos pessoais, considerando que os direitos pessoais compreenderiam os direitos de crédito, ou obrigacionais, bem como certos direitos de família.[70]

Ora, causa estranheza, em um primeiro momento, o fato de a doutrina denominar de direito pessoal um direito que na verdade é patrimonial. Por isso, é profícua uma curta explanação acerca da clássica diferença entre direitos reais e pessoais para que, em seguida, seja possível posicionar os direitos da personalidade.

A distinção é relativamente moderna e não era conhecida dos romanos, que jamais chegaram a arquitetar uma teoria sobre os direitos reais. Foi o direito canônico, no século XII, que pela primeira vez empregou as expressões *ius in re* e *ius ad rem*, utilizando-as para distinguir os direitos reais dos pessoais. Posteriormente, tal distinção passou para o direito moderno.[71]

---

68. BITTAR, Carlos Alberto. *Direitos da personalidade*, p. 30-31.
69. ASCENSÃO, José de Oliveira. *Direito civil*: teoria geral, p. 80.
70. GOMES, Orlando. *Introdução ao direito civil*, p. 102.
71. DINIZ, Maria Helena. *Curso de direito civil brasileiro*, v. 4, p. 10-11.

Classicamente, afirma-se que o direito real se exerce diretamente sobre uma coisa, sem a intervenção de outra pessoa, existindo apenas um sujeito vinculado diretamente a um objeto.[72] Conforme Washington de Barros Monteiro, é "esse poder direto do indivíduo sobre a coisa o critério fundamental que configura e distingue o direito real".[73]

À teoria clássica ou realista se opõem os personalistas, que sustentam que não pode haver relação jurídica entre uma pessoa e uma coisa, pois o direito só existe entre homens. Daí que para tentar corrigir o referido problema, os partidários da corrente personalista passaram a caracterizar o direito real pela existência de uma obrigação passiva universal, o que, em última instância, acabava por eliminar a distinção entre direito real e pessoal, personalizando todos os direitos.[74]

Não obstante a existência da teoria personalista, bem como de outras teorias sobre os direitos reais, os autores nacionais defendem que a teoria clássica foi a adotada pelo direito positivo brasileiro, consagrando a distinção entre direitos reais e pessoais, isto é, "direitos sobre as coisas e direitos contra as pessoas".[75]

No direito pessoal, ao inverso, a relação jurídica se dá entre dois sujeitos, normalmente o credor e o devedor, consistindo o objeto dessa relação jurídica em uma prestação. Por isso, assevera Perlingieri que a característica única e essencial dos direitos de crédito "é a intermediação mediante a prestação; intermediação que, quando está presente nas situações reais, assume um papel complementar".[76]

É justamente pelo fato de a relação jurídica obrigacional se estabelecer entre um credor e um devedor que se denominam esses direitos de pessoais, em oposição aos direitos reais, onde há um sujeito vinculado diretamente ao objeto.[77]

Outros traços distintivos desses direitos, relevantes para o presente estudo, seriam: a) a tipicidade dos direitos reais (as pessoas não têm o poder de criá-los) e a atipicidade dos direitos pessoais; b) a oponibilidade *erga omnes* dos direitos reais (direitos absolutos) e a atuação dos direitos pessoais limitada normalmente a uma ou algumas pessoas determinadas (*in personam*), pelo que são denominados direitos relativos; c) o caráter transitório dos direitos pessoais e a perenidade dos direitos reais.[78]

---

72. GOMES, Orlando. *Introdução ao direito civil*, p. 105.
73. MONTEIRO, Washington de Barros. *Curso de direito civil. Direito das Coisas*, v. 3, p. 12.
74. GOMES, Orlando. *Introdução ao direito civil*, p. 105.
75. MONTEIRO, Washington de Barros. *Curso de direito civil. Direito das Coisas*, v. 3, p. 11.
76. PERLINGIERI, Pietro. *Perfis do direito civil*, p. 203.
77. GOMES, Orlando. *Introdução ao direito civil*, p. 105.
78. MONTEIRO, Washington de Barros. *Curso de direito civil. Direito das Coisas*, v. 3, p, 10-12.

Apesar dos elementos distintivos listados, é certo que a falta de consenso doutrinário mostra que não existe uma separação absoluta, pelo que a classificação em uma ou outra categoria dependerá, muitas vezes, da análise do caso concreto apresentado.[79]

Resta agora saber se é possível o enquadramento dos direitos da personalidade em uma das categorias apresentadas ou se eles constituem uma classe diversa.

Na verdade, é fácil demonstrar que os direitos da personalidade não pertencem a nenhuma das duas categorias visitadas. Aliás, a distinção fica bastante evidente ao se levar em conta somente o objeto desses direitos. É que os direitos da personalidade, como já foi mencionado anteriormente, têm como objetos atributos da personalidade, o que não condiz com os direitos reais e pessoais, que têm como objetos, respectivamente, coisas e prestações.

Há, entrementes, traços comuns, visto que os direitos da personalidade são apontados pela doutrina como vitalícios e absolutos, no que se assemelham aos direitos reais. Já no que toca à tipicidade, há autores que defendem que somente são considerados direitos da personalidade os expressamente previstos pelo direito positivo, outros, entretanto, admitem a existência de direitos da personalidade atípicos, controvérsia essa que melhor será estudada mais adiante.

Assim sendo, hodiernamente não se pode mais afirmar que os direitos pessoais (ou de crédito) são fundamentalmente aqueles que não têm natureza real,[80] uma vez que os direitos da personalidade não se posicionam em nenhuma das duas categorias.

No mesmo sentido ensina Orlando Gomes: "Traços comuns indicam, porém, que constituem categoria à parte das formas tradicionais do Direito Privado, não sendo possível classificá-los entre os direitos pessoais, ou reais. Distinguem-se, realmente, por certos caracteres que em todos se encontram".[81]

De tal arte, os direitos da personalidade, quando se considera a primeira acepção exposta, constituem espécie do gênero direitos pessoais; já no segundo sentido estudado, os direitos pessoais e os direitos da personalidade são realidades bastante distintas.

5.4.2 Direitos da personalidade e direitos personalíssimos

Durante muito tempo a expressão "direitos personalíssimos" foi empregada para designar a categoria de direitos pessoais mais estreitamente ligados à per-

---

79. PERLINGIERI, Pietro. *Perfis do direito civil*, p. 204-205.
80. NERY JUNIOR, Nelson; NERY, Rosa Maria de Andrade. *Código Civil comentado*, p. 181.
81. GOMES, Orlando. *Introdução ao direito civil*, p. 137.

sonalidade. Aparentemente seria adequado o termo, porém hoje sua utilização é outra, não estando ligada à proteção dos mais importantes valores da pessoa.[82]

De fato, consolidou-se na doutrina o entendimento de que os direitos personalíssimos são aqueles insusceptíveis de transmissão de um titular para outro,[83] isto é, aqueles direitos exercitáveis apenas pelo seu titular, haja vista seu caráter *intuitu personae*.

Aliás, é exatamente esse sentido que se atribui às chamadas obrigações personalíssimas ou infungíveis (art. 247 do Código Civil[84]), que são aquelas cuja prestação somente pode ser cumprida pela pessoa do devedor, não se admitindo sua substituição nem a intervenção de outrem.[85]

Apesar de tudo, ainda existem autores que usam essa expressão para intitular trabalhos sobre direitos da personalidade, como se os termos fossem sinônimos,[86] o que não deve ser admitido, pois os direitos personalíssimos são aqueles meramente intransmissíveis, categoria esta que abrange direitos bastante heterogêneos entre si e não somente aqueles direitos que objetivam a tutela dos mais importantes valores da pessoa.

Francesco Messineo[87] também refuta a sinonímia das expressões, no que é acompanhado por José de Oliveira Ascensão, que escreve:

> há a tendência para usar a expressão hiperbólica "direitos personalíssimos" para exprimir simplesmente o caráter intransmissível de certos direitos. Mas então, o que se designa são direitos intransmissíveis, e não direitos pessoais. A categoria nada tem que ver com a nossa matéria. E convém mesmo evitar o uso da expressão, por gerar equívocos.[88]

E afora os direitos personalíssimos patrimoniais, que podem ser facilmente distinguidos dos direitos da personalidade, no âmbito dos direitos não patrimoniais a situação é um pouco mais complexa. A função de todos os direitos de família, por exemplo, impede a mudança de sujeito. Porém, apesar da intransmissibilidade se verificar de forma constante tanto no direito de família como nos direitos da personalidade, esse é o único traço comum entre uns e outros, já que o fundamento é diverso.[89]

---

82. ASCENSÃO, José de Oliveira. *Direito civil*: teoria geral, p. 77.
83. NERY, Rosa Maria de Andrade. *Introdução ao pensamento jurídico e à teoria geral do direito privado*, p. 297.
84. Art. 247 do Código Civil: "Incorre na obrigação de indenizar perdas e danos o devedor que recusar a prestação a ele só imposta, ou só por ele exequível".
85. SILVA, De Plácido e. *Vocabulário jurídico*, v. 3, p. 271.
86. RAMOS, Erasmo M. Estudo comparado do direito de personalidade no Brasil e na Alemanha. *Revista dos Tribunais*, v. 799, p. 17.
87. MESSINEO, Francesco. *Manuale di diritto civile e commerciale*, v. 2, p. 5.
88. ASCENSÃO, José de Oliveira. *Direito civil*: teoria geral, p. 77.
89. CUPIS, Adriano de. *I diritti della personalità*, p. 88.

5 • OS DIREITOS DA PERSONALIDADE **85**

Realmente, existe no direito de família um caráter instrumental, de subordinação ao cumprimento de deveres. Já a intransmissibilidade dos direitos da personalidade tem fundamento inteiramente autônomo, cuja razão inspiradora é a "inerência à pessoa".[90]

Destarte, é fundamental sempre ter em mente as diferenças existentes entre os "diretos da personalidade", os "direitos personalíssimos" e os "direitos pessoais", pois a confusão entre esses termos só dificulta ainda mais o já complexo estudo dos direitos da personalidade.

5.4.3 Direitos da personalidade e direitos sobre a pessoa de outrem

No passado não se admitia a existência de direitos sobre a pessoa de outrem, uma vez que a doutrina entendia que a pessoa não podia ser objeto de direitos, de maneira que não se reconhecia a existência de direitos sobre a própria pessoa e nem a existência de direitos sobre a pessoa de outrem.

Nessa linha, asseveram Brox e Walker que os direitos sobre a pessoa de outrem não são atualmente reconhecidos. Segundo os autores germânicos, o direito sobre a vida conjugal em comum não pode mais, em razão da liberdade e da igualdade do sujeito de direito, ser conceituado como um direito de domínio sobre o outro cônjuge. Ainda, no que toca ao poder de família, aduzem que ele não concede nenhuma atribuição de domínio sobre a criança, mas sim simplesmente um direito de assistência.[91]

Ocorre que atualmente boa parte dos estudiosos aceita a existência dessa categoria de direitos, mas isso somente seria possível, por elementares razões de proteção da dignidade da pessoa humana, em casos bastante restritos, expressamente previstos em lei.[92]

Normalmente são arrolados entre esses direitos o poder paternal, o poder de tutela, o direito dos pais a reclamarem a entrega e a guarda do filho menor, ainda que contra a sua vontade, bem como de promoverem o desenvolvimento físico, intelectual e moral dos filhos menores. Os poderes análogos do tutor e do

---

90. CUPIS, Adriano de. *I diritti della personalità*, p. 89.
91. Transcrição do original: "*Rechte an fremder Person sind heute nicht mehr anzuerkennen. Das Recht auf eheliche Lebensgemeinschaft kann wegen der Freiheit und Gleichheit der Rechtssubjekte nicht mehr als Herrschaftsrecht über den Ehepartner begriffen weden. Die elterliche Sorge (vgl. § 1626) verleiht keine Herrschaftsbefugnisse über das Kind, sondern lediglich ein Fürsorgerecht*" (BROX, Hans; WALKER, Wolf-Dietrich, *Allgemeiner Teil des BGB*, p. 394). Tradução livre: "Direitos sobre outras pessoas não são mais hoje reconhecidos. O direito à vida conjugal não pode mais ser conceituado, por causa da liberdade e igualdade do sujeito de direito, como direito de dominação sobre a esposa. A autoridade parental (cf. § 1626) não dá poderes de domínio sobre a criança, mas sim apenas um direito de cuidado".
92. CAPELO DE SOUSA, Rabindranath Valentino Aleixo. *O direito geral de personalidade*, p. 579.

curador também se enquadram nessa categoria,[93] o que demonstra que grande parte desses direitos se incluem no direito de família.[94]

Todavia, pondera José de Oliveira Ascensão que em certas relações com o Estado essa categoria também está presente, considerando como exemplos os casos de prestação de serviço militar, bem como do condenado à prisão.[95]

Especificamente no que toca às relações privadas, deve ficar claro que os direitos sobre a pessoa de outrem não são tradicionais direitos subjetivos, instituídos no interesse do seu titular, mas sim poderes-deveres (poderes funcionais) "instituídos no próprio interesse dos incapazes, irrenunciáveis, absolutamente intransmissíveis ou pessoalíssimos, e que devem ser exercidos de certo modo, ou seja, do modo correspondente à sua função".[96] Ao revés, muitos autores listam os direitos da personalidade como direitos subjetivos.

Ainda, esses direitos têm diretamente como objeto jurídico a pessoa do filho, do pupilo etc., no que já diferem dos direitos da personalidade, que possuem como objeto os atributos da personalidade e não a própria pessoa.

E arremata Capelo de Sousa, afirmando que é fácil separar os direitos sobre a pessoa de outrem dos direitos de personalidade, visto que os direitos da personalidade são instituídos no interesse do seu titular, não sujeitos a uma função heterônoma predeterminada de exercício obrigatório. Além disso, eles são, em princípio, indisponíveis, irrenunciáveis e intransmissíveis.[97]

5.5 AS TENTATIVAS DE CLASSIFICAÇÃO

No estudo do direito é dada bastante importância às classificações, que buscam agrupar as várias espécies de um gênero, aproximando as que apresentam semelhanças e afastando aquelas que se mostram dessemelhantes.[98]

A qualidade de uma classificação depende evidentemente do fato de ela não deixar resíduos, isto é, terminada a classificação, todas as espécies por ela compreendidas devem encontrar-se em alguma das categorias instituídas. Também

---

93. CAPELO DE SOUSA, Rabindranath Valentino Aleixo. *O direito geral de personalidade*, p. 579.

94. Não é pacífica a inclusão dos direitos conjugais pessoais entre os direitos sobre a pessoa do outro cônjuge, visto que a maioria desses direitos teriam como objeto jurídico não diretamente a pessoa do outro cônjuge, mas sim prestações, condutas ou atos deste (CAPELO DE SOUSA, Rabindranath Valentino Aleixo. *O direito geral de personalidade*, p. 580). Não obstante as observações acima mencionadas, José de Oliveira Ascensão inclui as relações entre cônjuges nessa categoria (ASCENSÃO, José de Oliveira. *Direito civil*: teoria geral, p. 350).

95. ASCENSÃO, José de Oliveira. *Direito civil*: teoria geral, p. 350.

96. CAPELO DE SOUSA, Rabindranath Valentino Aleixo. *O direito geral de personalidade*, p. 579.

97. CAPELO DE SOUSA, Rabindranath Valentino Aleixo. *O direito geral de personalidade*, p. 581.

98. RODRIGUES, Silvio. *Direito civil*, v. 1, p. 118.

deve haver mais semelhanças entre as espécies contidas em uma determinada classe do que aquelas constantes em diferentes classes.[99]

Os critérios para a classificação de um instituto jurídico são inúmeros e variam necessariamente em função da metodologia seguida,[100] no entanto, antes de tudo, a classificação deve ser útil. É a utilidade prática que deve guiar quem pretenda fazer qualquer tipo de classificação jurídica.

No caso dos direitos da personalidade, o codificador brasileiro optou por não apresentar uma classificação legal, ao contrário do que ocorreu no Livro II da Parte Geral do Código Civil, que trata dos bens, em que as classificações abundam.

Entretanto, na doutrina existem variadas formas de classificação dos direitos da personalidade, algumas bastante sintéticas, outras mais analíticas.[101]

Logicamente, o fato de esses direitos constituírem, segundo boa parte da doutrina, um número aberto, que está em contínua alimentação pela própria evolução humana, dificulta ainda mais as tentativas de classificação, mas, ao mesmo tempo, torna a sistematização, a contemplação por categorias, uma necessidade.[102]

José de Oliveira Ascensão, ciente desses inúmeros critérios para a classificação dos direitos da personalidade, assevera que eles poderiam ser distinguidos em "originários e adquiridos; em direitos de exclusão ou direitos de personalidade propriamente ditos e direitos de colaboração (Diogo Leite de Campos); atendendo ao objecto que lhes cabe; e de muitas maneiras mais".[103]

Porém, prefere o professor português, reconhecendo a relatividade de toda a classificação, a tripartição dos direitos da personalidade em: a) à personalidade; b) à conservação da personalidade; e c) à realização da personalidade. Os direitos à personalidade diriam respeito ao patrimônio básico constitutivo da personalidade, abrangendo a vida, a integridade e outros aspectos da personalidade, os quais correspondem às figuras previstas nos códigos civis modernos, ou seja, os clássicos direitos da personalidade. Já os direitos à conservação da personalidade teriam uma feição mais defensiva, procurando assegurar a pessoa contra intromissões exteriores, englobando a inviolabilidade do domicílio, a confidencialidade das cartas missivas e a reserva da intimidade da vida privada, ou seja, justamente o domínio clássico das garantias. Por fim, aduz o autor que os direitos à realização da personalidade partem da ideia de liberdade, de que a personalidade, embora garantida na sua existência e na sua individualidade, não é um evento acabado,

---

99. RODRIGUES, Silvio. *Direito civil*, v. 1, p. 118.
100. GAGLIANO, Pablo Stolze; FILHO, Rodolfo Pamplona. *Novo curso de direito civil*, v. 1, p. 150.
101. BORGES, Roxana Cardoso Brasileiro. *Direitos de personalidade e autonomia privada*, p. 30.
102. ASCENSÃO, José de Oliveira. *Direito civil*: teoria geral, p. 107.
103. ASCENSÃO, José de Oliveira. *Direito civil*: teoria geral, p. 108.

visto que o constante aperfeiçoamento seria um direito de cada um, o que conduz à massa das liberdades que asseguram o exercício da autonomia necessária ao desenvolvimento humano, com a só ressalva de que nem toda liberdade se insere na categoria.[104]

Com isso, fica claro que essa classificação aproveita a distinção entre direitos, garantias e liberdades, tornada corrente no domínio paralelo dos direitos fundamentais, o que, de acordo com seu autor, a tornaria mais simples.[105]

No direito alemão é bastante conhecida a classificação de Heinrich Hubmann, que distingue entre os direitos à personalidade (*das Recht an der Persönlichkeit*), os direitos à individualidade (*das Recht auf Individualität*) e os direitos ao desenvolvimento da personalidade (*das Recht auf Entfaltung der Persönlichkeit*).[106]

No primeiro grupo o autor alemão reúne tudo o que pertence ao desenvolvimento da personalidade, aí inscrevendo a liberdade de ação em geral, a liberdade corporal de movimentação, a atividade da força de trabalho, a atividade industrial, a atividade vocacional, especialmente a cultural, a liberdade de associação e de reunião, a liberdade de expressão do pensamento, a atitude e a atividade religiosa e ética e a instrução e o aproveitamento da formação.[107]

O grupo seguinte é o do direito à personalidade (*Recht an der Persönlichkeit*), que englobaria toda a equipagem do indivíduo, de certo modo comum ao ser humano em geral, incidindo sobre a existência (a vida, os meios de conservação da vida, o corpo e a saúde), o espírito (a criação cultural e, enquanto objetivações do espírito pessoal, os produtos culturais, inventivos, estéticos e industriais), a vontade (como força anímica que autoriza o homem a se autodeterminar, a tomar decisões e a confrontar o mundo circundante), a vida sentimental, a restante vida anímica e certas relações pessoais com as coisas e com outras pessoas.[108]

Finalmente, a terceira categoria, a dos direitos à individualidade (*Individualität*), compreende aquilo que diz respeito à própria individualidade do homem, isto é, "ao seu carácter próprio, à sua aproximação da imagem humana ideal nele traçada, às suas tendências próprias originariamente recebidas da Natureza e à sua modelação por autodesenvolvimento e autoeducação".[109]

É dentro dessa última categoria que Hubmann propõe ainda uma subdivisão em três esferas: a individual (*Individualsphäre*), a privada (*Privatsphäre*)

---

104. ASCENSÃO, José de Oliveira. *Direito civil*: teoria geral, p. 108-109.
105. ASCENSÃO, José de Oliveira. *Direito civil*: teoria geral, p. 108.
106. HUBMANN, Heinricht. *Das Persönlichkeitsrecht*, passim.
107. CAPELO DE SOUSA, Rabindranath Valentino Aleixo. *O direito geral de personalidade*, p. 147.
108. CAPELO DE SOUSA, Rabindranath Valentino Aleixo. *O direito geral de personalidade*, p. 147-148.
109. CAPELO DE SOUSA, Rabindranath Valentino Aleixo. *O direito geral de personalidade*, p. 148.

e a secreta ou íntima (*Geheimsphäre* ou *Intimsphäre*).[110] Na esfera individual o homem seria tutelado na sua unicidade e no seu modo próprio de ser, nomeadamente a identidade, o nome, a honra, a imagem e a palavra escrita e falada. A esfera privada é aquela conhecida de um círculo determinado ou limitado de pessoas, normalmente os parentes e os amigos, sendo, portanto, salvaguardada da ampla publicidade. Por sua vez, a esfera secreta ou íntima, que goza de proteção mais intensa, abrangeria "acções, expressões e pensamentos de que ninguém deve tomar conhecimento, a não ser quando muito um círculo mais limitado de parentes, e relativamente aos quais persiste um interesse de guarda de segredo".[111]

Todavia, adverte Hubmann que a enumeração de bens jurídicos da personalidade referidos na classificação não é exaustiva, refletindo apenas uma "série de valores que a vida jurídica cristalizou e reconheceu como objectos de direitos de personalidade".[112]

Pierre Kayser, também sensível ao problema da possibilidade do surgimento de novos direitos da personalidade, o que seria decorrência de sua natural evolução, apresenta uma divisão provisória. O estudioso se preocupa com a possibilidade de englobar novos direitos nessa divisão, estampando, de um lado, os direitos da personalidade comparáveis aos direitos reais (*droits de la personnalité comparables aux droits réels*), e, do outro, os direitos da personalidade comparáveis aos direitos de crédito (*droits de la personnalité comparables aux droits de créance*). Assim, na primeira categoria arrola o autor francês os direitos ao nome, ao uso do nome de família, à defesa do nome de família, sobre o próprio corpo, sobre o corpo vivo e sobre os despojos mortais. À segunda classe pertenceriam os direitos ao respeito à vida privada, de se opor à divulgação da vida privada, de se opor a uma investigação na vida privada, de resposta e o direito moral do autor e do inventor. Já os direitos à vida e à integridade física, na visão do autor, não são considerados direitos da personalidade, mas sim interesses do indivíduo, tutelados pela responsabilidade civil. Por fim, Kayser considera que o direito moral de autor e o direito moral de inventor devem ser classificados à parte.[113]

Como se vê, a sistematização de Kayser não pode passar imune a críticas, sendo a principal delas fundamentada, segundo Elimar Szaniawski, "no fato de que o próprio autor da classificação é obrigado a concordar que não pode existir uma obrigação de fazer como ônus de uma ou mais pessoas, enquanto que o

---

110. WEICK, Günter. Natürliche Personen, Verbraucher, Unternehmer. In: *J. von Staudingers Kommentar zum Bürgerlichen Gesetzbuch mit Einführungsgesetz und Nebengesetzen*, p. 175.
111. CAPELO DE SOUSA, Rabindranath Valentino Aleixo. *O direito geral de personalidade*, p. 148.
112. CAPELO DE SOUSA, Rabindranath Valentino Aleixo. *O direito geral de personalidade*, p. 147.
113. KAYSER, Pierre. Les droits de la personnalité. *Revue Trimestrielle de Droit Civil*, t. 69, n. 3, p. 457-472.

dever jurídico de não se imiscuir nem divulgar a vida alheia existe como ônus para todos".[114]

Ademais, é certo que a divisão entre direitos comparáveis aos direitos reais e aos direitos de crédito, além de refletir um pensamento oitocentista, que só conhecia essas categorias, igualmente gera confusão entre elas e os direitos da personalidade, pois procura aproximar os direitos da personalidade dos direitos meramente patrimoniais.

Ainda em França, os Mazeaud relacionam os direitos da personalidade em três grupos: direitos à integridade física (que incluiriam os direitos ao corpo durante a vida e após a morte e à liberdade física), direitos à integridade moral (que compreenderiam os direitos à imagem, à liberdade intelectual, à liberdade de casamento, à honra, aos sentimentos afetivos, ao sigilo e ao nome) e o direito ao trabalho.[115]

Na Suíça, Pierre Tercier também divide os direitos da personalidade protegidos em três grupos, levando em conta o objeto da proteção. No primeiro grupo o professor da Universidade de Fribourg considera a proteção da personalidade física, sendo tutelados o direito à vida, o direito à integridade corporal, o direito à liberdade sexual e o direito à liberdade de circulação. No segundo grupo estaria a proteção da personalidade afetiva, da qual seriam exemplos o respeito pelos sentimentos conjugais, a relação e o respeito pelos próximos e os valores afetivos. Por fim, há a proteção da personalidade social, fazendo parte do terceiro grupo a defesa da honra, do nome, da imagem, da voz e da esfera privada.[116]

Outro critério para a classificação é apresentado por Adriano de Cupis. O jurista italiano, ao admitir a existência de distintos bens da personalidade, afirma que diversos são também os direitos sobre esses bens, defendendo a tese da pluralidade dos direitos da personalidade, que se contrapõe àquela que prevê um único direito da personalidade.[117]

Assim, a partir do objeto dos direitos da personalidade, Adriano de Cupis vai catalogar aqueles que mais se aproximam da seguinte forma: direito à vida e à integridade física (onde estão compreendidos os direitos sobre as partes separadas do corpo e sobre o cadáver); direito à liberdade; direito à honra e ao resguardo pessoal; direito à identidade pessoal (que abrange o direito ao nome, ao título e ao sinal figurativo); e direito moral de autor.[118]

---

114. SZANIAWSKI, Elimar. *Direitos de personalidade e sua tutela*, p. 93.
115. CAPELO DE SOUSA, Rabindranath Valentino Aleixo. *O direito geral de personalidade*, p. 127.
116. TERCIER, Pierre. *Le nouveau droit de la personnalité*, p. 52-53.
117. CUPIS, Adriano de. *Os direitos da personalidade*, p. 32-33.
118. CUPIS, Adriano de. *I diritti della personalità, passim*.

5 • OS DIREITOS DA PERSONALIDADE   91

De forma semelhante, Santos Cifuentes assevera que a tese do direito geral da personalidade conduz a uma perigosa pulverização desses direitos, incluindo aí bens que não deveriam integrar a categoria. Por isso, defende a concepção pluralista, a qual entende que melhor delimita o âmbito de cada direito, apresentando uma classificação tripartida dos direitos da personalidade em: a) direito à integridade física; b) direito à liberdade e; c) direito à integridade espiritual.[119]

Na doutrina brasileira também são apresentadas muitas classificações para os direitos da personalidade. Contudo, ao que parece, a grande maioria dos juristas nacionais utiliza o mesmo critério escolhido por Adriano de Cupis, ou seja, procuram catalogar os direitos da personalidade de acordo com a semelhança entre os bens jurídicos protegidos.[120] Isso provavelmente está relacionado à grande repercussão da tese pluralista em nosso país.

É clássica no direito civil pátrio a divisão dos direitos da personalidade feita por Rubens Limongi França, que procura agrupar tais direitos de acordo com os aspectos a que cada um concerne, apresentando as seguintes categorias: a) direitos relativos à integridade física, que compreende os direitos à vida, aos alimentos, ao corpo e às suas partes; b) direitos relativos à integridade intelectual, que abrange o direito à liberdade de pensamento, o direito pessoal do autor (científico e artístico), bem como do inventor; c) direitos relativos à integridade moral (direito à honra, ao recato, ao segredo, à imagem, à identidade e à liberdade civil, política e religiosa).[121]

Carlos Alberto Bittar, seguindo, ao que tudo indica, a doutrina de Limongi França, aduz que a "enunciação dos direitos da personalidade deve provir da natureza dos bens integrantes", distribuindo-os em três categorias: a) os direitos físicos; b) os direitos psíquicos; c) os direitos morais. Na primeira espécie identifica o autor os elementos extrínsecos da pessoa, seus componentes materiais, que compreendem o direito à vida, à integridade física (higidez corpórea), o direito ao corpo e às partes do corpo, o direito à imagem (efígie) e à voz. Entre os direitos psíquicos são arrolados aqueles relativos a elementos intrínsecos, ou seja, o direito à liberdade (de culto, de expressão, de pensamento e outros), o direito à intimidade (estar só, privacidade, ou reserva) e o direito ao segredo (inclusive o profissional). Finalmente, insere entre os de cunho moral os direitos à identidade

---

119. CIFUENTES, Santos. *Derechos personalíssimos*, p. 189-190.
120. Gustavo Tepedino critica essas classificações, advertindo que não são suficientemente convincentes os critérios científicos adotados, bem como sua importância prática (TEPEDINO, Gustavo. *Temas de direito civil*, p. 38).
121. FRANÇA, Rubens Limongi. Direitos da personalidade I (verbete). *Enciclopédia Saraiva do Direito*, v. 28, p. 145.

(nome e outros sinais individualizadores), à honra (reputação ou consideração social), ao respeito e às criações intelectuais.[122]

De qualquer forma, salienta Carlos Alberto Bittar que sua enumeração não esgota o rol dos direitos da personalidade, adotando uma posição flexível, visto que o desenvolvimento científico permitirá o reconhecimento de novos direitos.[123]

O mesmo caminho é trilhado por Pablo Stolze Gagliano e Rodolfo Pamplona Filho, que adotam uma classificação tricotômica de acordo com a proteção à: a) vida e integridade física (corpo vivo, cadáver e voz); b) integridade psíquica e criações intelectuais (liberdade, criações intelectuais, privacidade e segredo); c) integridade moral (honra, imagem e identidade pessoal). Ademais, os autores em foco esclarecem que a relação apresentada não deve ser considerada taxativa.[124]

Orlando Gomes, que expressamente se declara defensor do pluralismo dos direitos da personalidade, apresenta uma classificação bipartida, separando os direitos à integridade física (direito à vida e sobre o próprio corpo) dos direitos à integridade moral (direito à honra, direito à liberdade, direito ao recato, direito à imagem, direito ao nome e direito moral do autor).[125]

De acordo com Pontes de Miranda, os direitos da personalidade se classificam em: a) direito à vida; b) direito à integridade física; c) direito à integridade psíquica; d) direito à liberdade; e) direito à verdade; f) direito à honra; g) direito à própria imagem; h) direito à igualdade; i) direito ao nome (prenome, patronímico, nome comercial, pseudônimo); j) direito à intimidade; l) direito ao sigilo; m) direito autoral.[126]

As classificações seguidas pelos doutrinadores nacionais são duramente criticadas por Elimar Szaniawski, que não vê nelas cientificidade, ao contrário, entende que o fracionamento dos direitos da personalidade em diversos tipos é ilimitado e infinito, o que leva a inúmeras categorias e subcategorias, provocando uma grande e lamentável confusão.[127]

Esse mesmo autor afirma que o "reconhecimento do direito geral da personalidade supera esta discussão a respeito da identificação dos variados direitos e da necessidade de classificações". Contudo, em outra passagem, esclarece que "mesmo sob a ótica do direito geral da personalidade a existência de classificações

---

122. BITTAR, Carlos Alberto. *Direitos da personalidade*, p. 68-69.
123. BITTAR, Carlos Alberto. *Direitos da personalidade*, p. 69.
124. GAGLIANO, Pablo Stolze; FILHO, Rodolfo Pamplona. *Novo curso de direito civil*, v. 1, p. 150.
125. GOMES, Orlando. *Introdução ao direito civil*, p. 138.
126. PONTES DE MIRANDA, Francisco Cavalcanti. *Tratado de direito privado*, t. VII, passim.
127. SZANIAWSKI, Elimar. *Direitos de personalidade e sua tutela*, p. 228-229.

5 • OS DIREITOS DA PERSONALIDADE

não é fenômeno estranho e tem, ao menos, o mérito de evidenciar as variadas manifestações da personalidade que são alvo de tutela".[128]

De todo o exposto, constata-se aqui que a recente construção teórica dos direitos da personalidade não permitiu, até o momento, a elaboração de uma classificação amplamente acolhida pela doutrina, sendo certo que a existência de duas concepções acerca desses direitos prejudica ainda mais qualquer tipo de aproximação de um consenso. Apesar disso, o que deve ficar claro é que as classificações, pelo fato de admitirem inúmeros critérios, mais do que verdadeiras ou falsas, são úteis ou não para o direito.

5.6 FUNDAMENTAÇÃO DOS DIREITOS DA PERSONALIDADE

A fundamentação dos direitos da personalidade praticamente não difere daquela referente aos direitos humanos, já tratada anteriormente. Dessa forma, existem autores que entendem que esses direitos têm origem no direito natural, enquanto outros advogam a tese da origem ligada ao direito positivo.

A gênese dos direitos da personalidade está certamente ligada às teorias jusnaturalistas, que serviram de fundamento para as declarações de direitos e, posteriormente, também consideraram os direitos da personalidade como direitos naturais, inatos, invulneráveis, não permitindo, de forma geral, o arbítrio do Poder Público ou as incursões de particulares.[129]

Entretanto, a consideração dos direitos da personalidade como direitos naturais não significa a existência de uma única vertente da teoria jusnaturalista. Assim, para alguns autores, os direitos naturais decorreriam da vontade divina, que seria revelada aos homens. Outros ligam os direitos naturais a uma lei que deriva da natureza, de forma que, fazendo o homem parte dela, submeter-se-ia a essa lei natural. Há ainda os jusnaturalistas que buscam fundamentação na razão, algo inerente ao homem.[130]

De qualquer forma, os autores defensores dessa corrente negam "a primazia do direito positivo, buscando em fontes supralegislativas a legitimação dos direitos inerentes à pessoa humana".[131]

Entre os estudiosos brasileiros defensores da corrente jusnaturalista destacam-se Carlos Alberto Bittar e Rubens Limongi França. O primeiro entende que os direitos da personalidade constituem direitos inatos, "cabendo ao Estado

---

128. SZANIAWSKI, Elimar. *Direitos de personalidade e sua tutela*, p. 51-56.
129. TEPEDINO, Gustavo. *Temas de direito civil*, p. 44.
130. BORGES, Roxana Cardoso Brasileiro. *Direitos de personalidade e autonomia privada*, p. 21-22.
131. TEPEDINO, Gustavo. *Temas de direito civil*, p. 42.

apenas reconhecê-los e sancioná-los em um ou outro plano do direito positivo", o que não significa restringi-los apenas aos direitos reconhecidos pelo ordenamento jurídico, mas sim que a positivação possibilita uma tutela mais específica e eficaz.[132] Já o segundo relaciona os direitos da personalidade às imposições da natureza das coisas, encontrando seu fundamento primeiro nos direitos naturais.[133]

Ocorre que quando se pensa na "variedade de posições adotadas pela consciência social dos povos nas diversas épocas históricas e pontos geográficos", vê-se que entra em crise a defesa das teses jusnaturalistas, que estariam a depender de uma consciência universal para o estabelecimento dos direitos da personalidade.[134]

Assim, atualmente vem ganhando espaço as teorias que vinculam os direitos da personalidade ao direito positivo, particularmente aquelas que concebem o direito inserido num momento histórico, ou seja, que reconhecem que os direitos não são produtos da própria natureza, mas "emergem gradualmente das lutas que o homem trava por sua própria emancipação e das transformações das condições de vida que essas lutas produzem".[135]

Dentre essas teorias, algumas concebem os direitos da personalidade como direitos outorgados à sociedade pelo Estado. Outras veem a positividade dos direitos da personalidade no fato de emanarem da sociedade em dado momento histórico, independentemente do Estado. E ainda existem aquelas que entendem que a concepção dos direitos da personalidade, pelo fato de emanar da sociedade, prevalece diante da lei *stricto sensu*, mesmo se esta estabelecer em sentido contrário.[136]

Adriano de Cupis está entre os defensores das teorias positivistas, pois afirma que:

> os direitos da personalidade estão vinculados ao direito positivo tanto como os outros direitos subjetivos, uma vez admitido que as ideias dominantes no meio social sejam revestidas de uma particular força de pressão sobre o próprio ordenamento. Por consequência, não é possível denominar os direitos da personalidade como "direitos inatos", entendidos no sentido de direitos relativos, por natureza, à pessoa.[137]

Outra ponderação interessante é apresentada por Luiz Edson Fachin, para quem a "perspectiva principiológica da dignidade humana informa e conforma

---

132. BITTAR, Carlos Alberto. *Direitos da personalidade*, p. 7-8.
133. FRANÇA, Rubens Limongi. Direitos da personalidade I (verbete). *Enciclopédia Saraiva do Direito*, v. 28, p. 142.
134. TEPEDINO, Gustavo. *Temas de direito civil*, p. 45-46.
135. BOBBIO, Norberto. *A era dos direitos*, p. 51.
136. BORGES, Roxana Cardoso Brasileiro. *Direitos de personalidade e autonomia privada*, p. 23.
137. CUPIS, Adriano de. *Os direitos da personalidade*, p. 24-25.

todo o ordenamento jurídico, servindo de substrato normativo e axiológico para todos os demais direitos não patrimoniais". Segundo o autor, como esse princípio fundamental foi edificado ao longo da evolução histórica da humanidade, ficam afastadas as concepções jusnaturalistas, "que entendem dignidade como um valor superior, fundado em um modelo abstrato ou ideal, e que possui validade independentemente de considerações espaciais ou temporais". Por conseguinte, como os direitos da personalidade decorrem da dignidade da pessoa humana, não se pode admitir que sua fundamentação esteja ligada às concepções jusnaturalistas.[138]

A natureza de direito positivo dos direitos da personalidade também é reconhecida por Renan Lotufo, o qual lembra que o "denominado direito natural (dever ser) é sempre condicionado pela experiência do direito positivo (ser)".[139]

Assim, entende-se que hoje não se pode negar que os direitos da personalidade são aqueles direitos positivados em determinado momento histórico, que certamente sofrerão os influxos das mudanças sociais, que, a cada dia que se passa, ocorrem de forma mais rápida, o que no futuro conduzirá à alteração de seu quadro.

Dessa forma, não podem ser admitidas as teorias jusnaturalistas, que concebiam direitos da personalidade fundados no direito natural, independentes de considerações espaciais ou temporais.

Por outro lado, a natureza positiva dos direitos da personalidade não significa o seu engessamento, ou seja, não são direitos da personalidade apenas aqueles expressamente tipificados no ordenamento jurídico. É que atualmente o direito não é mais concebido como um sistema fechado, mas sim como um sistema aberto, dotado de instrumentos, como as cláusulas gerais e os conceitos indeterminados, que permitem sua constante adequação à sociedade.

Em conclusão, os direitos da personalidade derivam do ordenamento jurídico e decorrem da evolução histórica da humanidade. Contudo, isso não quer dizer que eles estão expressamente tipificados na Constituição ou em normas infraconstitucionais, já que podem ser reconhecidos por meio de modernas técnicas legislativas, como a das cláusulas gerais, que dão abertura ao sistema jurídico, garantindo a sua constante atualização.

---

138. FACHIN, Luiz Edson. Fundamentos, limites e transmissibilidade: anotações para uma leitura crítica, construtiva e de índole constitucional da disciplina dos direitos da personalidade no Código Civil brasileiro. In: CORRÊA, Elidia Aparecida de Andrade; GIACOIA, Gilberto; CONRADO, Marcelo (coord.). *Biodireito e dignidade da pessoa humana*, p. 192-193.
139. LOTUFO, Renan. *Código Civil comentado*, v. 1, p. 54.

6
OS DIREITOS DA PERSONALIDADE DIANTE DA DICOTOMIA DIREITO PÚBLICO E PRIVADO

6.1 ESCORÇO HISTÓRICO

É clássica a divisão do direito em público e privado, o que remonta ao direito romano. Sua fórmula pode ser extraída da seguinte sentença de Ulpiano: "São duas as posições deste estudo: o público e o privado. O direito público é o voltado ao estado das coisas de Roma, o direito privado é aquele que concerne aos interesses individuais" (Digesto, 1.1.1.2).[1] Assim, entre os romanos, o direito público era aquele que dizia respeito ao estado dos negócios romanos, enquanto o direito privado disciplinava os interesses particulares.[2]

Tercio Sampaio Ferraz Junior, com base nos ensinamentos de Hannah Arendt, pontifica que essa separação entre a esfera pública e a privada caracterizava a cultura da Antiguidade de uma forma assaz peculiar. Para os antigos, a esfera privada compreenderia o reino da necessidade, que obrigaria o homem, se quisesse sobreviver, a exercer o *labor*, que estava ligado ao processo ininterrupto de produção de bens de consumo, como, por exemplo, os alimentos. Tais produtos não tinham permanência no mundo, já que eram bens perecíveis, e ainda exigiam, para a sua elaboração, instrumentos que se confundiam com o próprio corpo (os braços, as mãos, bem como suas extensões). A sede do labor era a casa (*domus, oikia*), onde se estabeleciam as relações familiares, as quais se baseavam nas diferenças, uma vez que o comando da casa era do *pater familias*, senhor de sua mulher, de seus filhos e de seus escravos. É justamente aí que se localizava a esfera privada, ou seja, naquele "âmbito em que o homem, submetido às necessidades da natureza, buscava sua utilidade no sentido de meios de sobrevivência".[3]

---

1. *Hujus studii duae sunt positiones, publicum et privatum. Publicum jus est quod ad statum rei romanae spectat, privatum, quod ad singulorum utilitatem* (Digesto, 1.1.1.2).
2. DINIZ, Maria Helena. *Compêndio de introdução à ciência do direito*, p. 267.
3. FERRAZ JUNIOR, Tercio Sampaio. *Introdução ao estudo de direito*, p. 134.

Por outro lado, os cidadãos exerciam sua atividade em outro âmbito, ou seja, na cidade (*polis*), onde se encontravam entre os iguais. A atividade por eles exercida era a *ação*, a qual se assemelhava ao labor pelo fato de que não tinha começo nem fim, era contínua, porém, a dessemelhança se encontrava no fato de que a ação dignificava o homem, conferindo-lhe liberdade, já que seu terreno era o do encontro dos homens livres que se governavam. Daí que a ideia de ação política era "dominada pela palavra, pelo discurso, pela busca dos critérios do bem governar, das normas do direito. A vida política constituía a esfera pública. Sendo, das atividades, a mais característica do ser humano, a ação permitiu a ideia do animal político".[4]

Pois bem, partindo desses dados fica mais fácil entender o pensamento romano, que sem dúvida dizia respeito a algo substancialmente diverso da atual compreensão, uma vez que quando Ulpiano distinguiu o direito público do direito privado, na verdade considerava como esfera pública o lugar da ação, do encontro dos homens livres que se governavam, e como esfera privada o local do labor, isto é, a casa e as atividades voltadas para a sobrevivência.[5]

Porém, essa distinção, tão cara ao direito romano, perdeu seu sentido na Idade Média.[6] É que nesse período, a ausência de um poder político centralizado tornou a dicotomia um "impossível histórico", dado que imperavam no direito "as marcas de *status* e suas respectivas relações hierarquizadas, com forte influência do costume e da Igreja enquanto pilar último da organização social do feudalismo".[7] Por isso, praticamente tudo se confundia com a propriedade do Suserano ou da Igreja, o que não dava espaço para a divisão entre o público e o privado.

Somente na Era Moderna é que a separação volta a ter relevância, mas o seu enfoque passa a ser outro. De fato, o que caracterizou a distinção nesse período foi a oposição entre dois conjuntos (a sociedade e o indivíduo), sendo que o novo elemento distintivo estaria em um ente artificial, o Estado.[8]

Com isso, o direito explicado pelo poder soberano, tomado pelo comando, daria vida à esfera pública, a qual se oporia à esfera privada, que, apesar de também ser social, era desprovida desses atributos, pois ligada ao poder dos indivíduos nas suas relações.[9]

---

4. FERRAZ JUNIOR, Tercio Sampaio. *Introdução ao estudo de direito*, p. 135.
5. FERRAZ JUNIOR, Tercio Sampaio. *Introdução ao estudo de direito*, p. 135.
6. BORGES, Roxana Cardoso Brasileiro. *Direitos de personalidade e autonomia privada*, p. 78.
7. LUDWIG, Marcos de Campos. Direito público e privado: a superação da dicotomia. In: MARTINS-COSTA, Judith. *A reconstrução do direito privado*: reflexos dos princípios, diretrizes e direitos fundamentais constitucionais no direito privado, p. 95.
8. FERRAZ JUNIOR, Tercio Sampaio. *Introdução ao estudo de direito*, p. 136-137.
9. FERRAZ JUNIOR, Tercio Sampaio. *Introdução ao estudo de direito*, p. 136-137.

6 • DIREITOS DA PERSONALIDADE E DICOTOMIA DIREITO PÚBLICO E PRIVADO

Ademais, a *summa divisio* entre o direito privado e o direito público também encontrava força na luta pela redução dos abusos do absolutismo, visto que se buscou "delimitar ao máximo os espaços de intervenção do Estado e os espaços de atuação privada. A divisão entre esses dois ramos era fundamental para a organização do direito, do Estado e da sociedade".[10]

Outro não foi o sentido do movimento codificatório, cujo divisor de águas foi o Código Civil francês. Realmente, por meio das codificações, a burguesia pretendia determinar, de forma bem clara, o âmbito das relações privadas, o que assegurava a não intervenção estatal nessa seara, limitando a atuação do Estado apenas ao direito público.

O papel das codificações certamente foi bastante significativo para a divisão entre as esferas pública e privada, de maneira que o Estado foi praticamente afastado das relações entre particulares. Houve então uma redução severa da comunicação entre as duas esferas do ordenamento jurídico, o que tornou estanques os ambientes da proteção da pessoa.[11]

Ao lado do movimento das codificações, não se pode esquecer do constitucionalismo, que deu vida às liberdades negativas, que delimitaram nitidamente o espaço de atuação do Estado, desenhando o âmbito dos direitos individuais.[12]

Logo, vê-se que no século XIX era simples, devido ao reinado do liberalismo clássico, bem como aos movimentos de codificação e ao constitucionalismo, a diferenciação entre as esferas pública e privada.

Entretanto, a distinção perdeu sensivelmente sua nitidez com o surgimento do Estado de Bem-Estar Social (*Welfare State*), que abandonou a doutrina liberal, acolhendo as chamadas liberdades positivas. Também contribuiu para o esmaecimento da distinção o reconhecimento de novos ramos do direito, como o direito do consumidor, o direito ambiental, o direito do trabalho etc.,[13] os quais receberam contribuições tanto do direito público como do direito privado.

Assim sendo, hoje não há dúvida de que a distinção entre a esfera pública e a esfera privada tornou-se bastante difícil, já que, com o desabamento do Estado Liberal na primeira metade do século XX, ela perdeu a nitidez que até então tinha. Por isso, há autores que procuram entendê-la de maneira diversa, não obstante a existência de outros que até mesmo defendem a superação da dicotomia.

---

10. BORGES, Roxana Cardoso Brasileiro. *Direitos de personalidade e autonomia privada*, p. 74.
11. DONEDA, Danilo. Os direitos da personalidade no novo Código Civil. In: TEPEDINO, Gustavo (org.). *A parte geral do novo Código Civil*, p. 39.
12. SILVA, Virgílio Afonso da. *Direito Constitucional Brasileiro*, p. 123-124.
13. BORGES, Roxana Cardoso Brasileiro. *Direitos de personalidade e autonomia privada*, p. 74.

De qualquer forma, é interessante notar que a divisão entre público e privado é traço característico dos direitos da família romano-germânica, não existindo essa preocupação em outras famílias jurídicas, como no direito inglês e no direito dos países do hemisfério oriental.[14]

Passa-se agora ao estudo das teorias que procuram justificar a separação dessas esferas e, em seguida, à questão da necessidade ou não de sua manutenção no direito, bem como do espaço ocupado pelos direitos da personalidade.

6.2 TEORIAS QUE PROCURAM FUNDAMENTAR A DICOTOMIA

Muitas teorias foram desenvolvidas na tentativa de fundamentar a distinção entre o direito público e o direito privado, o que não é nenhuma novidade, visto que os romanos já enfrentavam dificuldades nesse campo. Dentre essas teorias merecem destaque as teorias do sujeito, do interesse e da relação de dominação.

A teoria do sujeito (ou teoria da natureza da situação jurídica[15]) procura distinguir o direito público do direito privado a partir do destinatário das normas, de forma que as normas públicas teriam o Estado por destinatário, enquanto as privadas seriam dirigidas aos particulares. O problema dessa doutrina está no fato de que muitas vezes o Estado ou as pessoas a ele equiparadas têm atuação que não difere daquela dos particulares, o que acaba restringindo o seu âmbito de validade.[16] Isso pode ocorrer, por exemplo, em uma compra na qual seja dispensada a licitação em razão do pequeno valor do bem a ser adquirido (Lei n. 14.133/2021).

Em segundo lugar se apresenta a teoria do interesse, a qual opõe a sociedade ao indivíduo, cada um com seus próprios interesses. Para essa teoria, que se difundiu no século XIX graças ao trabalho da Escola da Jurisprudência dos Interesses e de Rudolf von Jhering, os interesses da sociedade, representados pelo Estado, seriam comuns, "neutros em face dos egoísmos particulares", envolvendo a gestão da coisa pública e da economia nacional. Ocorre que esse critério perde força com o surgimento de interesses que se situam entre o público e o privado, como é o caso dos direitos trabalhistas.[17]

---

14. LUDWIG, Marcos de Campos. Direito público e privado: a superação da dicotomia. In: MARTINS-COSTA, Judith. *A reconstrução do direito privado*: reflexos dos princípios, diretrizes e direitos fundamentais constitucionais no direito privado, p. 87-88.

15. NERY, Rosa Maria de Andrade. *Introdução ao pensamento jurídico e à teoria geral do direito privado*, p. 172.

16. FERRAZ JUNIOR, Tercio Sampaio. *Introdução ao estudo de direito*, p. 139.

17. FERRAZ JUNIOR, Tercio Sampaio. *Introdução ao estudo de direito*, p. 139.

De fato, muitas vezes não é possível uma afirmação categórica acerca do interesse protegido, ou seja, não é possível simplesmente qualificá-lo como do Estado ou dos indivíduos, uma vez que "nenhuma norma atinge apenas o interesse do Estado ou o do particular. Há uma correlação, de modo que a norma jurídica que tiver por finalidade a utilidade do indivíduo visa também a do Estado e vice-versa".[18]

Como decorrência dessa crítica, alguns autores então passaram a fundamentar a distinção no interesse preponderante, pelo que as normas de direito público garantiriam diretamente o interesse da sociedade e indiretamente o do particular, ocorrendo exatamente o contrário com as normas de direito privado. Todavia, segundo Maria Helena Diniz, esse critério também é insatisfatório, dado que os interesses estão tão interligados, "que é impossível verificar, com exatidão, qual o que prepondera".[19]

Finalmente, há a teoria da relação de dominação (ou teoria da posição do sujeito da situação jurídica[20]), que considera nas relações do direito público a atuação do Estado com poderes de autoridade (*ius imperii*), pondo-se superiormente aos entes privados. Estes, por outro lado, mantêm entre si relações de paridade, sem a presença do *ius imperii*. Com isso, destaca-se nas relações sociais o monopólio da força pelo Estado, o que é feito graças à concentração e centralização do poder de impor condutas, sendo que a unidade do Poder Público, para essa concepção, estaria fulcrada na noção de soberania.[21]

Todavia, essa teoria não passa imune às críticas de Brox e Walker, que, em um primeiro momento, apresentam o direito privado (*Privatrecht*) como a parte do direito que regula as relações entre participantes da sociedade que se põem em relação de paridade, enquanto que o direito público (*öffentliches Recht*) cuidaria da regulação das relações em que não haveria tal paridade. Em seguida, os estudiosos alemães ponderam que essa delimitação nem sempre é admitida, visto que há situações no direito privado em que os participantes da relação jurídica se colocam em situação díspar, como é o caso das relações entre os pais e os filhos, que na Alemanha fazem parte do direito de família, bem como lembram que no direito público também existem situações de paridade, como aquelas que se dão nas relações entre duas municipalidades.[22] E Maria Helena Diniz acrescenta que "mesmo os sujeitos dotados de *imperium* podem ser sujeitos de direito privado,

---

18. DINIZ, Maria Helena. *Compêndio de introdução à ciência do direito*, p. 267.
19. DINIZ, Maria Helena. *Compêndio de introdução à ciência do direito*, p. 268.
20. NERY, Rosa Maria de Andrade. *Introdução ao pensamento jurídico e à teoria geral do direito privado*, p. 172.
21. FERRAZ JUNIOR, Tercio Sampaio. *Introdução ao estudo de direito*, p. 140.
22. BROX, Hans; WALKER, Wolf-Dietrich. *Allgemeiner Teil des BGB*, p. 9.

como na hipótese em que o Estado é parte num contrato de compra e venda ou num contrato de locação".[23]

Daí que se pode afirmar que os critérios apresentados pelas teorias indubitavelmente correspondem a aspectos possíveis de serem invocados na distinção das categorias, apesar disso, não bastam para o perfeito esclarecimento das diferenças existentes entre elas.[24]

Em decorrência da insuficiência apontada, existem aqueles que defendem a adoção de uma teoria eclética, que associa os elementos objetivo e subjetivo, de forma que o direito público seria aquele que regularia as relações em que o Estado é parte, atuando em razão de seu poder soberano e objetivando a tutela do bem coletivo. Já o direito privado disciplinaria "as relações entre particulares, nas quais predomina, de modo imediato, o interesse de ordem privada".[25] No entanto, em realidade, essa noção não passa de uma aglutinação das ideias já desenvolvidas pela doutrina, o que fica fácil de constatar pela leitura dos elementos que a compõem.

Nessa senda, Maria Helena Diniz reconhece a falta de uma solução absoluta ou perfeita para o problema da distinção entre o direito público e o direito privado, o que provavelmente está relacionado à unidade do direito, ponderando que:

> Embora o direito objetivo constitua uma unidade, sua divisão em público e privado é aceita por ser útil e necessária, não só sob o prisma da ciência do direito, mas também sob o ponto de vista didático. Todavia, não se deve pensar que sejam dois compartimentos estanques, estabelecendo uma absoluta separação entre as normas de direito público e as de direito privado, pois intercomunicam-se com certa frequência.[26]

Dessa maneira, não obstante os esforços envidados por inúmeros autores, a maioria da doutrina entende que não há uma concepção que consiga distinguir cabalmente o direito público do direito privado, o que não é novidade, visto que o direito tem trabalhado há milênios com essas categorias sem, contudo, encontrar uma teoria que perfeitamente pudesse estribá-las.

A isso se soma o fato de que a sociedade e o direito, particularmente após a Segunda Grande Guerra, sofreram imensas mudanças, o que fez com que a milenar distinção voltasse a ser objeto de acirrada disputa entre os doutrinadores, sendo que muitos deles chegam até mesmo a advogar a tese da sua superação. Por isso, tal debate será apreciado a seguir.

---

23. DINIZ, Maria Helena. *Compêndio de introdução à ciência do direito*, p. 253.
24. NERY, Rosa Maria de Andrade. *Introdução ao pensamento jurídico e à teoria geral do direito privado*, p. 174.
25. DINIZ, Maria Helena. *Compêndio de introdução à ciência do direito*, p. 255.
26. DINIZ, Maria Helena. *Compêndio de introdução à ciência do direito*, p. 256.

6.3 A DISTINÇÃO ENTRE O DIREITO PÚBLICO E O DIREITO PRIVADO ESTÁ EM CRISE?

As transformações por que vem passando o direito, particularmente o direito civil, que viu nos últimos anos, entre outros, os movimentos da constitucionalização, da personalização, da descentralização e da recodificação, têm tornado cada vez mais difícil o delineamento das fronteiras entre o direito público e o direito privado.

Fala-se atualmente na privatização do direito público e na publicização do direito privado, haja vista que técnicas e institutos tradicionalmente reconhecidos como pertencentes ao direito privado são empregados no direito público e vice-versa, o que acabou levando autores de escol, como Perlingieri, a afirmar que a distinção, em tal contexto, "não é mais qualitativa, mas quantitativa".[27]

E é notório que hodiernamente é cada vez mais difícil individuar um interesse particular que seja completamente independente do interesse público. Até mesmo o direito de propriedade, cultuado pelos doutrinadores oitocentistas como absoluto, hoje se vê bastante limitado por normas que o funcionalizaram (e.g. art. 182, § 2º da CF, e art. 1.228, §§ 1º e 2º do Código Civil).

Com isso, não se pode mais aceitar aquela mentalidade que via o direito privado como a liberdade concedida a cada um para cuidar, até mesmo arbitrariamente, dos próprios interesses. Por outro lado, o direito público também não trata mais apenas da soberania e da estruturação do Estado, pelo contrário, preocupa-se igualmente com muitos interesses até então tidos como meramente privados.

Há, outrossim, para complicar ainda mais a distinção, o aumento dos interesses que estariam em uma categoria intermediária, como, por exemplo, o interesse sindical ou das comunidades.[28]

Assim, muitos estudiosos falam na crise da distinção entre o direito público e o direito privado, dicotomia essa que teria sido superada.

Ainda, há doutrinadores que reconhecem não ser simples distinguir o direito público do direito privado, a menos que se acolha um critério quantitativo, visto que em todos os setores do direito convivem normas públicas e privadas, prevalecendo às vezes o aspecto privatístico, quando se satisfaz diretamente um interesse singular e, em outros casos, o aspecto publicístico.[29]

---

27. PERLINGIERI, Pietro. *Perfis do direito civil*, p. 54.
28. PERLINGIERI, Pietro. *Perfis do direito civil*, p. 53.
29. PERLINGIERI, Pietro; FEMIA, Pasquale. *Nozioni introduttive e principi fondamentali del diritto civile*, p. 70.

Partindo daí, acolhem Perlingieri e Femia uma distinção bastante peculiar, pois reconhecem a inadequação da expressão "direito privado", substituindo-a por direito civil, que entendem como aquele direito em condições de igualdade, o direito de todos, que não está em antítese com o direito público, mas sim que parte de um ordenamento unitário e que constitui somente um ramo que se justifica por razões didáticas e de especialização profissional.[30]

Entretanto, mesmo antes dessa grande polemização da dicotomia, já se reconhecia que o direito deve ser visto como um todo dotado de coerência, o que, porém, não significa que o sistema jurídico seja um conjunto rigorosamente lógico.[31]

Ora, o que se está vendo nos últimos tempos é justamente o reflexo da unidade do direito, que sempre existiu e, anteriormente, somente era mais perceptível em determinadas áreas da ciência jurídica, como é o caso do direito de família, em que a tutela estatal era constante, mas que nem por isso passou a ser considerado como direito público.

De forma semelhante professa Perlingieri:

> O fracionamento da matéria jurídica e do ordenamento em ramos tem um sentido porque divide por competências e por necessidade de exposição uma matéria única em si mesma, mas não deve significar que a realidade do ordenamento é divisível em diversos setores dos quais um é totalmente autônomo em relação ao outro, de tal modo que possa ser proclamada a sua independência.[32]

Realmente, a divisão do direito em público e privado tem utilidade prática e didática, mesmo porque, se ela não puder ser admitida, também não se pode pretender a distinção entre os vários ramos do direito, a qual não deixa de partir da dicotomia em questão e, ainda, é muito mais minuciosa, porém nem por isso é colocada em cheque.

Ao contrário, vê-se, a cada dia que passa, um número cada vez maior de áreas do direito pretendendo sua independência (e.g. direito agrário, de autor, marítimo etc.), o que é visto com naturalidade pelos mesmos autores que advogam a superação da distinção entre o direito público e o direito privado.

De qualquer forma, mesmo sendo incontestável essa intersecção entre os ramos do direito, acredita-se que, pelo menos sob a ótica até então existente, mantêm-se vivas as esferas individual e pública, não obstante o aparecimento

---

30. PERLINGIERI, Pietro; FEMIA, Pasquale. *Nozioni introduttive e principi fondamentali del diritto civile*, p. 71.
31. FERRAZ JUNIOR, Tercio Sampaio. *Introdução ao estudo de direito*, p. 141.
32. PERLINGIERI, Pietro. *Perfis do direito civil*, p. 55.

6 • DIREITOS DA PERSONALIDADE E DICOTOMIA DIREITO PÚBLICO E PRIVADO   105

de categorias que poderiam ser consideradas intermediárias, híbridas, o que, igualmente, garante a validade da separação dos campos do direito em público e privado.

Aliás, a vitalidade da separação entre as esferas pública e privada pôde ser muito bem constatada quando entrou em vigor a Lei n. 9.434, de 4 de fevereiro de 1997. Tal lei, na tentativa afobada de aumentar o número de transplantes, defendendo, portanto, o interesse público, estabeleceu a presunção de que todo brasileiro autorizava a doação de tecidos, órgãos ou partes do corpo humano para finalidade de transplantes ou terapêutica. Para isso, dispôs que caso assim não desejasse o cidadão, deveria gravar a expressão "não doador de órgãos e tecidos" em seu documento de identidade, o que certamente violava a sua intimidade, uma vez que o documento seria visualizado por um número indeterminado de pessoas.

Ocorre que, em razão de oposição social generalizada, a Lei n. 10.211/2001 revogou a presunção, bem como a gravação da expressão no documento da pessoa,[33] o que está a demonstrar a ainda atual e nítida separação entre as esferas pública e privada. De fato, a sociedade brasileira tem consciência dessas esferas e não admite a invasão desproporcional de uma delas na outra.

Outrossim, a distinção se faz certamente necessária no que toca à didática e à prática, pois organiza as normas e as condutas levando em consideração os distintos objetivos, fundamentos e princípios.[34]

Não é outro o entendimento de Tercio Sampaio Ferraz Junior, que salienta que apesar das críticas, particularmente no que toca à falta de rigor, a dicotomia ainda persevera, dada a sua operacionalidade pragmática e seu enraizamento em quase todo o mundo, servindo ao jurista "como instrumento sistematizador do universo normativo para efeitos de decidibilidade".[35]

E é bastante difícil de se conceber, nos países de tradição romano-germânica, o ensino jurídico apartado da distinção entre o direito público e o direito privado. A dicotomia também foi levada em consideração pelo constituinte brasileiro, que em nossa Carta Magna reconhece a existência de vários setores do direito (e.g. direito civil, comercial, penal, processual, tributário, do trabalho, eleitoral, agrário, marítimo, aeronáutico, espacial, financeiro, econômico), bem como arrola princípios que regem alguns desses ramos jurídicos, o que reforça a sua manutenção, mesmo porque um dos critérios utilizados para a classificação está justamente nos princípios que regem o direito público e o direito privado.

---

33. AZEVEDO, Álvaro Villaça; NICOLAU, Gustavo Rene. *Código Civil comentado*, v. I, p. 57-58.
34. BORGES, Roxana Cardoso Brasileiro. *Direitos de personalidade e autonomia privada*, p. 94.
35. FERRAZ JUNIOR, Tercio Sampaio. *Introdução ao estudo de direito*, p. 138.

Porém, a manutenção da dicotomia não significa que direito público e direito privado devem ser vistos tal qual os viam os juristas do século XIX. Admitir a distinção não significa reconhecer a separação do direito em compartimentos estanques, como pretendiam os autores liberais e cientificistas.

Em realidade, está-se atualmente diante de uma suavização das dessemelhanças, bem como do aumento da complementaridade das esferas. A unidade do ordenamento jurídico não impede o reconhecimento de que os ramos do direito são "compostos por normas com algumas características mais fortes de direito público ou de direito privado, com objetivos e princípios específicos".[36]

A constitucionalização e a funcionalização do direito privado sem dúvida contribuem para o seu afastamento daquele direito privado tradicional, ensinado até tão pouco tempo atrás nos bancos das faculdades de direito do Brasil, que tinha como dogma absoluto a livre vontade dos sujeitos. Deu-se lugar a um direito privado que objetiva "prevenir ingerência nas esferas dos particulares e a intromissão arbitrária da autoridade na liberdade das pessoas".[37]

Em conformidade com essa nova realidade jurídica, adverte Rosa Maria de Andrade Nery que para a delimitação do âmbito de cada um dos termos da presente dicotomia é necessária a análise da finalidade imediata, isto é:

> Se estivermos diante do exercício da atividade do Estado como viabilizadora da estrutura pública capaz de pôr em prática e viabilizar o cumprimento das regras que redundam na proteção do homem – o que acontece frequentemente –, estaremos diante de um fenômeno jurídico com lugar no chamado direito público. Se, por outro lado, o ponto de análise é a gerência de aspectos que viabilizem o exercício de fato e de direito, da humanidade da pessoa, é possível que haja necessidade de se enfrentar o problema a partir de princípios de direito privado.[38]

Por conseguinte, a distinção entre direito público e direito privado ainda é relevante para a ciência jurídica, mesmo porque a sociedade do início do século XXI não abdicou da proteção de sua esfera privada em favor da coletividade. Contudo, o fato de tal diferenciação ter-se tornado mais complexa não significa que ela deixou de existir, mas sim que tornou mais interessante o trabalho dos operadores do direito, que devem deixar para trás as concepções oitocentistas.

---

36. BORGES, Roxana Cardoso Brasileiro. *Direitos de personalidade e autonomia privada*, p. 90.
37. NERY, Rosa Maria de Andrade. *Introdução ao pensamento jurídico e à teoria geral do direito privado*, p. 173.
38. NERY, Rosa Maria de Andrade. *Introdução ao pensamento jurídico e à teoria geral do direito privado*, p. 174.

6.4 A SITUAÇÃO DOS DIREITOS DA PERSONALIDADE DIANTE DA DICOTOMIA

Deixada para trás a cizânia acerca da conservação da distinção entre direito público e privado, passa-se à análise da posição ocupada pelos direitos da personalidade, que muitas vezes são concebidos como categoria de interesses privados, outras vezes como categoria de interesses públicos e até mesmo como categoria de interesses híbridos.

Já foi visto que depois de 1945 os direitos da personalidade se difundiram e se positivaram, mas isso não significou que eles deixaram de manter íntima ligação com os direitos fundamentais, mesmo porque muitos direitos da personalidade estão entre os mais antigos e importantes direitos fundamentais, o que demonstra que essa relação tem sólidos fundamentos históricos.[39]

E a aproximação fica ainda mais evidente quando se observa que os direitos da personalidade se desenvolveram paralelamente ao movimento de constitucionalização do direito civil, daí surgindo o problema de se saber se ao direito civil interessam os conteúdos normativos constitucionalizados, como os direitos da personalidade, ou se tais situações são agora abarcadas pela teoria juspublicista.

Ao lado da questão da constitucionalização do direito civil certamente está o desenvolvimento da doutrina da eficácia "privada" ou "horizontal" (*Drittwirkung*),[40] que dificulta ainda mais a tarefa de situar os direitos da personalidade dentro

---

39. MELLO, Cláudio Ari. Contribuição para uma teoria híbrida dos direitos de personalidade. In: SARLET, Ingo Wolfgang (org.). *O novo Código Civil e a Constituição*, p. 77.

40. Na Alemanha, os direitos fundamentais vinculam de forma imediata o Poder Legislativo, o Poder Executivo e o Poder Judiciário (art. 1, 3, da Lei Fundamental), no entanto, no que toca aos particulares, a vinculação imediata dos direitos fundamentais é reconhecida somente no que toca ao art. 9, 3, da Lei Fundamental, que cuida da liberdade de associação (*Koalitionsfreiheit*). Assim, reconhecem os juristas alemães a teoria da vigência mediata dos direitos fundamentais (*Theorie der mittelbaren Drittwirkung*) sobre todos os ramos do direito, inclusive sobre o direito privado (ROBBERS, Gerhard. *Einführung in das deutsche Recht*, p. 50). Nesse mesmo sentido se manifestou o *Bundesverfassungsgericht* (BVerfG) no caso Lüth. O Tribunal Federal suíço, esclarece Claus-Wilhelm Canaris, também asseverou que "pelo menos a eficácia indirecta em relação a terceiros, no sentido de um imperativo de interpretação das normas de direito privado em conformidade com os direitos fundamentais, é praticamente reconhecida por todos", fazendo desse o seu entendimento (CANARIS, Claus-Wilhelm. *Direitos fundamentais e direito privado*, p. 20-21). Há, entretanto, segundo Heinz Hübner, uma corrente de doutrinadores alemães, entre eles Nipperdey, que reconhecem a eficácia imediata (*unmittelbare Wirkung*) dos direitos fundamentais sobre todos os ramos do direito (HÜBNER, Heinz. *Allgemeiner Teil des Bürgerlichen Gesetzbuches*, p. 65). No mesmo sentido, Luiz Edson Fachin assevera que a aplicabilidade da norma constitucional se dá de forma direta e imediata sobre as relações privadas (FACHIN, Luiz Edson. Fundamentos, limites e transmissibilidade: anotações para uma leitura crítica, construtiva e de índole constitucional da disciplina dos direitos da personalidade no Código Civil brasileiro. In: CORRÊA, Elidia Aparecida de Andrade; GIACOIA, Gilberto; CONRADO, Marcelo (coord.). *Biodireito e dignidade da pessoa humana*, p. 201).

do direito privado. É que tal concepção admite o resguardo dos indivíduos pelos direitos fundamentais em face não somente do abuso do poder estatal, mas também para preservar os seus mais importantes bens e interesses diante das relações que mantêm com outros particulares.

Esses dados conduziram muitos doutrinadores a admitir que a teoria geral dos direitos da personalidade deve "envolver uma confluência e um hibridismo de institutos de direito constitucional e de direito civil".[41]

De fato, como não se pode ignorar que o Estado tem assumido na sociedade contemporânea um novo comportamento perante o cidadão, bem como que os direitos da personalidade têm previsão expressa na Constituição e no Código Civil, a tese do seu caráter dúplice ou híbrido é bastante advogada. Nesse sentido, afirma-se que os direitos da personalidade são "um lócus de encontro entre as duas esferas do universo jurídico", o que lhes dá uma natureza híbrida.[42]

Todavia, se os direitos da personalidade, pelo fato de terem sido constitucionalizados, forem considerados como integrantes de uma categoria híbrida, o mesmo raciocínio deverá ser seguido em relação a todos os demais direitos previstos na Constituição, como é o caso do direito de propriedade (art. 5º, XXII), do direito de herança (art. 5º, XXX), do direito de família (arts. 226 e s.), de todo o direito do trabalho (art. 7º) e muitos outros.

Na verdade, tal raciocínio, considerando que nossa Constituição Federal não é sintética, mas sim analítica, levaria praticamente à extinção do direito privado e ao reconhecimento de que no Brasil só existem direitos híbridos e direitos públicos, o que não é nenhum exagero, uma vez que os brasileiros têm uma verdadeira obsessão pela constitucionalização, bastando lembrar que a nossa Carta Magna cuida até mesmo do Colégio Pedro II (art. 242, § 2º, do ADCT).

Por outro lado, a aceitação da natureza híbrida ou mesmo pública dos direitos da personalidade pode ocasionar a redução da regulamentação da vida do ser humano aos princípios do direito público, conduzindo justamente à despersonalização do homem, que passa a ser um autômato.

De fato, a maciça intromissão do direito público na esfera individual acaba provocando a socialização da personalidade do ser humano, retirando dela sua

---

41. MELLO, Cláudio Ari. Contribuição para uma teoria híbrida dos direitos de personalidade. In: SARLET, Ingo Wolfgang (org.). *O novo Código Civil e a Constituição*, p. 83.
42. MELLO, Cláudio Ari. Contribuição para uma teoria híbrida dos direitos de personalidade. In: SARLET, Ingo Wolfgang (org.). *O novo Código Civil e a Constituição*, p. 81.

6 • DIREITOS DA PERSONALIDADE E DICOTOMIA DIREITO PÚBLICO E PRIVADO

identidade, o que, sem dúvida nenhuma, em nada contribui para a realização da dignidade da pessoa humana.[43]

Não se pode aceitar que o direito seja empregado para permitir à sociedade ou ao Estado a interferência desequilibrada na vida das pessoas, pois nesse campo o papel estatal é extremamente restrito, ficando subordinado à realização da dignidade da pessoa humana, que não se coaduna com o arbítrio do Estado.

É que o Estado e a sociedade não têm o direito de se intrometer na vida privada das pessoas e de "impor aos particulares certos modos de vida íntima ou certas concepções de dignidade que apenas ao próprio indivíduo cabe eleger".[44] Se isso fosse permitido, nossa sociedade não diferiria muito daquela nazifascista, na qual a individualidade de muitas pessoas era sacrificada em nome de um suposto benefício coletivo.

Assim, o reconhecimento de um espaço "reservado à individualidade e às relações intersubjetivas relativamente autônomo em face do Estado" continua a ser uma notável conquista da modernidade,[45] que não pode ser simplesmente ignorada em nome da coletividade.

Aliás, para Perlingieri e Femia não se sustenta, do ponto de vista constitucional, a consideração do interesse público como sendo aquele superior, visto que a autoridade do Estado está na legitimidade dos seus princípios, que não colimam uma relação de subordinação do cidadão, mas sim a realização dos interesses das pessoas.[46]

Nessa linha, deve-se, sem dúvida, reconhecer a importância dos movimentos de reação ao liberalismo e ao neoliberalismo econômico. Entretanto, não se pode adotar a mesma técnica quando se está diante da esfera privada das pessoas, que nada tem a ver com atividades de conteúdo econômico e em nada afetam direitos de terceiros.[47]

O processo de socialização das relações patrimoniais, capitaneado pelo direito constitucional, não deve ser trazido para o campo das relações extrapatrimoniais, pois nesse caso, em vez de uma intromissão benéfica do Estado, estar-se-á diante de uma atuação bastante prejudicial, visto que não se pode simplesmente

---

43. BORGES, Roxana Cardoso Brasileiro. Dos direitos da personalidade. In: LOTUFO, Renan; NANNI, Giovanni Ettore (coord.). *Teoria geral do direito civil*, p. 257.

44. BORGES, Roxana Cardoso Brasileiro. *Direitos de personalidade e autonomia privada*, p. 99.

45. MELLO, Cláudio Ari. Contribuição para uma teoria híbrida dos direitos de personalidade. In: SARLET, Ingo Wolfgang (org.). *O novo Código Civil e a Constituição*, p. 82.

46. PERLINGIERI, Pietro; FEMIA, Pasquale. *Nozioni introduttive e principi fondamentali del diritto civile*, p. 70-71.

47. BORGES, Roxana Cardoso Brasileiro. *Direitos de personalidade e autonomia privada*, p. 98.

funcionalizar a pessoa humana e sua dignidade, subordinando seus direitos mais íntimos ao interesse público.

Pode-se então dizer que na aplicação do direito existe um aspecto individualista e privatista, que tem bastante importância para a pessoa humana, sendo exatamente aí que se localizam os direitos da personalidade.

Com isso, considerando que a vida, a integridade física, a honra, a liberdade, entre outros bens, "satisfazem aspirações e necessidades próprias do indivíduo considerado em si mesmo", os direitos da personalidade fazem parte da esfera privada, pertencendo, por conseguinte, à categoria dos direitos privados.[48]

Nessa mesma linha professa Rosa Maria de Andrade Nery:

> quer porque o direito privado se estrutura a partir do conceito de sujeito; quer porque o direito de humanidade tem por objeto as essências e as potências do ser humano; quer porque o corpo é uma das substâncias de nossa humanidade; quer porque o direito privado se interessa por toda a atividade que tenha relevância econômica, o chamado "direito de personalidade" encontra aqui lugar para discussão e enfrentamento.[49]

Enéas Costa Garcia também vê como sendo de direito privado esse regime jurídico, ainda que seu fundamento último, "tal como ocorre com os direitos fundamentais, possa ser fixado na Constituição".[50]

Renan Lotufo entende que não há como deixar de enquadrar os direitos da personalidade na "categoria dos direitos privados, pois eles satisfazem aspirações e necessidades próprias do indivíduo".[51]

Dessa maneira, não obstante a admissão de algumas interferências do direito público no campo dos direitos da personalidade, tal atuação deve ser bastante limitada, visando tão somente ao atendimento da dignidade da pessoa humana, o que, por si só, não tem o condão de afastar do direito civil a tutela dos direitos da personalidade, mesmo porque o direito privado sempre conviveu com normas cogentes, inafastáveis pela vontade das partes.

Contudo, quando se passa do âmbito dos direitos da personalidade para o patamar constitucional da tutela da dignidade humana, faz-se mister que a proteção seja dada de forma integrada, o que certamente deixa de lado a dicotomia direito público e direito privado, situando-se, na verdade, acima dela,[52] pois a dignidade da pessoa humana é o valor fonte do ordenamento jurídico brasileiro.

---

48. CUPIS, Adriano de. *Os direitos da personalidade*, p. 34.
49. NERY, Rosa Maria de Andrade. *Introdução ao pensamento jurídico e à teoria geral do direito privado*, p. 285.
50. GARCIA, Enéas Costa. *Direito geral da personalidade no sistema jurídico brasileiro*, p. 144.
51. LOTUFO, Renan. *Código Civil comentado*, v. 1, p. 53.
52. TEPEDINO, Gustavo. *Temas de direito civil*, p. 57.

E parece que não há muita divergência no que toca à colocação da tutela da dignidade da pessoa humana acima da distinção entre a seara pública e a privada, dado que, em última instância, a pessoa humana demanda tutela unitária. A despeito disso, a distinção entre direitos fundamentais e direitos da personalidade não deixa de ser assaz importante, tendo em vista o seu papel facilitador do trabalho do operador do direito.

Na doutrina, vale destacar Gustavo Tepedino, que esclarece que a proteção constitucional da dignidade da pessoa humana "supera a setorização da tutela jurídica (a partir da distinção entre os direitos humanos, no âmbito do direito público, e os direitos da personalidade, na órbita do direito privado) bem como a tipificação de situações previamente estipuladas, nas quais pudesse incidir o ordenamento".[53]

E não poderia ser diferente, já que a tutela constitucional da pessoa humana, de acordo com Perlingieri e Femia, funda a legitimidade do ordenamento jurídico e a soberania do próprio Estado.[54]

Por conseguinte, se for seguida uma visão parcial da tutela da pessoa humana, o que certamente é interessante do ponto de vista prático e didático, os direitos da personalidade aparecem, sobretudo, como direitos privados, enquanto os direitos fundamentais se situam no âmbito do direito público. Porém, quando uma visão unitária da pessoa humana for imprescindível para a solução do problema posto, então é manifesta a superação da setorização, já que a dignidade da pessoa humana é a pedra angular do sistema jurídico e não só da seara pública ou privada.

---

53. TEPEDINO, Gustavo. Introdução: crise de fontes normativas e técnica legislativa na parte geral do Código Civil de 2002. In: TEPEDINO, Gustavo (coord.). *A parte geral do novo Código Civil*: estudos na perspectiva civil-constitucional, p. XXIV.
54. PERLINGIERI, Pietro; FEMIA, Pasquale. *Nozioni introduttive e principi fondamentali del diritto civile*, p. 72.

7
O DIREITO GERAL E OS DIREITOS ESPECIAIS DA PERSONALIDADE

7.1 ORIGEM E DESENVOLVIMENTO DO DIREITO GERAL DA PERSONALIDADE

Com o reconhecimento da existência da categoria dos direitos da personalidade, muitos autores entenderam que era viável a sua tipificação. Para tanto, utilizaram a técnica dos direitos subjetivos, o que levava ao reconhecimento de uma pluralidade de direitos da personalidade, incidindo cada um sobre um particular aspecto da personalidade. No entanto, outros teóricos consideraram insuficiente a proteção da pessoa humana por meio de direitos tipificados, sendo necessária uma regra geral, unitária, que compreendesse todos os casos relacionados a bens da personalidade.[1]

A doutrina que defendia a existência de um direito geral da personalidade floresceu na Áustria, na Suíça e na Alemanha. A temática foi inicialmente objeto de investigações teóricas, ainda sem repercussão prática, as quais foram promovidas, entre outros, por Gierke e Regelsberger. Passada a fase teórica, o direito geral da personalidade foi paulatinamente sendo reconhecido judicialmente.

No que diz respeito à Alemanha, o desenvolvimento retrocedeu com a entrada em vigor do Código Civil alemão (BGB). De fato, a codificação alemã não consagrou os direitos da personalidade como categoria autônoma e sistematizada, deles cuidando tão somente em disposições esparsas relativas à responsabilidade civil e por meio da proteção dada ao nome no § 12 do BGB.[2]

Não se pode dizer, entretanto, que os idealizadores do BGB ignoravam os direitos da personalidade. Na verdade, preferiram não incluí-los na codificação, salvo as exceções já mencionadas. Entendiam que as discussões acerca da cate-

---

1. DONEDA, Danilo. Os direitos da personalidade no novo Código Civil. In: TEPEDINO, Gustavo (org.). *A parte geral do novo Código Civil*, p. 42-43.
2. GARCIA, Enéas Costa. *Direito geral da personalidade no sistema jurídico brasileiro*, p. 76.

goria não estavam encerradas,[3] de maneira que a sua inclusão seria precipitada e pouco operacional do ponto de vista do processo legislativo.[4]

Nos anos que seguiram à entrada em vigor do BGB, a doutrina alemã e a jurisprudência do *Reichsgericht* não acolheram a tese da existência de um direito geral da personalidade. A proteção legal ficou então restrita aos bens jurídicos expressamente mencionados, ou seja, aos direitos especiais da personalidade.[5]

De fato, mesmo doutrinadores de destaque, como Enneccerus e Nipperdey, não viam como necessário o reconhecimento de um direito geral da personalidade. Aduziam que os bens unidos indissoluvelmente à pessoa deveriam ter uma proteção absoluta geral igual à dos direitos subjetivos. Tais autores negavam a existência de outros direitos da personalidade além do nome e entendiam que o reconhecimento de um direito geral da personalidade entre os direitos subjetivos provocaria entraves ao progresso, bem como perturbações ao desenvolvimento de outras personalidades.[6]

7.2 O PROBLEMA DA PROTEÇÃO FRACIONADA DOS DIREITOS DA PERSONALIDADE

A proteção fracionada dos direitos da personalidade, ao contrário do que pensavam os autores da época, mostrou-se bastante lacunosa diante do aumento das modernas técnicas que possibilitavam o desrespeito da vida privada e da liberdade, o que foi sentido especialmente após a Segunda Guerra Mundial.[7]

Na Alemanha, o primeiro problema estava na interpretação dada ao § 823, I do BGB,[8] particularmente no que toca à expressão "um outro direito" (*ein sonstiges Recht*), que não abarcava, de acordo com a maioria dos autores, os direitos

---

3. Na fundamentação do BGB, o responsável pela parte geral da codificação, Gebhard, mencionou os trabalhos de Kohler e de Rudolf von Jhering, relativos aos direitos da personalidade (WEICK, Günter. Natürliche Personen, Verbraucher, Unternehmer. In: *J. Von Staudingers Kommentar zum Bürgerlichen Gesetzbuch mit Einführungsgesetz und Nebengesetzen*, p. 173).
4. RIXECKER, Ronald. Allgemeines Persönlichkeitsrecht. In: *Münchener Kommentar zum Bürgerlichen Gesetzbuch*, p. 268.
5. BARTNIK, Marcel. *Der Bildnisschutz im deutschen und französischen Zivilrecht*, p. 20.
6. GARCIA, Enéas Costa. *Direito geral da personalidade no sistema jurídico brasileiro*, p. 77.
7. LARENZ, Karl; WOLF, Manfred. *Allgemeiner Teil des Bürgerlichen Rechts*, p. 147.
8. § 823 do BGB: "Dever de indenizar. (1) Quem dolosa ou culposamente lesar antijuridicamente a vida, o corpo, a saúde, a liberdade, a propriedade ou um outro direito alheio está obrigado a compensar o dano surgido". Vejamos o original: "*§ 823 Schadensersatzpflicht. (1) Wer vorsätzlich oder fahrlässig das Leben, den Körper, die Gesundheit, die Freiheit, das Eigentum oder ein sonstiges Recht eines anderen widerrechtlich verletzt, ist dem anderen zum Ersatz des daraus entstehenden Schadens verpflichtet*".

7 • O DIREITO GERAL E OS DIREITOS ESPECIAIS DA PERSONALIDADE | 115

da personalidade, visto que tal dispositivo era considerado restrito aos direitos subjetivos ligados à propriedade.[9]

De acordo com Dieter Medicus, o BGB não chegou mesmo a acolher, entre os bens protegidos pelo § 823, nem um direito geral da personalidade e nem um direito à honra. Aliás, para a proteção da honra era necessária uma interpretação bastante complexa, que combinava os §§ 826 e 823, II do BGB, bem como os §§ 185 e seguintes do Código Penal (*Strafgesetzbuch* – StGB)6.[10]

Outro problema consistia no fato de que a enumeração dos bens protegidos pelo § 823, II do BGB era considerada exaustiva, de forma que os demais bens da personalidade somente eram protegidos se fossem reconhecidos por normas legais especiais.

Ademais, o § 826 do BGB, não obstante a vagueza da expressão "bons costumes", suficiente para funcionar como uma cláusula geral, tinha seu âmbito limitado, visto que requeria a existência de dolo.[11]

7.3 O RECONHECIMENTO DO DIREITO GERAL DA PERSONALIDADE NA ALEMANHA

Todo esse quadro somente se modificou na Alemanha com as decisões proferidas em 25 de maio de 1954 (*Leserbrief*)[12] e em 14 de fevereiro de 1958 (*Herrenreiter*),[13] quando o Tribunal Federal de Justiça (*Bundesgerichtshof* – BGH), em uma inimaginável mudança de paradigma, reconheceu o direito geral da personalidade.[14]

Além da admissão do direito geral da personalidade, é de se destacar que no caso *Herrenreiter* também foi reconhecida a pretensão a uma indenização em dinheiro. Tal prestação pecuniária estaria fundada na ocorrência de um dano imaterial,[15] de uma severa lesão ao direito geral da personalidade, o que não tinha

---

9. GARCIA, Enéas Costa. *Direito geral da personalidade no sistema jurídico brasileiro*, p. 78.

10. MEDICUS, Dieter. *Allgemeiner Teil des BGB*, p. 423.

11. GARCIA, Enéas Costa. *Direito geral da personalidade no sistema jurídico brasileiro*, p. 79.

12. No caso *Leserbrief*, discutia-se a proteção de cartas missivas, visto que um periódico publicou uma carta de um advogado, na rubrica "cartas do leitor", sem sua autorização (CORDEIRO, António Menezes. *Tratado de direito civil português*, Parte Geral, t. III, p. 46).

13. No caso *Herrenreiter*, o réu, farmacêutico, elaborou um cartaz publicitário referente a um produto com supostas propriedades afrodisíacas, colocando no cartaz a imagem do autor, sem sua autorização para o uso publicitário (CORDEIRO, António Menezes, *Tratado de direito civil português*, Parte Geral, t. III, p. 46).

14. RIXECKER, Ronald. Allgemeines Persönlichkeitsrecht. In: *Münchener Kommentar zum Bürgerlichen Gesetzbuch*, p. 268.

15. RIXECKER, Ronald. Allgemeines Persönlichkeitsrecht. In: *Münchener Kommentar zum Bürgerlichen Gesetzbuch*, p. 268.

previsão expressa no BGB e contrariava o § 253,[16] que só admitia indenização em casos expressamente previstos em lei. Posteriormente, a despeito de contrariar o disposto no § 253, tal entendimento foi confirmado pelo BGH em 1965, no caso *Soraya*, e em 1973 pelo Tribunal Federal Constitucional (*Bundesverfassungsgericht*).[17]

A mudança de orientação do direito alemão veio como decorrência da Lei Fundamental de Bonn (*Grundgesetz* – GG), que ao proteger a dignidade da pessoa humana e o direito ao livre desenvolvimento da personalidade (arts. 1º e 2º da GG) exigiu o reconhecimento de um direito geral da personalidade,[18] cujo fundamento legal, de acordo com o BGH, estaria justamente no § 823, I do BGB. E tal proteção encontrou respaldo justamente na interpretação da expressão "um outro direito" (*ein sonstiges Recht*), integrante do § 823, I do BGB, mas que não era acolhida pela doutrina e nem pela jurisprudência anteriores à Lei Fundamental de Bonn.[19]

A partir das decisões do BGH e da mudança de posicionamento da doutrina, a dignidade do homem (*Menschenwürde*) e o direito ao livre desenvolvimento da personalidade (*Recht auf freie Entfaltung der Persönlichkeit*) passaram a ser vistos pelos alemães como um direito-fonte (*Quellrecht*), um direito-mãe (*Mutterrecht*), do qual todos os outros emanariam.[20]

A despeito de todo esse desenvolvimento, o direito geral da personalidade ainda se mantém como uma criação da prática jurídica e da doutrina alemãs, haja vista que nenhum tratamento legal[21] foi dado ao tema, o que já foi qualificado como uma "fuga do legislador da responsabilidade política".[22]

De qualquer forma, não obstante todos esses percalços, a teoria do direito geral da personalidade é amplamente acolhida na Alemanha. Todavia, existem

---

16. WEICK, Günter. Natürliche Personen, Verbraucher, Unternehmer. In: *J. von Staudingers Kommentar zum Bürgerlichen Gesetzbuch mit Einführungsgesetz und Nebengesetzen*, p. 174.

17. PINTO, Paulo Mota. Notas sobre o direito ao livre desenvolvimento da personalidade e os direitos de personalidade no direito português. In: SARLET, Ingo Wolfgang. *A Constituição concretizada*: construindo pontes com o público e o privado, p. 70.

18. MEDICUS, Dieter. *Grundwissen zum Bürgerlichen Recht*, p. 207.

19. BARTNIK, Marcel. *Der Bildnisschutz im deutschen und französischen Zivilrecht*, p. 19-20.

20. SZANIAWSKI, Elimar. *Direitos de personalidade e sua tutela*, p. 106.

21. Noticia Paulo Mota Pinto que em 1959 foi apresentado um projeto de lei para a reordenação da proteção da personalidade e da honra, o que levaria a uma alteração no BGB. Todavia, em razão da pressão exercida pela imprensa, tal proposta, chamada pejorativamente de *Lex Soraya*, não chegou a ser acolhida (PINTO, Paulo Mota. Notas sobre o direito ao livre desenvolvimento da personalidade e os direitos de personalidade no direito português. In: SARLET, Ingo Wolfgang. *A Constituição concretizada*: construindo pontes com o público e o privado, p. 70).

22. PINTO, Paulo Mota. Notas sobre o direito ao livre desenvolvimento da personalidade e os direitos de personalidade no direito português. In: SARLET, Ingo Wolfgang. *A Constituição concretizada*: construindo pontes com o público e o privado, p. 70.

autores mais recentes, como Canaris, que consideram a opção pela definição de âmbitos de proteção do direito da personalidade, o que pode levar a uma regressão do direito geral da personalidade.[23]

7.4 O DIREITO GERAL DA PERSONALIDADE NA SUÍÇA E ÁUSTRIA

Na Suíça o direito geral da personalidade se impôs mais cedo, tendo sido seu desenvolvimento menos traumático que o alemão. Realmente, o Código Civil suíço (*Zivilgesetzbuch* – ZGB), de 10 de dezembro de 1907, anterior, portanto, à doutrina alemã do direito geral da personalidade, já consagrava expressamente, em seu art. 28,[24] uma cláusula geral protetora da personalidade humana, que foi inspirada na doutrina de Otto von Gierke (*Deutsches Privatrecht*).[25]

Tal regra tinha o sentido de proteger não somente os interesses morais, mas também a atividade econômica de uma pessoa.[26] E nesse ponto Franz Wieacker já considera a obra de Eugen Huber, maior responsável pela elaboração do Código Civil suíço, como o "fruto legislativo mais amadurecido da ciência de língua alemã do séc. XIX".[27]

No entanto, com a rápida evolução da sociedade e da ciência no século XX, viu-se que o art. 28 do Código Civil helvécio não estava mais garantindo uma tutela satisfatória da personalidade. Assim, para a ampliação dessa tutela, a redação do referido artigo foi alterada por uma lei de 16 de dezembro de 1983, em vigor desde 1º de julho de 1985.[28]

Entretanto, é de se ressaltar que o trabalho do legislador suíço não se resumiu à alteração do art. 28, visto que também foram inseridos diversos dispositivos complementares.[29] Dessa forma, além do art. 28 originário, possui hoje o Código Civil suíço a sequência que vai dos arts. 28 "a" ao "l".

---

23. CORDEIRO, António Menezes. *Tratado de direito civil português*, Parte Geral, t. III, p. 48.
24. Redação original do art. 28: "*Celui qui subit une atteinte illicite dans ces intérêts personnels peut demander au juge de la faire cesser*". Tradução livre: "Aquele que sofre um atentado ilícito nos seus interesses pessoais pode demandar ao juiz que o faça cessar".
25. SZANIAWSKI, Elimar. *Direitos de personalidade e sua tutela*, p. 94.
26. KAYSER, Pierre. Les droits de la personnalité. *Revue Trimestrielle de Droit Civil*, t. 69, n. 3, 1971, p. 487.
27. WIEACKER, Franz. *História do direito privado moderno*, p. 564.
28. BIASIO, Giorgio De; FOGLIA, Aldo. *Introduzione ai codici di diritto privato svizzero*, p. 155.
29. A nova redação do art. 28 do ZGB é a seguinte: "*Wer in seiner Persönlichkeit widerrechtlich verletzt wird, kann zu seinem Schutz gegen jeden, der an der Verletzung mitwirkt, den Richter anrufen*". Tradução livre: "Quem é ilicitamente lesionado em sua personalidade pode para sua proteção pedir a intervenção do juiz contra aquele que participou da ofensa". Por conseguinte, são condições para a proteção da personalidade: a) a sua lesão; b) o comportamento ilícito (LOCHER, René. *Persönlichkeitsschutz und Adoptionsgeheimnis*, p. 22).

Como consequência da inovação legislativa, o conceito adotado de personalidade deve ser compreendido em sentido amplo, abrangendo tudo aquilo que serve para individualizar uma pessoa e se mostra digno de proteção nas relações interpessoais. Cabe então aos juízes a definição dos contornos da personalidade, adaptando a noção à evolução das necessidades e ao surgimento de novos perigos.[30] E nesse contexto, os tribunais suíços passaram a construir uma nova jurisprudência acerca do direito geral da personalidade, bem como dos limites de sua atuação,[31] mais condizente com as atuais necessidades da sociedade.

Ademais, existe também no direito suíço a previsão, além da determinação abstrata e geral contida no art. 28 do ZGB, dispositivos que outorgam proteção a pontos específicos da personalidade, como é o caso do art. 301, 2 do ZGB, bem como a Lei sobre direitos autorais (*Urheberrechtsgesetz*). Diante desses preceitos específicos a cláusula geral de proteção da personalidade vale apenas subsidiariamente.[32]

Por outro lado, em face do reconhecimento do direito geral da personalidade, não é necessária uma enumeração detalhada dos bens da personalidade. Não existe um *numerus clausus* dos direitos da personalidade. Isso permite uma proteção mais ampla da personalidade, a qual seria bastante limitada se o legislador suíço tivesse seguido apenas o modelo tradicional da enumeração dos valores protegidos.[33]

A situação não é diversa na Áustria, onde a doutrina continua atualmente a defender a existência do direito geral da personalidade, que retira sua força do § 16 do ABGB.[34]

7.5 A PLURALIDADE DOS DIREITOS DA PERSONALIDADE NA ITÁLIA

Na Itália, a posição majoritária da jurisprudência e da doutrina acolhia inicialmente um *numerus clausus* de direitos da personalidade, já que o Código Civil de 1942 fez referência aos direitos da personalidade e não a um direito geral da personalidade. Essa é a tese defendida por Adriano de Cupis, que só admite a tutela de direitos da personalidade fracionados e tipificados em lei.[35]

---

30. BIASIO, Giorgio De; FOGLIA, Aldo. *Introduzione ai codici di diritto privato svizzero*, p. 160.
31. SZANIAWSKI, Elimar. *Direitos de personalidade e sua tutela*, p. 97.
32. LOCHER, René. *Persönlichkeitsschutz und Adoptionsgeheimnis*, p. 24-25.
33. BIASIO, Giorgio De; FOGLIA, Aldo. *Introduzione ai codici di diritto privato svizzero*, p. 160.
34. CAPELO DE SOUSA, Rabindranath Valentino Aleixo. *O direito geral de personalidade*, p. 71.
35. CUPIS, Adriano de. *I diritti della personalità*, passim.

Hodiernamente, entretanto, há autores defendendo que a Constituição italiana teria mudado substancialmente esse quadro, reconhecendo, em seu art. 2º,[36] uma cláusula geral de tutela da pessoa humana, que permite estender a tutela a situações atípicas, levando ao reconhecimento do direito geral da personalidade.[37]

Daí afirmar Perlingieri que a "tutela da personalidade pode-se considerar unitária, não definida, sem limites, elástica, adaptável quanto mais possível às situações concretas e às condições culturais e ambientais nas quais ela se realiza".[38]

Contudo, ressalta Capelo de Sousa que a doutrina italiana largamente majoritária "defende a exclusividade da existência de direitos particulares de personalidade", o que não impede o reconhecimento de um leque bastante amplo de direitos especiais da personalidade, cujo fundamento estaria no "chamado direito ao *id quod interest* decorrente das reacções penais e no art. 2º da Constituição da República Italiana".[39]

Por conseguinte, não teria vingado na Itália a doutrina unitária, orientando-se a maioria dos autores peninsulares num sentido oposto, "em direção a uma concepção pluralista dos direitos da personalidade".[40]

7.6 OS DIREITOS DA PERSONALIDADE NA FRANÇA

Na França, a Lei n. 70-643, de 17.07.1970, introduziu um novo art. 9º no Código Civil,[41] o qual criou as bases legais para a proteção da personalidade, proclamando o princípio do respeito pela vida privada das pessoas.[42] Seguiram-se outras leis importantes, como a Lei n. 78-17, de 06.01.1978, relativa à proteção diante da informática; a Lei n. 93-2, de 04.01.1993, que inseriu a presunção de inocência no art. 9º do Código Civil; e a Lei n. 94-653, de 29.07.1994, que introduziu no art. 16 do Código Civil o direito ao respeito do ser humano e seu corpo.[43]

No entanto, o Judiciário francês já tinha, anteriormente, com apoio nas regras gerais de responsabilidade civil (arts. 1.382 e 1.382 do CC), desenvolvido uma

---

36. "Art. 2º A República reconhece e garante os direitos invioláveis do homem, seja como indivíduo, seja nas formações sociais onde desenvolve a sua personalidade e exige o cumprimento dos deveres inderrogáveis de solidariedade política, econômica e social".
37. PERLINGIERI, Pietro. *Perfis do direito civil*, p. 155.
38. PERLINGIERI, Pietro. *Il diritto civile nella legalità costituzionale*, p. 325.
39. CAPELO DE SOUSA, Rabindranath Valentino Aleixo. *O direito geral de personalidade*, p. 129.
40. COSTA JÚNIOR, Paulo José da. *O direito de estar só*, p. 60.
41. "*Art. 9º Chacun a droit au respect de sa vie privée*". Tradução livre: "Cada um tem direito ao respeito de sua vida privada".
42. WEICK, Günter. Natürliche Personen, Verbraucher, Unternehmer. In: *J. von Staudingers Kommentar zum Bürgerlichen Gesetzbuch mit Einführungsgesetz und Nebengesetzen*, p. 183.
43. CORDEIRO, António Menezes. *Tratado de direito civil português*, Parte Geral, t. III, p. 42.

ampla proteção da personalidade, bem como garantido a indenização de danos imateriais. Por isso, destaca-se na França a importante colaboração pretoriana para a categoria dos direitos da personalidade, chegando-se a qualificá-la como "*une création prétorienne*".[44]

Como decorrência desse pragmatismo da proteção da personalidade, a doutrina gaulesa não chegou a reconhecer um direito geral da personalidade, não obstante a admissão dos "*droits de la personalité*".[45]

Os principais problemas da doutrina do direito geral da personalidade, de acordo com os franceses, estariam na sua indeterminação e na abrangência de categorias diversas de direitos.[46]

Além disso, a previsão legal do direito geral da personalidade, como se pretendeu no anteprojeto de Código Civil francês, não seria de grande utilidade, uma vez que os tribunais franceses reconhecem a existência de um direito da personalidade em todos os casos em que parece útil a proteção de um interesse moral.[47]

7.7 OS DIREITOS DA PERSONALIDADE EM PORTUGAL

Em Portugal, o direito geral da personalidade não é unanimidade, sendo aceito na Faculdade de Direito de Coimbra e rejeitado na Faculdade de Direito de Lisboa, abstendo-se a jurisprudência dominantemente de tomar posição.[48]

Esse direito geral é acolhido pelos seguintes doutrinadores portugueses: Leite de Campos, Capelo de Sousa, Álvaro Dias, Paulo Mota Pinto e Nuno Pinto Oliveira.[49]

Em sentido contrário opina José de Oliveira Ascensão: "Não há necessidade de semelhante solução, porque o problema pode ser resolvido, mais satisfatoriamente até, pela via alternativa do reconhecimento, em regime de *numerus apertus*, de direitos especiais de personalidade".[50]

Ocorre que, pelo menos desde o Código Civil de 1966, ressalvadas as vozes discordantes, o direito português reconhece, tanto na doutrina como

---

44. LOISEAU, Grégoire. *Le droit des personnes*, p. 225-226.
45. WEICK, Günter. Natürliche Personen, Verbraucher, Unternehmer. In: *J. von Staudingers Kommentar zum Bürgerlichen Gesetzbuch mit Einführungsgesetz und Nebengesetzen*, p. 183.
46. PINTO, Paulo Mota. Notas sobre o direito ao livre desenvolvimento da personalidade e os direitos de personalidade no direito português. In: SARLET, Ingo Wolfgang. *A Constituição concretizada: construindo pontes com o público e o privado*, p. 70.
47. KAYSER, Pierre. Les droits de la personnalité. *Revue Trimestrielle de Droit Civil*, t. 69, n. 3, p. 488.
48. ASCENSÃO, José de Oliveira. *Direito civil teoria geral*, v. I, p. 86.
49. CORDEIRO, António Menezes. *Tratado de direito civil português*, Parte Geral, t. III, p. 80-81.
50. ASCENSÃO, José de Oliveira. *Direito civil teoria geral*, v. I, p. 87.

7 • O DIREITO GERAL E OS DIREITOS ESPECIAIS DA PERSONALIDADE

na jurisprudência, um direito geral da personalidade, que teria sido consagrado pelo art. 70 do Código Civil,[51] permitindo a tutela de "bens pessoais não tipificados, designadamente protegendo aspectos da personalidade cuja lesão ou ameaça de violação só com a evolução dos tempos assumam um significado ilícito".[52]

Por tudo isso, pode-se afirmar hodiernamente que o direito geral da personalidade não é uma figura exclusivamente germânica, mas sim uma concepção que está ganhando espaço na maioria das ordens jurídicas de tradição romano--germânica, sobretudo em relação àquela concepção de direitos da personalidade como *numerus clausus*.[53]

7.8 O DIREITO GERAL DA PERSONALIDADE E OS DIREITOS ESPECIAIS

O direito geral da personalidade tutela de forma global a personalidade. Está ligado à concepção de pessoa humana como um valor unitário. Por isso, tal doutrina não admite que a tutela da pessoa possa ser fracionada em situações autônomas, devendo ser protegida como problema unitário, dado que seu fundamento, vale ressaltar, está exatamente na unidade do valor da pessoa.[54] E não poderia ser diferente, já que decorre da própria natureza das coisas que o ser humano é uno e irredutível.

Ao lado dessa unidade, tem-se também a complexidade e a dinamicidade da personalidade, que inviabilizam a sua proteção unicamente por meio de direitos típicos. De fato, por mais perspicaz que seja o legislador, sempre escaparão do seu poder de previsão diversas vicissitudes da personalidade humana.[55]

É que os direitos da personalidade são uma categoria em expansão, pois na medida em que a sociedade fica mais complexa, que novas tecnologias são desenvolvidas, novos problemas surgem, os quais demandam o reconhecimento de novos direitos, o que, juntamente com a questão aventada

---

51. Vale notar que o art. 70 do Código Civil português foi inspirado nos trabalhos da Comissão de Reforma do Código Civil francês (1950-1951), que adotou um anteprojeto sobre direitos da personalidade, prevendo, em seu art. 19, o seguinte: "Todo o atentado ilícito à personalidade dá àquele que o sofra o direito de pedir que seja posto cobro a isso, sem prejuízo da responsabilidade que, daí, possa resultar para o seu autor" (CORDEIRO, António Menezes. *Tratado de Direito Civil Português*, Parte Geral, t. III, p. 60).
52. PINTO, Carlos Alberto da Mota. *Teoria geral do direito civil*, p. 209-210.
53. PINTO, Paulo Mota. Notas sobre o direito ao livre desenvolvimento da personalidade e os direitos de personalidade no direito português. In: SARLET, Ingo Wolfgang. *A Constituição concretizada*: construindo pontes com o público e o privado, p. 68.
54. PERLINGIERI, Pietro. *Il diritto civile nella legalità costituzionale*, p. 324.
55. GARCIA, Enéas Costa. *Direito geral da personalidade no sistema jurídico brasileiro*, p. 161.

no parágrafo anterior, torna deficiente uma tutela da personalidade apenas por direitos típicos.[56]

Perlingieri, nessa mesma linha, ensina que o fundamento dos direitos da personalidade é único, representado pela unidade do valor da pessoa, porém, as possíveis manifestações da personalidade são múltiplas e nem todas são preventivamente identificáveis.[57]

Assim, o reconhecimento do direito geral da personalidade é marcado por sua dinâmica evolutiva e contextualizadora, bem como pela multiplicidade de expressões, o que, em última instância, nada mais é que uma decorrência natural do próprio valor humano protegido pelo direito.[58]

Ademais, além da fragmentação da personalidade proposta pelas concepções atomísticas, outro problema a ser destacado estaria no fato de que na raiz delas são encontrados ensinamentos tendentes a prestigiar um ordenamento jurídico voltado prevalentemente para a proteção das situações patrimoniais.[59] Isso certamente está em descompasso com a proteção dada à pessoa atualmente pelo ordenamento jurídico.

Ora, com base em tais argumentos, os defensores do direito geral da personalidade rechaçam as teorias atomísticas, que dão origem a um catálogo de direitos da personalidade tipificados e admitem o fracionamento da pessoa humana em isolados interesses não intercomunicáveis entre si.

Todavia, não obstante a certeza quanto à unidade da pessoa humana, a doutrina do direito geral da personalidade também não pode ser levada ao extremo, visto que, ao lado de um direito geral, a proteção dos seres humanos também pode ser realizada por meio de direitos expressamente tipificados no ordenamento jurídico, que proporcionariam uma eficaz tutela da personalidade.

Realmente, dentro dessa perspectiva é perfeitamente possível a individualização de uma série de manifestações específicas da personalidade, que têm como conteúdo aspectos particulares da personalidade. E tal tratamento específico não somente amplia, e em algumas situações condiciona, a proteção da personalidade, mas ainda pode externar uma determinada posição do legislador diante do conflito de interesses.[60]

---

56. BORGES, Roxana Cardoso Brasileiro. Dos direitos da personalidade. In: LOTUFO, Renan; NANNI, Giovanni Ettore (coord.). *Teoria geral do direito civil*, p. 251.
57. PERLINGIERI, Pietro. *Istituzioni di diritto civile*, p. 82.
58. MELLO, Cláudio Ari. Contribuição para uma teoria híbrida dos direitos de personalidade. In: SARLET, Ingo Wolfgang (org.). *O novo Código Civil e a Constituição*, p. 87.
59. PERLINGIERI, Pietro. *Il diritto civile nella legalità costituzionale*, p. 324.
60. GARCIA, Enéas Costa. *Direito geral da personalidade no sistema jurídico brasileiro*, p. 161.

Além disso, deve-se salientar que o sistema fulcrado exclusivamente numa cláusula geral levaria a uma tutela mais lenta e complexa, uma vez que todo tipo de violação deveria ser reconhecido a partir da concretização do direito geral da personalidade.

Daí que a previsão de alguns direitos da personalidade na Constituição e nas normas infraconstitucionais acaba tornando a sua proteção mais rápida e direta,[61] visto que seu conteúdo, em relação ao direito geral, é mais concreto e determinado.[62]

Desse modo, reconhecida a unidade da pessoa humana e sem prejuízo de sua tutela geral, não se deve descartar a possibilidade da sua coexistência com direitos típicos da personalidade, os quais, em realidade, acabam por tutelar o próprio direito geral da personalidade.[63] Por isso, não há que se falar em antinomia, mas sim em complementaridade,[64] a qual somente traz vantagens para a proteção do ser humano, fim do ordenamento jurídico.

Esse também é o entendimento de Capelo de Sousa, que defende a ideia da coexistência das estruturas normativas complementares do direito geral da personalidade e dos direitos especiais da personalidade. Desse modo, rejeita "tanto a concepção de que só haverá um direito geral de personalidade e já não direitos especiais de personalidade como a ideia da inexistência de um direito geral de personalidade e da emergência apenas de direitos especiais de personalidade".[65]

É justamente isso que ocorre na Alemanha, onde, ao lado do direito geral da personalidade, existem os direitos especiais da personalidade (*besondere Persönlichkeitsrechte*), tais como o direito ao nome (§ 12 do BGB), o direito moral de autor (§§ 12 a 14 da Lei sobre direitos de autor – *Urhebergesetz* – UrhG) e o direito à própria imagem (§§ 22 e s. da Lei sobre os direitos de autor de obras de arte visuais e fotografia – *Kunsturhebergesetz* – KunstUrhG).[66]

Perlingieri também não vê incompatibilidade no direito italiano entre a tutela da pessoa como valor unitário e a consideração autônoma de algumas expressões da personalidade.[67]

---

61. BORGES, Roxana Cardoso Brasileiro. *Direitos de personalidade e autonomia privada*, p. 25.
62. LARENZ, Karl; WOLF, Manfred. *Allgemeiner Teil des Bürgerlichen Rechts*, p. 285.
63. BROX, Hans; WALKER, Wolf-Dietrich. *Allgemeiner Teil des BGB*, p. 365.
64. GARCIA, Enéas Costa. *Direito geral da personalidade no sistema jurídico brasileiro*, p. 161-162.
65. CAPELO DE SOUSA, Rabindranath Valentino Aleixo. *O direito geral de personalidade*, p. 562.
66. WEICK, Günter. Natürliche Personen, Verbraucher, Unternehmer. In: *J. von Staudingers Kommentar zum Bürgerlichen Gesetzbuch mit Einführungsgesetz und Nebengesetzen*, p. 179.
67. PERLINGIERI, Pietro. *Il diritto civile nella legalità costituzionale*, p. 325.

Por conseguinte, vê-se que a associação de uma cláusula geral de proteção da personalidade com uma série de direitos específicos de personalidade constitui uma boa técnica jurídica para o tratamento dos direitos da personalidade.

Entretanto, dessa associação surge um novo problema, o de se estabelecer adequadamente a relação existente entre o direito geral da personalidade e os direitos especiais da personalidade.

O direito geral da personalidade fundamenta, informa e serve de princípio geral mesmo aos direitos especiais da personalidade, uma vez que é visto como um direito-mãe ou um direito-fonte. No entanto, sua aplicação se dá de forma subsidiária aos direitos especiais da personalidade, sendo englobante dos mesmos, que, por seu turno, não esgotam o bem geral da personalidade.[68] Assim, pode-se dizer que os direitos tipificados seriam manifestações parciais da tutela globalmente conferida pelo direito geral da personalidade.

Desta feita, havendo regulamentação específica, em princípio não há que se lugar na incidência do direito geral da personalidade, já que os direitos especiais da personalidade têm caráter de *leges speciales*. Por outro lado, em caso de lesão à personalidade não tipicamente regulada, incide em toda plenitude o direito geral da personalidade, o que é, inclusive, uma das grandes vantagens de sua aplicação, isto é, a colmatação de eventuais brechas deixadas pelo direito positivado.[69]

Mais complicada é, todavia, a hipótese de um real concurso do direito geral da personalidade com um ou vários direitos especiais, que ocorrerá "quando se trate de assunções ou violações pelo mesmo acto de zonas múltiplas da personalidade humana, umas tuteladas especialmente na lei e outras abrangidas pelo regime regra". Nesse caso, obtempera Capelo de Sousa que, na falta de disposição legal expressa, aplicar-se-á cumulativamente o direito geral da personalidade e o direito ou os direitos especiais envolvidos.[70]

Portanto, a utilização tão somente do direito geral da personalidade ou dos direitos especiais acaba por limitar a plena eficácia da própria Lei Fundamental, que demanda a mais ampla proteção da dignidade da pessoa humana, o que não é alcançado quando se adota apenas uma das concepções, ou seja, o direito geral da personalidade em detrimento dos direitos especiais ou vice-versa.

---

68. CAPELO DE SOUSA, Rabindranath Valentino Aleixo. *O direito geral de personalidade*, p. 560.
69. GARCIA, Enéas Costa. *Direito geral da personalidade no sistema jurídico brasileiro*, p. 164.
70. CAPELO DE SOUSA, Rabindranath Valentino Aleixo. *O direito geral de personalidade*, p. 575.

7.9 O DIREITO GERAL DA PERSONALIDADE NO ORDENAMENTO JURÍDICO BRASILEIRO

No Brasil, os doutrinadores foram muito influenciados pelas teorias tipificadoras, muito defendidas por juristas italianos, como Adriano de Cupis, cuja obra foi a base para muitos escritos nacionais.

Aliás, isso se fez sentir no Código Civil de 2002, que previu, de forma semelhante ao Código Civil italiano de 1942, um capítulo sobre os direitos da personalidade.

Todavia, apesar da promulgação do nosso Código Civil em pleno século XXI, parece-nos que, pelo menos no que toca aos direitos da personalidade, nossa legislação poderia ter avançado mais, prevendo expressamente, ao lado dos direitos especiais da personalidade, uma tutela geral da personalidade.

De fato, na Exposição de Motivos do Anteprojeto do Código Civil já se pode perceber que o legislador buscava com o novo capítulo apenas enunciar poucas normas sobre direitos da personalidade, dotadas de rigor e clareza, o que certamente não coincide com a adoção de uma cláusula geral de tutela da personalidade.

Com isso, entre os estudiosos prevalece o entendimento no sentido de que o Código Civil de 2002 não consagrou expressamente uma cláusula de proteção ou tutela geral da personalidade. Prefere-se a concepção externada pela doutrina tradicional dos direitos típicos, tomando a pessoa de forma fragmentada.[71]

E isso fica evidente no início do capítulo dos direitos da personalidade, dado que em vez de prever expressamente a tutela geral da personalidade já no art. 11, que abre o capítulo, o codificador brasileiro preferiu tão somente a enunciação, nesse artigo, de algumas das características do regime dos diretos da personalidade.[72]

Contudo, ainda que não tenha havido o reconhecimento expresso do direito geral da personalidade, nada impede sua admissão por meio de uma interpretação conjunta das normas do Código Civil e da Constituição, como fizeram os alemães, que hoje, a despeito da ausência de previsão expressa no BGB, não têm dúvidas quanto ao seu acolhimento pelo ordenamento jurídico.

Assim, a falta de previsão expressa de uma cláusula geral de tutela da personalidade, à diferença do que ocorreu em outros países como Portugal (art. 70 do

---

71. GARCIA, Enéas Costa. *Direito geral da personalidade no sistema jurídico brasileiro*, p. 197.
72. PINTO, Paulo Mota. Direitos de personalidade no Código Civil português e no novo Código Civil brasileiro. *Revista Jurídica*, v. 51, n. 314, p. 14, dez. 2003.

Código Civil), Suíça (art. 28 do ZGB) e Cabo Verde (art. 68 do Código Civil[73]), não deve ser sobrevalorizada,[74] haja vista a possibilidade de seu reconhecimento implícito, como decorrência da própria Constituição.

Nesse quadro, a vanguarda da doutrina brasileira considera que o direito geral da personalidade está implícito em nosso ordenamento jurídico. Sustenta-se no princípio da dignidade da pessoa humana (art. 1º, III, da CF), na permissão constitucional do reconhecimento de outros direitos e garantias (art. 5º, § 2º, da CF), bem como no art. 12 do Código Civil de 2002, que funcionaria como cláusula de abertura formal do sistema.

Esse é o entendimento esposado por Maria Celina Bodin de Moraes, que assevera que não há mais "que se discutir sobre uma enumeração taxativa ou exemplificativa dos direitos da personalidade, já que se está em presença, a partir do princípio constitucional da dignidade, de uma cláusula geral de tutela da pessoa humana".[75]

Ademais, vale acrescentar que o Enunciado 274 das Jornadas de Direito Civil do Conselho da Justiça Federal parece sinalizar exatamente nesse sentido ao dispor que: "Os direitos da personalidade, regulados de maneira não exaustiva pelo Código Civil, são expressões da cláusula geral de tutela da pessoa humana, contida no art. 1º, III, da Constituição (princípio da dignidade da pessoa humana). Em caso de colisão entre eles, como nenhum pode sobrelevar os demais, deve-se aplicar a técnica da ponderação".

Ainda, ao lado desse direito geral da personalidade, não se pode negar a existência em nosso ordenamento jurídico de direitos especiais da personalidade, que estão expressos na Constituição e em normas infraconstitucionais e, em última análise, nada mais são do que manifestações parciais do direito geral da personalidade. Daí se pode concluir que essas listas de direitos especiais são exemplificativas, refletindo um dado momento histórico (art. 5º, § 2º, da CF).

Tem-se, por conseguinte, nas palavras de Franciso Amaral, "um direito geral da personalidade, que considera um bem objeto da tutela jurídica geral, e defende a inviolabilidade da pessoa humana, nos seus aspectos físico, moral e

---

73. O Código Civil de Cabo Verde estabelece em seu art. 68, que abre a seção dos direitos da personalidade, uma tutela geral da personalidade: "1. A lei protege os indivíduos contra qualquer ofensa ilícita ou ameaça de ofensa à sua personalidade física ou moral. 2. Independentemente da responsabilidade civil a que haja lugar, a pessoa ameaçada ou ofendida pode requerer as providências adequadas às circunstâncias do caso, com o fim de evitar a consumação da ameaça ou atenuar os efeitos da ofensa já cometida".

74. PINTO, Paulo Mota. Direitos de personalidade no Código Civil português e no novo Código Civil brasileiro, *Revista Jurídica*, v. 51, n. 314, p. 15.

75. MORAES, Maria Celina Bodin de. *Na medida da pessoa humana*, p. 112.

intelectual". E, por outro lado, existem direitos especiais, correspondentes a esses aspectos parciais da personalidade.[76]

Não obstante tudo isso, a maioria da doutrina brasileira trata os direitos da personalidade como uma lista de direitos autônomos entre si (corrente pluralista), sendo que dentre os pluralistas há uma corrente que concebe uma série aberta de direitos da personalidade, enquanto que outra defende a taxatividade dos direitos da personalidade.[77]

Paulo José da Costa Júnior está entre os defensores da corrente pluralista, argumentando que cada um dos vários bens personalíssimos tutelados é "dotado de determinadas peculiaridades, o que impede sua unificação". E arremata afirmando que não "seria possível que o *jus positum* fosse dotado de uma defesa única, de caráter genérico, contra todos os possíveis ataques que viessem a sofrer os vários componentes da personalidade".[78]

Outro paladino da corrente pluralista é Silvio Romero Beltrão, que adota um regime *numerus apertus* de direitos da personalidade, criticando o direito geral da personalidade pelo fato de ele impor "a generalização das situações protegidas, com o indivíduo tendo que se defender não do caso típico, mas sim do direito geral, o que pode provocar insegurança jurídica, pela falta de percepção social das situações que merecem respeito".[79]

Todavia, a insegurança jurídica não pode ser considerada como um argumento plausível para a não admissão do direito geral da personalidade, pois se fosse assim, não seria possível a aceitação da cláusula geral de boa-fé objetiva, que traz a mesma "insegurança" do direito geral da personalidade. Além disso, o referido autor esclarece que os novos direitos da personalidade a serem reconhecidos derivarão de uma cláusula geral, o que, em última instância, em nada difere da proteção por meio do direito geral da personalidade.[80]

Desse modo, a diferença não está na cláusula geral ou na referida insegurança jurídica, mas sim no fato de que os adeptos do pluralismo não consideram

---

76. AMARAL, Francisco. *Direito Civil*: introdução, p. 253.
77. BORGES, Roxana Cardoso Brasileiro. *Direitos de personalidade e autonomia privada*, p. 28.
78. COSTA JÚNIOR, Paulo José da. *O direito de estar só*, p. 60-61.
79. BELTRÃO, Silvio Romero. *Direitos da personalidade*, p. 56.
80. Para Roxana Cardoso Brasileiro Borges, os "efeitos práticos de adotar o direito geral de personalidade ou uma lista exemplificativa de direitos de personalidade são os mesmos, pois ambos têm como fundamento a dignidade da pessoa humana e nenhuma das duas correntes restringe a proteção jurídica aos direitos expressos no direito positivo, o que é imprescindível para a adequada proteção de tais direitos numa sociedade em veloz mutação" (BORGES, Roxana Cardoso Brasileiro, *Direitos de personalidade e autonomia privada*, p. 29). De qualquer forma, ainda que os efeitos práticos sejam os mesmos, a fragmentação da personalidade não deixa de ser algo artificial, contrário à natureza una do ser humano.

a unidade da natureza humana, que "faz da pessoa um indivíduo, irrepetível e sem igual".[81]

E a despeito da óbvia unidade da pessoa humana defendida pela teoria monista, não é grande o número de manuais brasileiros que dão notícia da existência de um direito geral da personalidade, sendo menor ainda aqueles que o acolhem, o que demonstra que a nossa doutrina está distante do desenvolvimento da tutela da personalidade alcançado por alguns países europeus.

Mais complicada ainda é a situação no âmbito dos tribunais superiores brasileiros, onde não parece que se possa falar no reconhecimento de um direito geral da personalidade, ao contrário, é notável a distância que os separa da teoria inaugurada por Gierke e desenvolvida pelos tribunais alemães. No entanto, quando se passa ao exame da jurisprudência de algumas cortes estaduais, como o Tribunal de Justiça do Rio Grande do Sul (TJRS), nota-se que o resultado obtido é mais profícuo.[82]

Portanto, não há dúvidas acerca da compatibilidade da teoria do direito geral da personalidade com nosso sistema jurídico, bem como da necessidade de sua implementação para a efetiva proteção da dignidade da pessoa humana. Ainda, é certa a possibilidade da tutela da personalidade, de forma concomitante, por um direito geral e por direitos especiais. O que falta, na verdade, é a vontade de superar a visão tradicional, que construiu a teoria dos direitos da personalidade sobre uma base dogmática patrimonialista. Somente assim será dada a adequada proteção à dignidade da pessoa humana e, por conseguinte, garantida a eficácia da Constituição.

---

81. NERY, Rosa Maria de Andrade. *Introdução ao pensamento jurídico e à teoria geral do direito privado*, p. 285.

82. LUDWIG, Marcos de Campos. O direito ao livre desenvolvimento da personalidade na Alemanha e possibilidade de sua aplicação no direito privado brasileiro. In: MARTINS-COSTA, Judith. *A reconstrução do direito privado*, p. 296-300.

8
AS CARACTERÍSTICAS
DOS DIREITOS DA PERSONALIDADE

O regime jurídico dos direitos da personalidade está intimamente associado à personalidade humana, que eleva esta categoria a uma posição autônoma, própria e mais destacada em relação às demais.

O foco na pessoa humana e a existência de muitos pontos de intersecção não permitem, no entanto, a confusão do regime dos direitos da personalidade com o dos direitos fundamentais. Não obstante isso, nos casos em que o conteúdo de um direito da personalidade corresponda ao de um direito fundamental, beneficia-se aquele do regime específico deste.[1]

O que nos interessa, entretanto, não é o regime jurídico dos direitos fundamentais, mas sim uma parcela do regime jurídico dos direitos da personalidade, ou seja, suas características.[2]

O estudo das características básicas dos direitos da personalidade não é tarefa simples, já que tais direitos, como foi repetidamente consignado, cuidam de bens dotados de certas particularidades, muitas vezes bastante diversas entre si, valendo lembrar aqui as especificidades do direito à vida e do direito moral de autor, ambos pertencentes à categoria dos direitos da personalidade, mas que certamente têm regimes diferentes.

De qualquer forma, a análise dessas características não constitui mero ensaio acadêmico, revelando-se de suma importância para a resolução de problemas concretos (reconhecimento de poderes jurídicos emergentes da própria estrutura e dinâmica da personalidade humana[3]), bem como para o ulterior aperfeiçoamento e desenvolvimento da categoria.

---

1. ASCENSÃO, José de Oliveira. Os direitos de personalidade no Código Civil brasileiro. *Revista Forense*, v. 342, p. 127.
2. Segundo António Menezes Cordeiro, a construção de um regime geral dos direitos da personalidade, no fundo, permite apurar pouco mais do que as características gerais desses direitos (CORDEIRO, António Menezes. *Tratado de direito civil português*, Parte Geral, t. III, p. 101).
3. CAPELO DE SOUSA, Rabindranath Valentino Aleixo. *O direito geral de personalidade*, p. 397.

Nesse quadro, antes de tudo, deve ficar claro que o fato de se estar cuidando mais detidamente das características dos direitos da personalidade no presente capítulo não significa que nos anteriores nada foi dito, ao contrário, o que foi explanado precedentemente já resultou em uma prévia caracterização, que deve apenas ser aprofundada.

É certo que não há unanimidade entre os estudiosos no que toca à caracterização dos direitos da personalidade, particularmente quanto à terminologia e à forma de exposição. Contudo, é possível a identificação de algumas características que estão presentes em um grande número de obras doutrinárias, bem como reiteradamente mencionadas pela jurisprudência.

Assim, em geral, os direitos da personalidade são considerados absolutos, extrapatrimoniais, inatos (ou originários), vitalícios (ou perenes), necessários (ou imprescindíveis), indisponíveis, inalienáveis, intransmissíveis, irrenunciáveis, impenhoráveis, inexpropriáveis e imprescritíveis.[4] Não são essas, porém, todas as características atribuídas aos direitos da personalidade, existindo outras cuja aceitação é significativamente mais reduzida.

Dito isso, cuidaremos inicialmente do art. 11 do Código Civil brasileiro, que prevê algumas das características dos direitos da personalidade, bem como das propostas de sua modificação. Em seguida, vamos tratar das características indicadas com mais frequência, para depois passarmos àquelas que são cercadas de maior polêmica, que não foram elencadas acima. Nesse exame, contudo, não haverá necessidade de distinguir a doutrina tradicional daquela do direito geral da personalidade, por nós defendida, uma vez que ambas sustentam os mesmos atributos.[5]

---

4. BITTAR, Carlos Alberto. *Direitos da personalidade*, p. 5; BORGES, Roxana Cardoso Brasileiro. Dos direitos da personalidade. In: LOTUFO, Renan; NANNI, Giovanni Ettore (coord.). *Teoria geral do direito civil*, p. 249; BARRETO, Wanderlei de Paula. Dos direitos da personalidade. In: ALVIM, Arruda; ALVIM, Tereza (coords.). *Comentários ao Código Civil brasileiro, parte geral*, v. 1, p. 111-116; DINIZ, Maria Helena. *Compêndio de introdução à ciência do direito*, p. 516; DINIZ, Maria Helena. *Curso de direito civil brasileiro*, v. 1, p. 121-123; GARCIA, Enéas Costa. *Direito geral da personalidade no sistema jurídico brasileiro*, p. 29-30; GOMES, Orlando. *Introdução ao direito civil*, p. 137-138; LOTUFO, Renan. *Código Civil comentado*, v. 1, p. 49; NERY JUNIOR, Nelson; NERY, Rosa Maria de Andrade. *Código Civil comentado*, p. 181; TEPEDINO, Gustavo. *Temas de direito civil*, p. 35; GOMES, José Jairo. *Responsabilidade civil e eticidade*, p. 250; TEPEDINO, Gustavo; BARBOZA, Heloisa Helena; BODIN DE MORAES, Maria Celina. *Código Civil interpretado conforme a Constituição da República*, p. 33; TORRENTE, Andrea; SCHLESINGER, Piero. *Manuale di diritto privato*, p. 288.
5. GARCIA, Enéas Costa. *Direito geral da personalidade no sistema jurídico brasileiro*, p. 143.

8.1 O ART. 11 DO CÓDIGO CIVIL E AS PROPOSTAS DE SUA ALTERAÇÃO

O art. 11 do Código Civil de 2002 prevê expressamente que os direitos da personalidade são intransmissíveis e irrenunciáveis, não podendo seu exercício sofrer limitação voluntária.[6]

Vê-se, assim, que o art. 11 do Código Civil de 2002 fez menção a apenas três das características dos direitos da personalidade, ou seja, à intransmissibilidade, à irrenunciabilidade e à indisponibilidade.[7]

As características previstas nesse artigo serão melhor estudadas mais adiante. Entretanto, no que toca à sua parte final, atinente à limitação voluntária, tanto a doutrina como a jurisprudência a admitem, constando inclusive do Enunciado 4 das Jornadas de Direito Civil do Conselho da Justiça Federal: "o exercício dos direitos da personalidade pode sofrer limitação voluntária, desde que não seja permanente nem geral".

A redação do art. 81° do Código Civil português[8] é exatamente em sentido oposto àquela do nosso art. 11, só não permitindo a limitação voluntária dos direitos da personalidade em casos de contrariedade aos princípios da ordem pública.

Assim, melhor seria se o legislador tivesse permanecido silente quanto à limitação voluntária, deixando para a doutrina e jurisprudência o papel de estabelecer tais limites, visto que uma previsão legislativa equivocada provoca toda sorte de transtornos para os operadores do direito.

Outro ponto que tem dado ensejo a críticas da doutrina está associado ao fato de que o artigo em questão não apresenta uma ampla lista das características dos direitos da personalidade.[9]

Segundo Renan Lotufo, embora o art. 11 pareça ficar restrito à intransmissibilidade e à irrenunciabilidade, o "conjunto de disposições também contempla os demais caracteres dados como inerentes aos direitos da personalidade".[10]

Apesar do autorizado entendimento supramencionado, o art. 11 não tem passado ao largo de propostas de alteração, que objetivam uma redação mais

---

6. "Art. 11. Com exceção dos casos previstos em lei, os direitos da personalidade são intransmissíveis e irrenunciáveis, não podendo o seu exercício sofrer limitação voluntária".

7. DINIZ, Maria Helena. *Código Civil anotado*, p. 33.

8. "Artigo 81° (Limitação voluntária dos direitos de personalidade). 1. Toda a limitação voluntária ao exercício dos direitos de personalidade é nula, se for contrária aos princípios da ordem pública. 2. A limitação voluntária, quando legal, é sempre revogável, ainda que com obrigação de indenizar os prejuízos causados às legítimas expectativas da outra parte".

9. BORGES, Roxana Cardoso Brasileiro. Dos direitos da personalidade. In: LOTUFO, Renan; NANNI, Giovanni Ettore (coord.). *Teoria geral do direito civil*, p. 249.

10. LOTUFO, Renan. *Código Civil comentado*, v. 1, p. 53.

abrangente, que preveja um rol mais completo de atributos. Nesse sentido era o Projeto de Lei n. 6.960/2002, de autoria do Deputado Ricardo Fiúza, que sugeria a seguinte redação ao artigo:

> Art. 11. O direito à vida, à integridade físico-psíquica, à identidade, à honra, à imagem, à liberdade, à privacidade, à opção sexual e outros reconhecidos à pessoa são natos, absolutos, intransmissíveis, indisponíveis, irrenunciáveis, ilimitados, imprescritíveis, impenhoráveis e inexpropriáveis.
>
> Parágrafo único. Com exceção dos casos previstos em lei, não pode o exercício dos direitos da personalidade sofrer limitação voluntária.

Contudo, o Parecer do Deputado Vicente Arruda rejeitou a proposta de alteração do art. 11 do Código Civil, argumentando:

> A existência de um capítulo expresso relativo aos direitos da personalidade constitui uma inovação do novo diploma civil, na esteira das previsões constitucionais sobre a matéria, mormente as contidas no art. 5º da Carta Política. A proposta do alargamento redacional desse dispositivo parece demasiada, mesmo porque a lei não deve conter palavras inúteis ou ser supérflua a ponto de tornar-se doutrinária. O alargamento, mesmo se fosse aceito, deveria ser exemplificativo para não fechar o rol dos direitos da personalidade, que são todos aqueles inerentes à pessoa. Além disso, a ressalva dos casos previstos em lei refere-se às qualidades dos direitos da personalidade, propriamente ditos, e não à limitação voluntária do seu exercício.

O Projeto de Lei n. 6.960/2002 encontra-se atualmente arquivado. Foi apresentado, em sua substituição, o Projeto de Lei n. 276/2007, de autoria do Deputado Léo Alcântara, que também objetivava a alteração do art. 11 do Código Civil de 2002, exatamente nos mesmos termos do Projeto de Lei n. 6.960/2002, o que, conforme a sua justificação, deve-se à sugestão da Professora Maria Helena Diniz. Contudo, tal projeto também foi arquivado.

De acordo com Álvaro Villaça Azevedo e Gustavo Rene Nicolau, a nova redação proposta seria melhor que a original, pois apresenta um amplo rol exemplificativo dos direitos da personalidade, demonstra suas características principais e ainda acrescenta um parágrafo único que considera a possibilidade de sua limitação.[11]

Wanderlei de Paula Barreto também vê positivamente a proposta de alteração do art. 11, aduzindo que a ampliação da especificação sugerida no *caput* torna a cláusula geral mais clara. Ao mesmo tempo, a ressalva contida no início da frase do parágrafo único supre visível lacuna.[12]

---

11. AZEVEDO, Álvaro Villaça; NICOLAU, Gustavo Rene. *Código Civil comentado*, v. I, p. 49.
12. BARRETO, Wanderlei de Paula. Dos direitos da personalidade. In: ALVIM, Arruda; ALVIM, Tereza (coords.). *Comentários ao Código Civil brasileiro, parte geral*, v. 1, p. 99-100.

8 • AS CARACTERÍSTICAS DOS DIREITOS DA PERSONALIDADE   133

Não nos parece, porém, salutar a modificação da redação do art. 11. Ao contrário, estamos neste ponto com Roxana Cardoso Brasileiro Borges, a qual assevera que "é preciso compreender estes conceitos de forma não dogmática, admitindo flexibilidades e exceções, pois as diversas expressões dos direitos de personalidade são distintas, exigindo, por vezes, a admissão de uma caracterização adequada a cada espécie".[13] Assim sendo, a mudança do texto é desnecessária e ainda provocaria o engessamento dos direitos da personalidade, pois aqueles direitos que não se enquadrassem perfeitamente no disposto no art. 11 não poderiam ser considerados direitos da personalidade.

E esse problema pode ser muito bem percebido quando se enfoca a caracterização dos direitos da personalidade como direitos natos. Ora, há intensa polêmica no que toca ao momento do surgimento dos direitos da personalidade (o que será visto mais profundamente quando do estudo do caráter originário dos direitos da personalidade), de forma que ao afirmar o referido projeto que eles são natos e não inatos, estar-se-á dizendo que antes do nascimento o ser humano não tem direitos da personalidade, o que contradiz a principiologia que informa o art. 2º do próprio projeto de lei.[14] Ainda, tal proposição leva o ordenamento jurídico a uma tomada de posição que está muito longe de ser pacificada.

Ademais, não há na legislação estrangeira, pelo menos nos textos pesquisados,[15] nenhum dispositivo legal que se aproxime do art. 11 constante do Projeto de Lei n. 276/2007. Isso mostra, mais uma vez, a sua desnecessidade, já que os direitos da personalidade se desenvolveram no Brasil e em outros países sem que fosse imprescindível um texto de lei discriminando cada uma das suas características, tarefa muito bem desenvolvida pela doutrina e jurisprudência.

Destarte, por mais imperfeita que esteja a redação do art. 11 do Código Civil, a sua alteração para a inclusão de um rol amplo das características dos direitos

---

13. BORGES, Roxana Cardoso Brasileiro. Dos direitos da personalidade. In: LOTUFO, Renan; NANNI, Giovanni Ettore (coord.). *Teoria geral do direito civil*, p. 249.

14. SZANIAWSKI, Elimar. *Direitos de personalidade e sua tutela*, p. 200.

15. Foram consultados os seguintes códigos civis: da Alemanha, de Portugal, da França, da Áustria, da Suíça, da Itália, do Peru, de Quebec, de Cabo Verde e de Macau. O art. 5º do Código Civil peruano de 1984 é o que mais se assemelha ao dispositivo, mas ainda assim está muito longe da redação proposta pelo Projeto de Lei n. 276/2007: "*Artículo 5º – Derechos de la persona humana. El derecho a la vida, a la integridad física, a la libertad, al honor y demás inherentes a la persona humana son irrenunciables y no pueden ser objeto de cesión. Su ejercicio no puede sufrir limitación voluntaria, salvo lo dispuesto en el artículo 6*". No Código civil de Quebec também há dispositivo que se aproxima: "3. *Toute personne est titulaire de droits de la personnalité, tels le droit à la vie, à l'inviolabilité et à l'intégrité de sa personne, au respect de son nom, de sa réputation et de sa vie privée. Ces droits sont incessibles*". Tradução livre: "Toda pessoa é titular de direitos da personalidade, tais como o direito à vida, à inviolabilidade e à integridade de sua pessoa, ao respeito de seu nome, de sua reputação e de sua vida privada. Estes direitos são incessíveis".

da personalidade é desnecessária e bastante perigosa, podendo inclusive barrar o desenvolvimento da categoria ou gerar retrocessos, já que essas características devem ser reconhecidas com temperamentos e não vistas como dogmas.

8.2 ABSOLUTIDADE

Os direitos da personalidade são apresentados pelos doutrinadores, de forma praticamente unânime, como direitos absolutos, opondo-se aos direitos relativos.

Os direitos absolutos e os direitos relativos foram, durante muito tempo, tratados, equivocadamente, pelo direito privado como se fossem sinônimos dos direitos reais e dos direitos de crédito. No entanto, atualmente se percebe que determinados direitos pessoais estão incluídos entre os direitos absolutos. Dessa maneira, os direitos absolutos não abrangeriam apenas os direitos reais, mas também os direitos da personalidade e os direitos sobre bens imateriais.[16]

Não é outro o entendimento de Perlingieri, o qual aduz que:

> A distinção entre situações absolutas e relativas frequentemente é identificada injustamente com aquela entre situações reais e situações de crédito. Tal identificação é desmentida pela mesma doutrina tradicional quando especifica que existem direitos não patrimoniais, os chamados direitos da personalidade, que seriam absolutos apesar de não serem reais.[17]

Apesar desses esclarecimentos, acredita-se que ainda demorará algum tempo para que boa parte dos doutrinadores note a diferença, visto que em obras recentes há quem considere a tipicidade como inerente aos direitos absolutos.[18]

Na verdade, a tipicidade diz respeito aos direitos reais, não estando necessariamente ligada a todos os direitos absolutos, uma vez que os direitos da

---

16. Larenz e Wolf incluem os direitos reais, os direitos da personalidade (tanto o direito geral da personalidade como os direitos especiais) e os direitos sobre bens imateriais (propriedade intelectual e direito de autor) entre os direitos absolutos (LARENZ, Karl; WOLF, Manfred. *Allgemeiner Teil des Bürgerlichen Rechts*, p. 285-286). Da mesma forma, manifesta-se Adriano de Cupis, considerando o caráter absoluto como um elo comum entre os direitos reais, os direitos da personalidade e os direitos sobre bens imateriais (CUPIS, Adriano de. *Os direitos da personalidade*, p. 38). Messineo também não deixou passar despercebida essa diferença, afirmando: *"se tutti i diritti reali sono assoluti, non tutti i diritti assoluti sono reali"* (MESSINEO, Francesco. *Manuale di diritto civile e commerciale*, p. 5). No direito suíço existe igualmente a oposição entre os direitos absolutos (*absolute Rechte*) e os direitos relativos (*relative Rechte*), arrolando Tercier entre os direitos absolutos os direitos reais, os direitos da personalidade (arts. 27 e s. do ZGB) e os direitos sobre bens imateriais (TERCIER, Pierre. *Le nouveau droit de la personnalité*, p. 49).
17. PERLINGIERI, Pietro. *Perfis do direito civil*, p. 140.
18. BELTRÃO, Silvio Romero. *Direitos da personalidade*, p. 53.

8 • AS CARACTERÍSTICAS DOS DIREITOS DA PERSONALIDADE | 135

personalidade, caracterizados como absolutos, são uma categoria aberta, em plena expansão.[19]

Em vez de tipicidade, termo que gera confusão com os direitos reais, Larenz e Wolf esclarecem que os direitos absolutos necessitam de conteúdo e extensão facilmente determináveis e reconhecíveis (*Bestimmtheit und Erkennbarkeit*), visto que devem ser respeitados por todos. A determinabilidade, no caso dos direitos reais e dos direitos sobre bens imateriais, liga-se à tipicidade, enquanto que para os direitos da personalidade tem relação com a formação de grupos de casos (*Fallgruppen*). Já o reconhecimento decorre basicamente dos meios de publicidade, que para os direitos reais e boa parte dos direitos sobre bens imateriais se faz com um registro, enquanto que para o direito geral e para os direitos especiais da personalidade isso se dá pela consciência geral da dignidade e respeito à personalidade.[20]

Malgrado a confusão suprarreferida, o maior problema está, em realidade, no fato de que os direitos absolutos não são tratados de forma unívoca,[21] comportando várias acepções, que devem ser precisadas para que se tenha a exata visão da tão consagrada absolutidade dos direitos da personalidade.

A primeira acepção a ser analisada é estribada na eficácia ou na oponibilidade. Partindo daí, os direitos absolutos teriam oponibilidade em relação a todos (*erga omnes*), ao passo que os direitos relativos seriam oponíveis apenas *inter partes*, com eficácia circunscrita a determinadas pessoas.[22]

Nessa linha, considerando os direitos da personalidade como absolutos ou de exclusão, seu titular poderia exigir de qualquer pessoa, inclusive de pessoas jurídicas de direito público ou privado, o acatamento de condutas necessárias à sua efetivação.

É por isso que tradicionalmente a doutrina considera que essa oponibilidade *erga omnes* gera para toda a coletividade um dever geral, normalmente de abstenção, de não intromissão, de respeito "por tais bens jurídicos e em correspondência ainda com o princípio *alterum non laedere*". Porém, ao lado dessa

---

19. O problema também pode ser notado em um artigo de autoria do professor Ascensão, que assevera: "Os direitos de personalidade são direitos absolutos. Em princípio, os direitos de personalidade deveriam pois ser típicos, para defesa de terceiros, porque os direitos absolutos são típicos: os terceiros não podem ser surpreendidos pela oposição de direitos absolutos com que não contavam. Mas em matéria de direitos da personalidade não pode ser assim, porque a defesa da personalidade não pode estar dependente de previsão legal" (ASCENSÃO, José de Oliveira, Os direitos de personalidade no Código Civil brasileiro. *Revista Forense*, v. 342, p. 127).

20. LARENZ, Karl; WOLF, Manfred. *Allgemeiner Teil des Bürgerlichen Rechts*, p. 288-289.

21. CORDEIRO, António Menezes. *Tratado de direito civil português*, Parte Geral, t. III, p. 95.

22. FÖRSCHLER, Peter. *Grundzüge des Wirtschaftsprivatrechts*, p. 34-35.

obrigação negativa, também é possível, excepcionalmente, o surgimento de obrigações positivas, que também são universais.[23]

Já nos direitos relativos, pelo fato de criarem liames específicos entre pessoas determinadas, a vinculação não se daria em relação a todos, mas ficaria circunscrita tão somente a essas pessoas.[24] Em outras palavras, a sujeição será "relativa ou específica se o sujeito passivo tiver a obrigação de satisfazer determinado interesse do titular do direito".[25]

Dieter Medicus esclarece igualmente que quando um direito pode atuar contra todos e também deve ser respeitado por todos, então se está diante de direitos absolutos,[26] o que parece ser exatamente o caso dos direitos da personalidade.

Entrementes, esse tipo de generalização exige muito cuidado, visto que os direitos da personalidade são uma categoria bastante vasta e em construção, o que permite, no futuro, a inclusão de novos direitos, os quais, eventualmente, poderiam não ser absolutos.

Aliás, o caráter absoluto, conforme entendimento de António Menezes Cordeiro, atualmente já poderia ser contestado, uma vez que o direito à confidencialidade das relações que se estabelecem entre o médico e seu paciente ou entre o advogado e o seu constituinte poderia ser considerado um direito da personalidade relativo, invocável *inter partes*.[27]

Os direitos da personalidade relativos também são vislumbrados por Francisco Amaral, que destaca as hipóteses em que se exige uma determinada prestação do Estado, como ocorre nos casos do direito à saúde, ao trabalho, à segurança, ao ambiente, à educação e à cultura.[28]

Em sentido contrário, Pontes de Miranda não admite a relatividade de nenhum dos direitos da personalidade, alegando, quanto aos direitos exigidos do Estado, que se a ofensa decorre de autoridade pública, "de modo nenhum os relativiza: apenas, aí, se põe ao vivo que a evolução política e jurídica já alcançou muni-los de pretensões e ações que mantivessem o Estado, que também é pessoa, dentro dos limites que o direito das gentes, a Constituição e as leis lhe traçaram".[29]

---

23. CAPELO DE SOUSA, Rabindranath Valentino Aleixo. *O direito geral de personalidade*, p. 401.
24. GARCIA, Enéas Costa. *Direito geral da personalidade no sistema jurídico brasileiro*, p. 41.
25. DINIZ, Maria Helena. *Compêndio de introdução à ciência do direito*, p. 512.
26. MEDICUS, Dieter. *Allgemeiner Teil des BGB*, p. 31.
27. CORDEIRO, António Menezes. *Tratado de direito civil português*, Parte Geral, t. III, p. 96.
28. AMARAL, Francisco. *Direito civil*: introdução, p. 252.
29. PONTES DE MIRANDA, Francisco Cavalcanti. *Tratado de direito privado*, t. VII, p. 30.

8 • AS CARACTERÍSTICAS DOS DIREITOS DA PERSONALIDADE 137

E para além da elucidação de Pontes de Miranda, parece-nos que o direito à confidencialidade, citado por Menezes Cordeiro, quando violado, acaba por assumir o caráter de um direito absoluto.

Dessa forma, se for considerado o critério da oponibilidade,[30] é certo que os direitos da personalidade atualmente concebidos são eficazes contra todos (*erga omnes*). Contudo, considerando que se está cuidando de uma categoria em plena expansão, acredita-se que é difícil afirmar que novos direitos da personalidade, que poderão surgir no futuro, também serão sempre qualificados como absolutos. Por conseguinte, pode-se tão somente asseverar que o quadro presente dos direitos da personalidade permite a visualização do seu caráter absoluto.

O segundo critério a ser averiguado é o que leva em conta a estrutura, o qual é, conforme Perlingieri, mais convincente do que aquele fundado na eficácia. Para tanto, deve-se considerar que existem casos em que a relação é encontrada em outro centro de interesses, determinado *a priori* (estrutura interna), bem como, por outro lado, é possível que essa determinação se dê a *posteriori*, hipótese em que se fala numa estrutura relevante somente ao externo, ou seja, exaurem-se em um interesse em relação a todos.[31]

Assim, no caso da propriedade, não há contraposição predeterminada a um centro de interesses, de maneira que a relação específica será individuada *a posteriori*, quando ocorrer a violação ou tentativa de violação desse direito, falando-se em um direito absoluto. As relações entre devedor e credor, diversamente, apresentar-se-iam como relativas, dada a ausência de relevância ao externo, aos terceiros,[32] uma vez que decorrem "de um prévio e particular consenso ou ligação entre sujeitos determinados que originam prestações específicas".[33] De qualquer forma, vale mais uma vez ressaltar que essa distinção não corresponde à classificação tradicional dos direitos reais e de crédito.

Dentre os direitos absolutos, nessa acepção, também se encontram os direitos da personalidade, que não postulam a preexistência de uma relação jurídica base e nem dependem da colaboração de qualquer pessoa para a sua fruição.[34]

---

30. Menezes Cordeiro censura a acepção fundada na eficácia, afirmando que os direitos de personalidade se diferenciam pela especificidade do seu objeto, isto é, o bem de personalidade, e não pela forma de efetivação (diretamente, como no direito de propriedade ou mediatamente, como no direito de crédito) (CORDEIRO, António Menezes. *Tratado de direito civil português*, Parte Geral, t. III, p. 95). Perlingieri pondera que a eficácia e a oponibilidade são aspectos do fato jurídico e não da situação subjetiva. Ademais, explica que a oponibilidade se refere ao conhecimento, ao regime de publicidade (PERLINGIERI, Pietro, *Perfis do direito civil*, p. 140).

31. PERLINGIERI, Pietro. *Perfis do direito civil*, p. 140.

32. PERLINGIERI, Pietro. *Perfis do direito civil*, p. 141.

33. CAPELO DE SOUSA, Rabindranath Valentino Aleixo. *O direito geral de personalidade*, p. 402.

34. GARCIA, Enéas Costa. *Direito geral da personalidade no sistema jurídico brasileiro*, p. 41.

Deveras, a relação que se estabelece entre o titular do direito da personalidade e seu objeto é direta, independe da atuação de outrem, não se tratando do direito de exigir uma prestação de um sujeito determinado.

Semelhantemente considera Menezes Cordeiro que os direitos de personalidade seriam absolutos "por não postularem relações jurídicas: é a acepção estrutural. Na verdade, o direito de personalidade típico analisa-se numa permissão de aproveitamento de um bem de personalidade: não há, aqui, nenhuma relação, configurável entre dois sujeitos".[35]

Todavia, defende novamente o mestre português a existência de alguns direitos da personalidade que são estruturalmente relativos, concretizando-se em situações pedido/cumprimento, com sujeitos ativo e passivo, exemplificando com o já mencionado direito à confidencialidade.[36]

A despeito da posição de Menezes Cordeiro, acredita-se que os direitos da personalidade, levando em consideração sua estrutura, também nessa acepção são direitos absolutos.

Outra acepção muito utilizada para distinguir os direitos absolutos dos direitos relativos é aquela atinente à responsabilidade civil, que, como será visto, é uma das formas de proteção dos direitos absolutos.

No Brasil, os autores normalmente dividem a tutela desses direitos em preventiva, atenuante e indenizatória, porém, em situações excepcionais, existe também a possibilidade da autotutela (art. 188 do Código Civil[37]).

No direito alemão, de forma similar, em caso de intervenção ilegal na área de proteção dos direitos absolutos surgem pretensões de defesa (*Abwehranspruche*) e de indenização (*Ersatzansprüche*), exercitáveis contra todos.[38]

De acordo com Larenz e Wolf, entre as pretensões de defesa dos direitos absolutos estão as pretensões de remoção (*Beseitigungsanprüche*) e de omissão (*Unterlassungsansprüche*). A *Unterlassungsansprüche* serve de proteção para futura ameaça de restrição, objetivando evitá-la; a *Beseitigungsanprüche* busca neutralizar um estado de perturbação ainda existente, mas não garante um ressar-

---

35. CORDEIRO, António Menezes. *Tratado de direito civil português*, Parte Geral, t. III, p. 96.
36. CORDEIRO, António Menezes. *Tratado de direito civil português*, Parte Geral, t. III, p. 96.
37. "Art. 188. Não constituem atos ilícitos: I – os praticados em legítima defesa ou no exercício regular de um direito reconhecido; II – a deterioração ou destruição da coisa alheia, ou a lesão a pessoa, a fim de remover perigo iminente. Parágrafo único. No caso do inciso II, o ato será legítimo somente quando as circunstâncias o tornarem absolutamente necessário, não excedendo os limites do indispensável para a remoção do perigo".
38. LARENZ, Karl; WOLF, Manfred. *Allgemeiner Teil des Bürgerlichen Rechts*, p. 289.

cimento completo. As bases legais dessas pretensões, para o caso da propriedade e do direito geral de personalidade, encontram-se no § 1.004 do BGB.[39]

De fato, tanto no sistema brasileiro como no germânico, os direitos absolutos podem ser violados por qualquer pessoa, o que recomenda uma tutela não somente pela via da responsabilidade civil, mas igualmente por meio de instrumentos que procuram prevenir e atenuar o ato de qualquer transgressor. Já no caso dos direitos relativos, sua configuração é tal que apenas os sujeitos envolvidos podem, em princípio, violá-los.

Nesse sentido, levando-se em conta a ampla proteção outorgada aos direitos da personalidade, é mister considerá-los como absolutos. Assim, no caso de uma carta confidencial, por exemplo, seu destinatário deve respeitá-la e, ainda, o mesmo dever cabe a qualquer terceiro que dela tome conhecimento.[40]

É certo, porém, que todos os direitos subjetivos devem ser respeitados, cabendo também aos direitos relativos uma tutela aquiliana. Ocorre que nos direitos relativos a responsabilização civil somente dirá respeito a algo exterior à sua estrutura interna. Nos direitos absolutos, por seu turno, tal diferenciação não existe, o que dá margem a uma cobertura delitual mais ampla.

Desta feita, considerando globalmente a proteção dos direitos absolutos e dos direitos relativos, ver-se-á que no primeiro caso a tutela aquiliana não é tão ampla como relatam os autores, visto que modernamente o sistema jurídico não objetiva apenas reprimir o dano, mas também preveni-lo e atenuá-lo.

Com isso, levando-se em conta a proteção conferida aos direitos relativos e aos direitos absolutos, não se pode falar em uma total cobertura aquiliana para os direitos absolutos. Somente quando se desconsidera que os direitos absolutos e os relativos também são tutelados por outros institutos é que se pode manter tal acepção, atribuindo aos direitos da personalidade um caráter absoluto.

Ademais, há aqueles que tomam os direitos absolutos no sentido de direitos ilimitados, em oposição aos direitos relativos, que seriam limitados. Esse sentido, no entanto, não passa de reminiscência histórica, elaborada na época em que se atribuía ao direito de propriedade um caráter absoluto, o que inclusive está expresso no célebre artigo 544 do Código Civil francês.[41]

---

39. LARENZ, Karl; WOLF, Manfred. *Allgemeiner Teil des Bürgerlichen Rechts*, p. 290.
40. CORDEIRO, António Menezes. *Tratado de direito civil português*, Parte Geral, t. III, p. 96.
41. "*Article 544. La propriété est le droit de jouir et disposer des choses de la manière la plus absolue, pourvu qu'on n'en fasse pas un usage prohibé par les lois ou par les règlements*". Tradução livre: "A propriedade é o direito de gozar e dispor das coisas da maneira mais absoluta, contanto que dela não se faça um uso proibido pelas leis ou pelos regulamentos."

Hodiernamente, sabe-se que não há, considerando esse sentido, nenhum direito absoluto, pois todo direito é necessariamente limitado (ou relativo). Assim, a propriedade, ícone dos direitos absolutos, é limitada pela sua função social, e até mesmo o direito à vida, não obstante se aproximar bastante de um nível absoluto, é indubitavelmente relativo.

E a limitação certamente se impõe pelo fato de que somente em situações individuais de conflito será possível determinar como se dá a ponderação entre os direitos da personalidade, ou entre esses e outros direitos. Isso significa que seu "conteúdo normativo não pode ser definido apriorística e abstratamente, por meio do método lógico-subsuntivo".[42]

O problema da ponderação será estudado mais adiante, bastando, por ora, ficar claro que a ponderação leva a limitações externas dos direitos da personalidade, existindo ainda as limitações internas.

Pois bem, considerando todas as nuances aqui apresentadas, é certo que os direitos da personalidade pertencem à categoria dos direitos absolutos. Todavia, tal enquadramento não é possível quando a absolutidade está relacionada com a ilimitabilidade, não existindo, nesse sentido, nenhum direito absoluto.

8.3 EXTRAPATRIMONIALIDADE

A doutrina normalmente distingue os direitos patrimoniais dos não patrimoniais em virtude da possibilidade de valoração econômica, o que resulta em um diverso tratamento legal. Nessa linha, os direitos patrimoniais seriam disponíveis, transmissíveis, renunciáveis e prescritíveis, aos direitos não patrimoniais, por outro lado, seria atribuída uma disciplina diversa.[43]

Os direitos da personalidade são arrolados pela generalidade dos autores brasileiros e estrangeiros como extrapatrimoniais, de tal forma que a eles não seria possível a atribuição de um valor econômico, ou seja, não seriam avaliáveis em dinheiro.

Ora, quando se menciona a não patrimonialidade como característica dos direitos da personalidade, está-se excluindo tal categoria do âmbito dos direitos patrimoniais. Desta feita, antes de qualquer coisa, faz-se necessária a compreensão da patrimonialidade, requisito prévio para as averiguações posteriores acerca da assaz difundida extrapatrimonialidade dos direitos da personalidade.

---

42. MELLO, Cláudio Ari. Contribuição para uma teoria híbrida dos direitos de personalidade. In: SARLET, Ingo Wolfgang (org.). *O novo Código Civil e a Constituição*, p. 92.

43. PERLINGIERI, Pietro. *Istituzioni di diritto civile*, p. 81.

Etimologicamente a palavra patrimônio (*patrimonium*) deriva de pai (*pater*), tendo originariamente o sentido de bens que vêm do pai.[44]

Juridicamente a palavra conhece variadas acepções, entre elas, a mais difundida considera o patrimônio (global) como "o conjunto de relações jurídicas activas e passivas (direitos e obrigações) avaliáveis em dinheiro de que uma pessoa é titular".[45] Esse também é o sentido empregado por Maria Helena Diniz, que conceitua o patrimônio como "o complexo de relações jurídicas de uma pessoa, apreciáveis economicamente".[46]

Há, ainda, aquelas concepções que tratam do patrimônio líquido ou saldo patrimonial (relações jurídicas ativas menos as obrigações ou relações jurídicas passivas) e as que cuidam do patrimônio bruto ou ilíquido (complexo de relações jurídicas sem a dedução das relações jurídicas passivas). Todavia, o sentido que interessa ao presente trabalho é aquele do patrimônio global, visto que considera a soma ou o conjunto das relações jurídicas ativas e passivas (direitos e obrigações) susceptíveis de avaliação pecuniária.[47]

Assim, fica evidente que o patrimônio não abrange as situações não redutíveis a dinheiro, não patrimoniais, dentre as quais normalmente arrolam os autores os direitos de personalidade, os direitos pessoais entre cônjuges, os direitos oriundos do poder familiar e os direitos políticos.[48]

À totalidade das relações jurídicas de que uma pessoa é titular dá-se o nome de esfera jurídica, a qual compreende o patrimônio e os direitos e obrigações não avaliáveis em dinheiro.[49]

Tal distinção também é apresentada por José de Oliveira Ascensão, que vê na esfera jurídica ("conjunto de situações que uma pessoa efectivamente tem") dois hemisférios, ou seja, o patrimonial e o pessoal. Segundo o autor, a esfera patrimonial é denominada patrimônio, que se contrapõe às situações de prevalente significado pessoal.[50]

Todavia, conforme relata Pierre Kayser, existe uma tendência a incorporar os direitos não susceptíveis de avaliação pecuniária dentro do patrimônio, acrescentando ao patrimônio material um patrimônio moral (extrapatrimonial), o

---

44. KAYSER, Pierre. Les droits de la personnalité. *Revue Trimestrielle de Droit Civil*, t. 69, n. 3, p. 492.
45. PINTO, Carlos Alberto da Mota. *Teoria geral do direito civil*, p. 344.
46. DINIZ, Maria Helena. *Curso de direito civil brasileiro*, v. 1, p. 356.
47. PINTO, Carlos Alberto da Mota. *Teoria geral do direito civil*, p. 345-346.
48. DINIZ, Maria Helena. *Curso de direito civil brasileiro*, v. 1, p. 356.
49. PINTO, Carlos Alberto da Mota. *Teoria geral do direito civil*, p. 346.
50. ASCENSÃO, José de Oliveira. *Direito civil*: teoria geral, v. I, p. 156.

que teria sido acolhido em julgados franceses, bem como foi objeto de elaboração doutrinária. Apesar disso, o autor considera melhor a análise clássica.[51]

Essa tendência também é sentida na Itália, onde se contrapõe ao patrimônio material o patrimônio moral, dando-se ao conceito de patrimônio uma definição mais geral, como complexo de disposições ativas e passivas do sujeito.[52]

De qualquer forma, essa ampliação do patrimônio não deixaria de distinguir o âmbito patrimonial do extrapatrimonial, praticamente em nada alterando a secular distinção entre direitos patrimoniais e extrapatrimoniais, visto que ao dar ao patrimônio um sentido mais abrangente, em verdade estaria chamando de patrimônio a já mencionada esfera jurídica.

Não é diferente na Alemanha, onde a contraposição entre os direitos patrimoniais (*Vermögensrechte*) e os extrapatrimoniais (*Nichtvermögensrechte*) é assente na doutrina. A despeito disso, o BGB regulou precipuamente as relações patrimoniais dos indivíduos, deixando pouco espaço para as normas sobre direitos não patrimoniais, entre as quais é possível destacar a proteção do nome (§ 12) e boa parte do direito de família.[53]

É interessante notar ainda que Larenz e Wolf tratam conjuntamente da patrimonialidade e da absolutidade, asseverando que os direitos absolutos podem ser patrimoniais, quando é possível a sua valoração em dinheiro, ou não patrimoniais, isto é, não expressáveis em pecúnia. Entre os direitos absolutos não patrimoniais estão, para os autores, o direito geral da personalidade e os direitos especiais da personalidade. Já o direito autoral, em razão de seu forte componente de personalidade, ocuparia uma indubitável posição híbrida.[54] São bens patrimoniais, por conseguinte, aqueles que podem ser adquiridos por dinheiro e que não possuem íntima ligação com a pessoa.[55]

Capelo de Sousa, não obstante reconhecer que a divisão estanque entre os direitos patrimoniais e os direitos não patrimoniais é bastante discutível, também vê a possibilidade de avaliação em dinheiro como sendo a espinha dorsal desta distinção:

> tomando o patrimônio na sua acepção tradicional e mais divulgada como o conjunto das relações jurídicas, avaliáveis em dinheiro e de que é sujeito passivo e activo uma dada pessoa e definindo do mesmo modo os direitos patrimoniais como os avaliáveis em dinheiro

---

51. KAYSER, Pierre. Les droits de la personnalité. *Revue Trimestrielle de Droit Civil*, t. 69, n. 3, p. 492.
52. DOGLIOTTI, Massimo. Le persone fisiche. In: RESCIGNO, Pietro. *Trattato di diritto privato*, v. 2, p. 56.
53. BROX, Hans; WALKER, Wolf-Dietrich. *Allgemeiner Teil des BGB*, p. 25-26.
54. LARENZ, Karl; WOLF, Manfred. *Allgemeiner Teil des Bürgerlichen Rechts*, p. 290.
55. LARENZ, Karl. *Lehrbuch des Schuldrechts. Allgemeiner Teil*, v. 1, p. 486.

8 • AS CARACTERÍSTICAS DOS DIREITOS DA PERSONALIDADE   143

e os direitos pessoais como os não avaliáveis em dinheiro, poderão incluir-se os direitos de personalidade nesta última categoria.[56]

Pois bem, considerando que o fundamento da classificação é mesmo a economicidade do patrimônio, resta a análise dos eventuais efeitos patrimoniais decorrentes dos direitos extrapatrimoniais, em particular dos direitos da personalidade, que permitem, em certos casos, sua utilização econômica por meio de negócios jurídicos e, quando violados, podem dar ensejo a indenização pecuniária.

Há quem pretenda, por isso, distinguir entre direitos da personalidade patrimoniais e extrapatrimoniais, ao argumento de que existem casos em que o direito da personalidade é plenamente quantificável em dinheiro, "com padrões e critérios reconhecidos e partilhados por publicitários, anunciantes e meios de comunicação em massa".[57]

Entrementes, a reação da doutrina foi rápida, procurando demonstrar que determinadas manifestações pecuniárias não são incompatíveis com o atributo da extrapatrimonialidade dos direitos da personalidade.

A primeira repercussão de ordem econômica a ser examinada é aquela atinente à possibilidade de o titular de um direito da personalidade reclamar indenização em razão de ofensa. Em tais casos, os tribunais brasileiros têm reconhecido, dependendo da situação em concreto, o direito à indenização por danos materiais e/ou morais.[58]

Todavia, nem sempre foi assim. Durante muito tempo a doutrina e a jurisprudência se opuseram à ressarcibilidade em virtude da violação de um direito da personalidade. Era forte a corrente que entendia que a indenização, por ter uma função ressarcitiva, objetivando apagar o dano, estaria ligada aos direitos patrimoniais.

Não se aceitava, quando da violação de um direito extrapatrimonial, insuscetível de avaliação econômica, a atribuição de uma compensação pecuniária, argumentando-se que não seria possível, com isso, a supressão do dano.[59]

Esse quadro somente se pacificou no Brasil com a promulgação da Constituição Federal de 1988, que expressamente previu a possibilidade de indenização por dano moral ou à imagem (art. 5º, V[60]), seguindo-se disposição do Código

---

56. CAPELO DE SOUSA, Rabindranath Valentino Aleixo. *O direito geral de personalidade*, p. 414.
57. COELHO, Fábio Ulhoa. *Curso de direito civil*, v. 1, p. 183.
58. GARCIA, Enéas Costa. *Direito geral da personalidade no sistema jurídico brasileiro*, p. 43.
59. CORDEIRO, António Menezes. *Tratado de direito civil português*, Parte Geral, t. III, p. 109-110.
60. Art. 5º, V: "é assegurado o direito de resposta, proporcional ao agravo, além da indenização por dano material, moral ou à imagem".

Civil de 2002 no mesmo sentido (art. 186[61]). Assim, hoje não há dúvidas acerca da compensabilidade decorrente da violação de um direito não patrimonial.

Bastante elucidativa, nesse ponto, era a fórmula do art. 476 (dano não patrimonial) do então projeto do Código Civil português de 1966, que, sem justificativa conhecida, acabou perdendo, no texto final, a referência expressa aos direitos da personalidade:[62]

> 1. O dever de indemnizar compreende os danos de carácter não patrimonial que, pela sua gravidade, mereçam a tutela do direito. É objecto de satisfação pecuniária quando seja suficientemente grave e merecedor de proteção jurídica. Tal acontece, em especial, nos casos de lesão de direitos de personalidade (...).

Deflui do texto que os direitos da personalidade não fazem parte do patrimônio em sentido estrito, no entanto, apresentam bastante relevância para a vida econômica das pessoas. Por isso, em caso de lesão, pode ser devida indenização por danos patrimoniais[63] e/ou extrapatrimoniais.[64]

Aliás, nem poderia ser diferente, pois mesmo que se saiba que em virtude do seu caráter extrapatrimonial não seria possível suprir o dano a determinado direito da personalidade, é preferível uma indenização pecuniária, que compense o mal sofrido, do que nada fazer.[65]

E arremata Paulo Mota Pinto: "Estes prejuízos não são avaliáveis em dinheiro, pelo que a atribuição de uma soma pecuniária correspondente apenas se legitima, não pela ideia de indemnização ou reconstituição, mas pela de compensação".[66]

Não é outro o entendimento de Messineo, que ensina que a lesão dos direitos da personalidade se manifesta em um dano à pessoa, o qual é chamado de dano não patrimonial, já que não dá lugar propriamente ao ressarcimento.[67]

De fato, aqui não há que se falar em equivalência entre o direito à indenização pelo dano e o direito da personalidade lesado, uma vez que não se está diante de direitos avaliáveis em dinheiro. O montante a ser pago em pecúnia

---

61. Art. 186: "Aquele que, por ação ou omissão voluntária, negligência ou imprudência, violar direito e causar dano a outrem, ainda que exclusivamente moral, comete ato ilícito".
62. CORDEIRO, António Menezes. *Tratado de direito civil português*, Parte Geral, t. III, p. 112.
63. No que toca aos casos de indenização por dano patrimonial, aduzem Brox e Walker que os direitos não patrimoniais podem muito bem apresentar consequências patrimoniais, o que ocorre, por exemplo, no caso de lesão do direito ao nome, que pode causar um dano patrimonial ao titular desse direito, ensejando a correspondente indenização (BROX, Hans; WALKER, Wolf-Dietrich. *Allgemeiner Teil des BGB*, p. 26).
64. CAPELO DE SOUSA, Rabindranath Valentino Aleixo. *O direito geral de personalidade*, p. 415.
65. CORDEIRO, António Menezes. *Tratado de direito civil português*, Parte Geral, t. III, p. 110.
66. PINTO, Paulo Mota. Direitos de personalidade no Código Civil português e no novo Código Civil brasileiro. *Revista Jurídica*, v. 51, n. 314, p. 33.
67. MESSINEO, Francesco. *Manuale di diritto civile e commerciale*, p. 4-5.

não corresponde ao bem da personalidade violado, tratando-se apenas de uma forma de compensação.[68] É que o montante eventualmente pago não guarda praticamente nenhuma equivalência com o bem lesado, pois não há como restituí-lo à pessoa de modo plenamente satisfatório, bastando imaginar aqui a indenização em decorrência da morte de um filho. Pergunta-se: qual pai se sentiria compensado?

Consequentemente, entende-se que não obstante a extrapatrimonialidade dos direitos da personalidade, em caso de lesão é possível uma compensação em pecúnia, o que em nada altera seu caráter não patrimonial. É que não se pode confundir um direito extrapatrimonial com a responsabilidade civil decorrente de sua ofensa.

Superada a questão da indenização por danos patrimoniais e/ou extrapatrimoniais, passa-se agora ao problema da utilização econômica de determinados bens da personalidade.

É sabido que determinados direitos da personalidade admitem uma contraprestação pecuniária pelo seu uso, inclusive para fins comerciais, como se dá com o direito à imagem, o direito ao nome,[69] o direito à voz humana, o direito de autor etc.

Em razão disso, há autores que entendem que existem direitos da personalidade patrimoniais e não patrimoniais. É o caso de Orlando Gomes, que inclui entre os direitos patrimoniais, em categoria à parte devido à originalidade do seu teor, os direitos autorais.[70]

Outros autores tomam a extrapatrimonialidade dos direitos da personalidade com ressalvas, entre eles António Menezes Cordeiro, o qual aduz que uma "afirmação, feita sem mais, não é correta". Assim, partindo da comerciabilidade, propõe uma divisão tríplice dos direitos da personalidade:

> – direitos de personalidade não patrimoniais em sentido forte: o Direito não admite que os correspondentes bens sejam permutados por dinheiro: o direito à vida, o direito à saúde e à integridade corporal;

---

68. CUPIS, Adriano de. *I diritti della personalità*, p. 54-55.
69. Segundo Bruno Petit, ao titular do nome é permitida sua utilização para fins comerciais, o que não impediu a doutrina francesa contemporânea de reconhecê-lo como um direito extrapatrimonial de natureza híbrida, ou seja, direito da personalidade em seu aspecto individual e direito de família em seu aspecto coletivo. Ademais, informa o autor que a Corte de Cassação já decidiu que o nome deixa de ser um atributo da personalidade quando se torna um signo distintivo (nome comercial ou marca) destacado da pessoa, sendo então submetido a um regime de proteção distinto (PETIT, Bruno. *Les personnes*, p. 32-33).
70. GOMES, Orlando. *Introdução ao direito civil*, p. 103.

– direitos de personalidade não patrimoniais em sentido fraco: eles não podem ser abdicados por dinheiro embora, dentro de certas regras, se admita que surjam como objecto de negócios patrimoniais ou com algum alcance patrimonial; assim sucede com o direito à saúde ou à integridade física, desde que não sejam irreversivelmente atingidos, nos termos que regem a experimentação humana;

– direitos de personalidade patrimoniais: representam um valor econômico, são avaliáveis em dinheiro e podem ser negociados no mercado: nome, imagem e fruto da actividade intelectual.[71]

Obtempera, porém, que mesmo os direitos de personalidade patrimoniais continuam a se reportar aos bens da personalidade, cujo regime jurídico específico afasta as regras determinadas meramente pelo mercado. Ademais, não obstante a atenuação, afirma ser possível a manutenção da natureza de personalidade desses direitos.[72]

Em todo caso, apesar da possibilidade de realização de negócio jurídico patrimonial com bens da personalidade, é certo que não se pode estipular propriamente um preço para as faculdades humanas.

Tais manifestações patrimoniais, em realidade, não passam de aspectos secundários diante da estrutura dos direitos da personalidade,[73] que não possuem um conteúdo patrimonial direto e ainda não deixam de ter sempre em vista o interesse da própria pessoa, a sua dignidade.

A patrimonialidade de um direito não se confunde, assim, com a mera possibilidade de obtenção de vantagem pecuniária. De fato, os bens da personalidade "permitem ao sujeito conseguir outros bens revestidos daquela utilidade, mas não podem nem identificar-se nem confundir-se com estes outros".[74]

François Terré e Dominique Fenouillet igualmente lembram que os direitos extrapatrimoniais não são necessariamente desprovidos de consequências pecuniárias.[75]

No mesmo sentido, pontifica Capelo de Sousa:

Na verdade, os direitos de personalidade adentro da esfera jurídica global do sujeito prendem-se ao chamado hemisfério pessoal, dizendo directamente respeito à categoria do ser e não do ter da pessoa, muito embora influam nesta, não tendo como objecto coisas do mundo externo e nem sequer pessoas diferentes do seu titular.[76]

---

71. CORDEIRO, António Menezes. *Tratado de direito civil português*, Parte Geral, t. III, p. 97.
72. CORDEIRO, António Menezes. *Tratado de direito civil português*, Parte Geral, t. III, p. 98.
73. GARCIA, Enéas Costa. *Direito geral da personalidade no sistema jurídico brasileiro*, p. 43-44.
74. CUPIS, Adriano de. *Os direitos da personalidade*, p. 36.
75. TERRÉ, François; FENOUILLET, Dominique. *Droit civil*: les personnes, la famille, les incapacites, p. 56.
76. CAPELO DE SOUSA, Rabindranath Valentino Aleixo. *O direito geral de personalidade*, p. 414-415.

8 • AS CARACTERÍSTICAS DOS DIREITOS DA PERSONALIDADE

Em suma, aos direitos da personalidade, apesar da produção de consequências secundárias de ordem econômica (indenização e utilização econômica), deve-se reconhecer o caráter extrapatrimonial, mesmo porque a pessoa humana não é redutível, "nem mesmo por ficção jurídica, apenas à esfera patrimonial". Não se está aqui tratando de uma categoria enquadrável na dimensão patrimonial, mas sim naquela existencial, que se ocupa do ser e não do ter, visto que a pessoa, considerada em sua humanidade, é o "valor fonte" do ordenamento jurídico.[77]

8.4 CARÁTER ORIGINÁRIO E OS DIREITOS DA PERSONALIDADE SUPERVENIENTES

8.4.1 Conceito e fundamento

O caráter originário (ou inato) dos direitos da personalidade esteve, inicialmente, ligado ao esquema filosófico da escola de direito natural do século XVII, cujos expoentes foram, entre outros, Grócio, Pufendorf, Wolff, Leibniz. Essa escola, em sua luta contra o despotismo e o totalitarismo da realeza, distinguia os direitos inatos dos direitos adquiridos, opondo-os aos poderes reais, o que acabou sendo posteriormente assimilado, sobretudo, pela Declaração francesa dos Direitos do Homem e do Cidadão de 1789 e pelo Código Civil austríaco de 1811 (*Allgemeines Bürgerliches Gesetzbuch – ABGB*).[78]

Aliás, o Código Civil austríaco, que se deve ao jusnaturalista Zeiller, ainda hoje continua a consagrar expressamente no seu § 16[79] os direitos inatos, refletindo, sem dúvida, a influência das ideias de Kant.[80]

O Código Civil português de 1867, seguindo a mesma linha jusnaturalista e liberal, previu os chamados "direitos originários" (art. 359°[81]), que derivariam da própria natureza do homem,[82] deduzíveis pela própria razão, equivalendo aos direitos inatos ou primitivos. A inclusão desses direitos no referido código, é de

---

77. MARTINS-COSTA, Judith. *Os danos à pessoa no direito brasileiro e a natureza da sua reparação*. In: MARTINS-COSTA, Judith. *A reconstrução do direito privado*: reflexos dos princípios, diretrizes e direitos fundamentais constitucionais no direito privado, p. 413.
78. CAPELO DE SOUSA, Rabindranath Valentino Aleixo. *O direito geral de personalidade*, p. 416.
79. § 16 do Código Civil austríaco: "Direitos inatos. Cada homem tem direitos inatos, já evidentes através da razão, e por isso deve considerar-se uma pessoa." Transcrição do original: "*Angeborne Rechte § 16. Jeder Mensch hat angeborne, schon durch die Vernunft einleuchtende Rechte, und ist daher als eine Person zu betrachten*".
80. MARTINS-COSTA, Judith. *Pessoa, personalidade, dignidade*, p. 169-170.
81. Art. 359 do Código Civil português de 1867. "Dizem-se direitos originários os que resultam da própria natureza do homem, e que a lei civil reconhece, e protege como fonte e origem de todos os outros. Estes direitos são: 1° O direito de existência; 2° O direito de liberdade; 3° O direito de associação; 4° O direito de apropriação; 5° O direito de defesa."
82. CAPELO DE SOUSA, Rabindranath Valentino Aleixo. *O direito geral de personalidade*, p. 77-78.

se notar, está associada à reforma pombaliana da Universidade, que adotou a disciplina de direito natural (1772), bem como ao racionalismo e ao pragmatismo do Visconde de Seabra.[83]

Dessa maneira, atribuía-se, em um primeiro momento, no sentido jusnaturalista, o caráter inato, originário ou primitivo aos direitos da personalidade, pelo que ao Estado incumbiria apenas assegurá-los, garanti-los e, sobretudo, respeitá-los, já que esses direitos preexistiriam à ordem jurídica, não teriam sido cedidos ao Estado pelo homem,[84] independendo, portanto, do dado histórico do direito, revelado progressivamente pela experiência.

Entretanto, como já foi visto, atualmente as teorias jusnaturalistas, fundadas no direito natural, que independe de considerações espaciais ou temporais, não podem ser admitidas, uma vez que os direitos da personalidade derivam do ordenamento jurídico e da evolução histórica da humanidade.[85]

Assim, quando se considera que os direitos da personalidade inatos, não se quer dizer que sua existência independa ou seja anterior ao sistema jurídico, uma vez que essa acepção mostra-se equivocada, dado que a fundamentação dos direitos da personalidade está justamente dentro do sistema jurídico.[86]

Por conseguinte, o caráter originário ou inato deve ser entendido no sentido de que os direitos da personalidade nascem com o ser humano, são adquiridos automaticamente, "não se tornando necessário para a sua existência qualquer pressuposto ulterior", qualquer outro requisito. É exatamente isso que se dá quando tratamos da vida, do corpo, da liberdade, da honra e da identidade.[87]

8.4.2 O problema do nascituro

O estudo do caráter inato dos direitos da personalidade remete, invariavelmente, às doutrinas concepcionista e natalista, que merecem alguns esclarecimentos.

Os direitos da personalidade, de acordo com Maria Helena Diniz, são inatos pelo fato de que são adquiridos no instante da concepção e não podem ser retirados da pessoa enquanto ela vive, pois dizem respeito à qualidade humana.[88]

---

83. CORDEIRO, António Menezes. *Tratado de direito civil português*, Parte Geral, t. III, p. 53.
84. TEPEDINO, Gustavo. *Temas de direito civil*, p. 36.
85. Nesse mesmo sentido, esclarece Dogliotti que na Itália a doutrina nitidamente predominante rejeitou as posições jusnaturalistas, sustentando a prevalência do dado normativo (DOGLIOTTI, Massimo. Le persone fisiche. In: RESCIGNO, Pietro. *Trattato di diritto privato*, v. 2, p. 54).
86. SILVA, Edson Ferreira da. Direitos de personalidade – Os direitos de personalidade são inatos? *Revista dos Tribunais*, São Paulo, v. 694, p. 31, ago. 1993.
87. CAPELO DE SOUSA, Rabindranath Valentino Aleixo. *O direito geral de personalidade*, p. 416.
88. DINIZ, Maria Helena. *Compêndio de introdução à ciência do direito*, p. 122.

8 • AS CARACTERÍSTICAS DOS DIREITOS DA PERSONALIDADE **149**

Assim, reconhece a autora, desde a concepção, direitos ao nascituro, filiando-se à teoria concepcionista.

Carlos Roberto Gonçalves posiciona-se da mesma forma, ou seja, reconhece que os direitos da personalidade são adquiridos no momento da concepção.[89]

Silmara Juny Chinelato também sustenta que o Código Civil se filiou à corrente concepcionista, asseverando que os direitos da personalidade do nascituro são suficientes para alicerçá-la. Segunda a autora, os direitos não patrimoniais, entre eles os direitos da personalidade, "não dependem do nascimento com vida e, antes, a ele visam".[90]

Igualmente, Roxana Cardoso Brasileiro Borges considera que o nascituro já é titular de direitos da personalidade, argumentando que a aquisição da personalidade, na forma do art. 2º do Código Civil, determina apenas a aquisição de direitos patrimoniais.[91]

Isso também se verifica na obra de Pontes de Miranda, que perspicazmente reconhece ao nascituro, entre outros direitos da personalidade, os direitos à integridade, física e psíquica, e à vida, "pelos quais hão de zelar os pais ou o curador ao ventre".[92]

A essa doutrina concepcionista, defendida pelos autores suprarreferidos e presente no Esboço de Teixeira de Freitas, opõem-se os autores natalistas, que consideram que a aquisição da personalidade se opera não no momento da concepção, mas tão somente a partir do nascimento com vida.[93] Assim, os estudiosos defensores da concepção natalista ligam o caráter inato dos direitos da personalidade ao nascimento e à consequente aquisição da personalidade jurídica.

O Código Civil brasileiro de 2002, dando continuidade à tradição do Código Civil de 1916 (art. 4º), estabeleceu que a personalidade civil da pessoa começa do nascimento com vida, mas pôs a salvo, desde a concepção, os direitos do nascituro (art. 2º do CC).

---

89. GONÇALVES, Carlos Roberto. *Direito civil brasileiro*, v. 1, p. 158.
90. CHINELATO, Silmara Juny. Estatuto jurídico do nascituro: o direito brasileiro. In: DELGADO, Mário Luiz; ALVES, Jones Figueirêdo (coord.). *Grandes temas de direito privado*, v. 6, p. 53.
91. BORGES, Roxana Cardoso Brasileiro. *Direitos de personalidade e autonomia privada*, p. 33.
92. PONTES DE MIRANDA, Francisco Cavalcanti. *Tratado de direito privado*, t. VII, p. 34.
93. Na Espanha, antes da modificação da legislação em 2011, exigia-se, para a aquisição da personalidade, que o feto tivesse a forma humana, isto é, que não fosse um monstro, bem como que houvesse decorrido um prazo de vinte e quatro horas de vida, contado da separação do corpo materno (art. 30 do Código Civil espanhol) (TOBENÃS, Jose Castan. *Derecho civil espanõl, comum y foral*, t. 1, v. II, p. 125-126). A redação atual do art. 30 Código Civil espanhol determina que a personalidade é adquirida no momento do nascimento vivo, após o completo desprendimento do ventre da mãe.

A nosso ver, a legislação pátria não andou bem com a previsão acima mencionada. É que tal disposição não responde mais aos anseios de uma sociedade moderna, uma vez que ela não resolve o problema dos seres humanos já concebidos, mas ainda não nascidos, especialmente se for levado em conta que atualmente é possível o congelamento e armazenamento, por vários anos, de embriões produzidos em fecundação *in vitro*.[94]

O problema também é sentido na Alemanha, dado que o § 1º do BGB[95] outorga a capacidade de direito à pessoa apenas a partir do nascimento completo e a Lei de Proteção aos Embriões (*Embryonenschutzgesetz*) tipifica criminalmente determinadas condutas. Todavia, a legislação nada esclarece acerca do *status* civil do embrião.[96]

Dessa forma, para tentar dar uma solução à situação civil do ser humano por nascer, há autores alemães que admitem, excepcionalmente, uma capacidade de direito parcial ("... *das ungeborene Leben bereits vor der Geburt partiell rechtsfähig ist*"), bem como entendem indispensável uma particular proteção constitucional,[97] que se estenderia inclusive ao embrião *in vitro*.

Larenz e Wolf posicionam-se favoravelmente à proteção constitucional (art. 2, 2, da Lei Fundamental de Bonn – GG) da vida e da saúde do nascituro, independentemente de um posterior nascimento ou da saúde da sua genitora.[98] Johannes Hager igualmente admite que o nascituro goze de proteção da sua personalidade.[99]

Não é outro o entendimento do Tribunal Constitucional alemão (*Bundesverfassungsgericht* – BVerfG), que reconhece expressamente ao ser humano por nascer a dignidade humana, outorgando-lhe proteção inclusive diante dos seus genitores.[100]

---

94. Andou melhor, no que toca à proteção dos nascituros, o art. 26 do Código Civil da Louisiana: "Um nascituro deve ser considerado como uma pessoa natural, desde o momento da concepção, para tudo quanto diga respeito aos seus interesses. Se a criança nasceu morta, deve-se considerar como nunca tendo existido como pessoa, exceto para fins de ações resultantes de sua morte injusta". Transcrição do original: "*Art. 26. Unborn child. An unborn child shall be considered as a natural person for whatever relates to its interests from the moment of conception. If the child is born dead, it shall be considered never to have existed as a person, except for purposes of actions resulting from its wrongful death*".
95. § 1º do BGB: "*Beginn der Rechtsfähigkeit. Die Rechtsfähigkeit des Menschen beginnt mir der Vollendung der Geburt*". Tradução livre: "§ 1º Começo da capacidade de direito. A capacidade de direito do ser humano começa com a conclusão do nascimento".
96. WEICK, Günter. Naturliche Personen, Verbraucher, Unternehmer. In: *J. von Staudingers Kommentar zum Bürgerlichen Gesetzbuch mit Einführungsgesetz und Nebengesetzen*, p. 191.
97. BORK, Reinhard. *Allgemeiner Teil des Bürgerlichen Gesetzbuchs*, p. 65-66.
98. LARENZ, Karl; WOLF, Manfred. *Allgemeiner Teil des Bürgerlichen Rechts*, p. 125-126.
99. HAGER, Johannes. Das Recht der unerlaubten Handlungen. In: *J. von Staudingers Kommentar zum Bürgerlichen Gesetzbuch*, p. 835.
100. WEICK, Günter. Naturliche Personen, Verbraucher, Unternehmer. In: *J. von Staudingers Kommentar zum Bürgerlichen Gesetzbuch mit Einführungsgesetz und Nebengesetzen*, p. 189.

8 • AS CARACTERÍSTICAS DOS DIREITOS DA PERSONALIDADE — 151

Em Portugal a polêmica entre os natalistas e concepcionistas, tal qual no Brasil, está longe de um consenso. A tese tradicional de que a personalidade jurídica tem início com o nascimento encontra sustentação no art. 66º do Código Civil português. A doutrina concepcionista, por sua vez, é a adotada, por exemplo, no ensino de Teoria Geral do Direito Civil na Faculdade de Direito de Lisboa.[101]

Entre os concepcionistas portugueses está José de Oliveira Ascensão, que, apoiado no art. 1.878º[102] do Código Civil português, esclarece que só uma pessoa pode ser representada, sendo que a "consequência da representação é necessariamente a de os efeitos jurídicos se projectarem directamente na esfera jurídica do representado", decorrendo dessa disposição legal a confirmação de que ao embrião é atribuída personalidade jurídica.[103]

Capelo de Sousa reconhece no concebido uma personalidade jurídica parcial, "pois podem existir lesões e ilícitos juscivilisticamente tutelados nos casos em que o concebido morra antes do nascimento".[104]

Na Itália, a Corte Constitucional teria ido além, visto que em conhecido julgado considerou o embrião como pessoa (n. 27 de 18 de fevereiro de 1975).[105] Contudo, alerta Alberto Trabucchi que, apesar de ser bem vista a exigência ideal de alargamento da fronteira de defesa da vida humana do nascimento para a concepção, a tutela do nascituro ficou fortemente limitada pela faculdade de abortar reconhecida às gestantes[106] (Lei n. 194, de 22 de maio de 1978).[107]

Parece-nos, assim, diante do desenvolvimento científico e social que se está presenciando, que o melhor caminho é o da teoria concepcionista,[108] a qual

---

101. VASCONCELOS, Pedro Pais de. *Direito de personalidade*, p. 104.
102. "Artigo 1878º (Conteúdo do poder paternal). 1. Compete aos pais, no interesse dos filhos, velar pela segurança e saúde destes, prover ao seu sustento, dirigir a sua educação, representá-los, ainda que nascituros, e administrar os seus bens."
103. ASCENSÃO, José de Oliveira. *Direito civil*: teoria geral, v. I, p. 55.
104. CAPELO DE SOUSA, Rabindranath Valentino Aleixo. *O direito geral de personalidade*, p. 363-364.
105. PERLINGIERI, Pietro. *Perfis do direito civil*, p. 177.
106. TRABUCCHI, Alberto. *Istituzioni di diritto civile*, p. 71.
107. Segundo Perlingieri, a Lei n. 194, de 22 de maio de 1978, de um lado tutela a vida humana desde o seu início ("*dal suo inizio*"), o que afasta o controle de natalidade de seu âmbito. Por outro lado, as suas sucessivas disposições tendem a favorecer o interesse à saúde da mãe em relação a um possível interesse à vida do nascituro. Assim, admite-se o aborto não somente até 90 dias da concepção, quando suscita um sério perigo para a saúde física e psíquica da mulher em relação a determinadas condições, circunstâncias ou previsões (art. 4º), mas também depois de tal prazo, quando suscita um grave perigo para a vida ou para a saúde da mulher (art. 6º) (PERLINGIERI, Pietro, *Istituzioni di diritto civile*, p. 83).
108. Previa o Projeto de Lei n. 6.960/2002, já arquivado, uma nova redação para o art. 2º do Código Civil, nos seguintes termos: "A personalidade civil da pessoa começa do nascimento com vida; mas a lei põe a salvo, desde a concepção, os direitos do embrião e os do nascituro". De acordo com a justificação do Deputado Léo Alcântara, a proposta de alteração do art. 2º do Código Civil objetivava que o embrião, antes de implantado e viabilizado no ventre materno, pudesse ser considerado sujeito de direitos. Em

é inclusive a adotada por muitos países.[109] Ao contrário do que muitos pensam, tal teoria era seguida por Teixeira de Freitas e Clóvis Beviláqua,[110] só não tendo sido consagrada pelo Código Civil de 1916 em razão de alterações promovidas pelo Poder Legislativo.

E não há nenhum impedimento de ordem natural à adoção da teoria concepcionista. Na verdade, trata-se meramente do arbítrio do ordenamento jurídico no que toca à atribuição da personalidade.[111] Ora, da mesma forma que se negava no passado a personalidade jurídica aos escravos, existem hodiernamente ordena-

---

realidade, tal proposta bipartia a personalidade humana em formal e material, de maneira que por meio da primeira seria reconhecido ao embrião e ao nascituro os direitos da personalidade, já a segunda outorgaria, a partir do nascimento, os outros direitos civis, particularmente os patrimoniais, que permaneceriam em estado latente desde a concepção (SZANIAWSKI, Elimar. *Direitos de personalidade e sua tutela*, p. 195). A proposta acolhia a doutrina da Professora Maria Helena Diniz, que ensina: "O embrião, ou o nascituro, tem resguardados, normativamente, desde a concepção, os seus direitos, porque a partir dela passa a ter existência e vida orgânica e biológica própria, independentemente da de sua mãe. Se as normas o protegem é porque tem personalidade jurídica. Na vida intrauterina, ou mesmo *in vitro*, tem personalidade jurídica formal, relativamente aos direitos da personalidade, consagrados constitucionalmente, adquirindo personalidade jurídica material apenas se nascer com vida, ocasião em que será titular dos direitos patrimoniais e dos obrigacionais, que se encontravam em estado potencial, e do direito às indenizações por dano moral e patrimonial por ele sofrido" (DINIZ, Maria Helena. *O estado atual do biodireito*, p. 110). Silmara Juny Chinelato opõe-se a tal proposta de alteração da redação do art. 2º do Código Civil, afirmando que "o conceito de nascituro – ser concebido e ainda não nascido – é amplo, não importando o *locus* da concepção", de maneira que a inclusão da "palavra não jurídica e restritiva 'embrião' significa negar a qualidade de nascituro para quem já a tem" (CHINELATO, Silmara Juny. Estatuto jurídico do nascituro: o direito brasileiro. In: DELGADO, Mário Luiz; ALVES, Jones Figueirêdo (coord.). *Grandes temas de direito privado*, v. 6, p. 48).

109. Vale citar aqui o exemplo do Código Civil argentino de 1869, que, influenciado pelo Esboço de Teixeira de Freitas, afastou qualquer tipo de polêmica em relação à personalidade dos seres humanos não nascidos, estabelecendo: "*Art. 70. Desde la concepción en el seno materno comienza la existencia de las personas; y antes de su nacimiento pueden adquirir algunos derechos, como si ya hubiesen nacido. Esos derechos quedan irrevocablemente adquiridos si los concebidos en el seno materno nacieren con vida, aunque fuera por instantes después de estar separados de su madre*". Também é digno de nota o art. 1º do Código Civil peruano: "*Sujeto de Derecho. La persona humana es sujeto de derecho desde su nacimiento. La vida humana comienza con la concepción. El concebido es sujeto de derecho para todo cuanto le favorece. La atribución de derechos patrimoniales está condicionada a que nazca vivo*". O § 22 do Código Civil austríaco (ABGB) também reconhece a personalidade do nascituro.

110. Segundo Clóvis Beviláqua, o Projeto do Código Civil brasileiro, elaborado em 1899, declarava que a personalidade civil do ser humano começava com a concepção. Contudo, seguindo-se a posição dominante, acabou por prever nossa legislação que a personalidade civil começa do nascimento com vida. Isso, todavia, não impediu Beviláqua de se posicionar peremptoriamente a favor do início da personalidade no momento da concepção: "se a existência se calcula desde a concepção, para atribuir desde então, direito ao homem, é irrecusável que, a começar desse momento, ele é sujeito de relações jurídicas" (BEVILÁQUA, Clóvis. *Teoria geral do direito civil*, p. 100). Silmara Juny Chinelato, entretanto, aduz que Clóvis Beviláqua era adepto da corrente da personalidade condicional, pois reconhecia a personalidade desde a concepção, com a condição de nascer com vida (CHINELATO, Silmara Juny. Estatuto jurídico do nascituro: o direito brasileiro. In: DELGADO, Mário Luiz; ALVES, Jones Figueirêdo (coord.). *Grandes temas de direito privado*, v. 6, p. 54).

111. CUPIS, Adriano de. *Os direitos da personalidade*, p. 20.

8 • AS CARACTERÍSTICAS DOS DIREITOS DA PERSONALIDADE 153

mentos jurídicos que a concedem ao ser humano por nascer e, por conseguinte, evitam o desperdício de rios de tinta em discussões.

Clóvis Beviláqua manifesta-se nessa mesma linha acerca da personalidade jurídica, a qual ele considera como "uma criação social, exigida pela necessidade de pôr em movimento o aparelho jurídico, e que, portanto, é modelada pela ordem jurídica".[112]

Ademais, ainda que não se acolha integralmente a teoria concepcionista, reconhecendo-se o ser humano por nascer como sujeito de direitos e obrigações, deve ficar claro que uma ampla proteção é-lhe outorgada pela Constituição, em especial no que atine aos direitos da personalidade.[113]

Seja como for, não se tem aqui a intenção de desenvolver um estudo aprofundado sobre tal questão, bastando ficar claro que o caráter inato dos direitos da personalidade está associado, em linhas gerais, para os natalistas, ao nascimento, e para os concepcionistas, à concepção.

8.4.3 Direitos da personalidade supervenientes

Ao lado do caráter originário ou inato emergente da maioria dos poderes jurídicos relacionados aos direitos da personalidade, também existem aqueles poderes jurídicos que surgem em um momento posterior ao da concepção ou ao do nascimento, por efeito e consequência de um fato próprio, como é o caso, por exemplo, dos poderes relativos ao direito ao nome, ao direito moral de autor, ao sigilo de cartas-missivas, à não divulgação de retratos e à reserva sobre fatos íntimos da vida familiar.[114]

Normalmente, os autores incluem o chamado direito moral de autor entre esses direitos da personalidade supervenientes (adquiridos ou derivados), ao argumento de que ele pressupõe a criação prévia de uma obra, da qual nasce o direito.

Carlos Alberto Bittar, entrementes, opõe-se ao reconhecimento da distinção entre os direitos da personalidade originários e os supervenientes, argumentando que todos os direitos da personalidade são ínsitos ao ser humano, cabendo à ciência jurídica "apontá-los e estruturá-los, na medida em que evoluem os conceitos".[115]

---

112. BEVILÁQUA, Clóvis. *Teoria geral do direito civil*, p. 93.
113. CORDEIRO, António Menezes. *Tratado de direito civil português*, Parte Geral, t. III, p. 263.
114. CAPELO DE SOUSA, Rabindranath Valentino Aleixo. *O direito geral de personalidade*, p. 416-417.
115. BITTAR, Carlos Alberto. *Direitos da personalidade*, p. 9.

Segundo o autor, a distinção em questão decorre da confusão entre a existência do direito da personalidade e o seu reconhecimento. Assim, aduz que no caso do direito autoral a criação da obra consiste apenas no exercício desse direito, o qual teria surgido com o próprio ser humano, que inclusive tem o direito de não criar a obra.[116]

E arremata, fazendo uma comparação entre o direito de propriedade e os direitos da personalidade, para concluir que a existência desses direitos não se confunde com o seu exercício:

> Por absurdo, a adoção de orientação diversa levaria a considerar-se existente o direito de propriedade em si, apenas para o proprietário, ou seja, pela sua materialização, na aquisição de um imóvel por uma determinada pessoa. Tomada nas últimas consequências, essa posição levaria ao esvaziamento total do âmbito dos direitos da personalidade ou dos direitos do homem em geral.[117]

Contudo, tal posicionamento não se sustenta, haja vista que o direito de propriedade, bem como todos os demais direitos previstos pelo ordenamento jurídico, têm sua existência concreta a depender da ocorrência de fatos ou de situações que marcam o seu nascimento para um determinado sujeito.[118]

Assim, se o entendimento defendido por Carlos Alberto Bittar fosse aceito, não somente os direitos da personalidade, mas também todos os demais direitos seriam inatos, visto que previstos abstratamente pelo ordenamento jurídico.

Por conseguinte, não se poderia falar no caráter inato dos direitos da personalidade, uma vez que esse atributo estaria ligado igualmente a todos os direitos, o que, sem dúvida nenhuma, tornaria tal caracterização desnecessária, visto que não se prestaria a distinguir os direitos da personalidade de outros direitos.

E ao lado do direito moral de autor, outro direito da personalidade que pode ser arrolado entre os direitos adquiridos é o direito ao nome, que é uma das manifestações do direito à identidade pessoal.

Realmente, conforme Pontes de Miranda, enquanto o direito a ter nome é um direito inato pelo fato de a pessoa nascer com ele, o direito ao nome não é inato, mas sim superveniente, visto que surge com a aposição do nome, com o seu registro civil.[119]

---

116. BITTAR, Carlos Alberto. *Direitos da personalidade*, p. 9.
117. BITTAR, Carlos Alberto. *Direitos da personalidade*, p. 10.
118. SILVA, Edson Ferreira da. Direitos de personalidade – Os direitos de personalidade são inatos? *Revista dos Tribunais*, v. 694, p. 31.
119. PONTES DE MIRANDA, Francisco Cavalcanti. *Tratado de direito privado*, t. VII, p. 35.

8 • AS CARACTERÍSTICAS DOS DIREITOS DA PERSONALIDADE — 155

José de Oliveira Ascensão também não atribui ao direito ao nome o caráter originário, asseverando que isso se dá pelo fato de que a pessoa não nasce com o nome, o qual lhe é aposto posteriormente. Aduz ainda que a situação se torna mais clara "se considerarmos que fazem parte do nome os títulos nobiliárquicos; e que o próprio nome pode, em circunstâncias precisamente determinadas por lei, ser modificado". Ademais, nota o autor que o que verdadeiramente surge como um direito da personalidade inato é o direito à identidade pessoal e não o direito ao nome.[120]

Com isso, não se pode ignorar a existência de direitos da personalidade constituídos por operação jurídica, de maneira que, em regra, os direitos da personalidade são originários ou inatos (e.g., vida, liberdade, honorabilidade, autoestima), no entanto, também há valores da personalidade que surgem em momento posterior (e.g. direito moral do autor e direito ao nome). Isso conduziu Rosa Nery à afirmação de que "todos os direitos inatos são direitos da personalidade e alguns direitos da personalidade não são inatos".[121]

Destarte, é certo que o caráter inato ou originário dos direitos da personalidade é o prevalente. Apesar disso, não se pode deixar de lembrar que alguns direitos da personalidade têm origem em um momento posterior, são de aquisição superveniente, o que não lhes retira sua valoração como atinente à personalidade.

8.5 VITALICIEDADE

8.5.1 Prelúdio

Os direitos da personalidade acompanham o ser humano durante toda a sua existência, desde a concepção até a morte.[122] Não podem faltar em nenhum momento da vida, jamais se perdendo enquanto viver o seu titular, ainda que ele não os esteja exercendo.

Como acompanham o ser humano, permanecendo *ad vitam* na esfera do seu próprio titular, aos direitos da personalidade é atribuído pela doutrina e jurisprudência o caráter vitalício. É dizer: enquanto a pessoa estiver viva a ela são reconhecidos os direitos da personalidade.

Em princípio, a vitaliciedade dos direitos da personalidade cessa com a morte da pessoa (art. 6º do Código Civil[123]), quando ela deixa de ter personalidade e, consequentemente, ser sujeito de direitos e obrigações.

---

120. ASCENSÃO, José de Oliveira. *Direito civil*: teoria geral, v. I, p. 111.
121. NERY, Rosa Maria de Andrade. *Introdução ao pensamento jurídico e à teoria geral do direito privado*, p. 295.
122. MEIER, Philippe. *Droit des personnes*, p. 304.
123. Art. 6º do Código Civil: "A existência da pessoa natural termina com a morte; presume-se esta, quanto aos ausentes, nos casos em que a lei autoriza a abertura de sucessão definitiva".

Contudo, em função da natureza especial do objeto dos direitos da personalidade e de algumas peculiaridades que apresentam, parte da doutrina defende que a sua proteção, excepcionando a regra geral, não fica limitada ao período em que o ser humano estava vivo, outorgando-se verdadeira proteção *post mortem* em favor de determinados direitos da personalidade.

Assim, ao lado dos direitos da personalidade que pressupõem um titular vivo e atuante e que efetivamente cessam com a morte (v.g. o direito à vida, à integridade física e à liberdade), existem aqueles que exigem uma proteção *post mortem*, dado que continuam a influir no curso social e, por isso, perduram no mundo jurídico (v.g. direito ao cadáver, à proteção da sepultura, às partes destacadas do corpo, à identidade, à imagem, à honra, ao bom nome, à vida privada, às obras do espírito e demais objetivações criadas pelo defunto etc.).[124]

No mesmo sentido manifesta-se António Menezes Cordeiro, distinguindo os direitos de personalidade "que, por definição, não possam ser pós-eficazes (*maxime*, o próprio direito à vida) daqueles que representem bens perenes: direitos ao nome, às cartas-missivas confidenciais, à imagem e à reserva sobre a intimidade da vida privada".[125]

E não somente parcela da doutrina, mas atualmente também a própria legislação reconhece a existência de uma tutela *post mortem* dos direitos da personalidade, sendo certo que no Brasil o destaque fica com os arts. 12, parágrafo único,[126] e 20, parágrafo único,[127] ambos do Código Civil. Referidos artigos conferem, para a defesa dos direitos da personalidade do morto, legitimação extraordinária ao cônjuge ou a parentes mais próximos, que agem em nome próprio, mas em defesa do direito do falecido.[128]

O Código Civil português avançou mais nesse ponto do que o direito pátrio, já que previu expressamente, em seu art. 71º, que os direitos da personalidade gozam de proteção depois da morte do respectivo titular. Dispositivos idênticos ao português estão previstos nos códigos civis de Cabo Verde e de Macau.[129]

---

124. CAPELO DE SOUSA, Rabindranath Valentino Aleixo. *O direito geral de personalidade*, p. 189-192.
125. CORDEIRO, António Menezes. *Tratado de direito civil português*, Parte Geral, t. III, p. 462.
126. Art. 12, parágrafo único: "Em se tratando de morto, terá legitimação para requerer a medida prevista neste artigo o cônjuge sobrevivente, ou qualquer parente em linha reta, ou colateral até quarto grau".
127. Art. 20, parágrafo único: "Em se tratando de morto ou de ausente, são partes legítimas para requerer essa proteção o cônjuge, os ascendentes ou os descendentes".
128. GARCIA, Enéas Costa. *Direito geral da personalidade no sistema jurídico brasileiro*, p. 39.
129. Art. 71º, 1, do Código Civil português (Ofensa a pessoas já falecidas): "Os direitos de personalidade gozam igualmente de protecção depois da morte do respectivo titular". Art. 69º, 1, do Código Civil de Cabo Verde: "Os direitos de personalidade gozam igualmente de protecção depois da morte do respectivo titular". Art. 68º, 1, do Código Civil de Macau (Ofensa a pessoas já falecidas): "Os direitos de personalidade gozam igualmente de protecção depois da morte do respectivo titular".

8 • AS CARACTERÍSTICAS DOS DIREITOS DA PERSONALIDADE 157

Dessa forma, a existência da tutela *post mortem* dos direitos da personalidade é hoje bastante difundida, chegando Rixecker a afirmar que "a proteção dos direitos da personalidade de um ser humano conhece uma vida depois da morte", cujo fundamento está na dignidade da pessoa humana, que não tem sua inviolabilidade encerrada com o término da vida.[130]

Lehnig, em estudo sobre a dignidade da pessoa humana, chegou à mesma conclusão, asseverando que "todas as pessoas já nascidas são portadoras de dignidade humana, mas também o nascituro e a pessoa já falecida".[131]

Todavia, não se trata de tema imune a disputas doutrinárias e jurisprudenciais.[132]

De fato, se a personalidade termina com a morte da pessoa natural (*mors omnia solvit*), o que é uma constante nos diversos ordenamentos jurídicos de direito continental, surge a indagação acerca da justificativa da tutela *post mortem* dos direitos da personalidade, bem como da atribuição da titularidade dos bens jurídicos protegidos e dos poderes jurídicos respectivos. Na tentativa de responder a essas e outras indagações, foram desenvolvidas teorias para dar sustentáculo ou refutar a tutela *post mortem* dos direitos da personalidade, o que será analisado no tópico seguinte.

8.5.2 A fundamentação da tutela *post mortem* dos direitos da personalidade

Como foi mencionado *supra*, muitas teorias foram desenvolvidas com o objetivo de fundamentar a proteção da personalidade depois da morte. Dentre essas teorias, merecem destaque as seguintes:[133] a) a teoria do prolongamento da personalidade, que nega a extinção da personalidade com a morte, sendo a personalidade do defunto "empurrada" para depois da morte; b) a teoria da memória

---

130. RIXECKER, Ronald. Allgemeines Persönlichkeitsrecht. In: *Münchener Kommentar zum Bürgerlichen Gesetzbuch*, p. 279 e 282.

131. LEHNIG, Kirsten. *Der verfassungsrechtliche Schutz der Würde des Menschen in Deutschland und in den USA*, p. 302.

132. Na França, esclarece Bruno Petit que a Corte de Cassação, no caso Érignac, julgou que a família do falecido assassinado pode se prevalecer do caráter ilícito da publicação de uma fotografia julgada atentatória à dignidade da pessoa humana (PETIT, Bruno. *Les personnes*, p. 36).

133. Capelo de Sousa apresenta um rol mais extenso de teorias: "As construções mais comuns vão desde as que aqui ressurgem a figura de direitos sem sujeito, às que fazem decorrer tal tutela de um dever jurídico geral, às que admitem uma personalidade jurídica parcial pós-mortal, às que diferentemente consideram que a protecção advém dos interesses e direitos de pessoas vivas que seriam afectadas por actos ofensivos da memória do falecido e às que tomam tais pessoas vivas apenas como fiduciárias dos direitos de personalidade do falecido" (CAPELO DE SOUSA, Rabindranath Valentino Aleixo. *O direito geral de personalidade*, p. 364-365).

do falecido como bem autônomo, a qual defende que o art. 71º, 1, do Código Civil português não objetiva a proteção dos direitos da personalidade do *de cujus*, mas, antes, a sua memória; e c) a teoria do direito dos vivos, que argumenta que a tutela em questão objetiva a proteção das pessoas enumeradas no art. 71º, 2 (o cônjuge sobrevivo ou qualquer descendente, ascendente, irmão, sobrinho ou herdeiro do falecido), afetadas por atos ofensivos à memória do falecido. António Menezes Cordeiro prefere a última teoria, argumentando que a tutela *post mortem* nada mais é do que a proteção concedida ao "direito que os familiares têm de exigir o respeito pelo descanso e pela memória dos seus mortos".[134]

O mesmo ponto de vista é adotado por Pedro Pais de Vasconcelos, o qual sustenta que objetivamente o direito protege o respeito pelos mortos como um valor ético e subjetivamente defende a inviolabilidade moral dos seus familiares e herdeiros. Por conseguinte, não reconhece o autor a tutela da personalidade dos mortos, mas sim o direito que têm os vivos de defender o respeito pelos mortos.[135]

Carlos Alberto da Mota Pinto também vê no art. 71º, 1, do Código Civil português uma proteção de interesses dos direitos de pessoas vivas, afetadas por atos ofensivos da memória do falecido.[136]

No direito suíço, prevalece a teoria da proteção da memória (*Andenkensschutzlehre*). Os autores suíços fundamentam sua posição no art. 31, 1 do ZGB,[137] que estabelece que a personalidade termina com a morte, não cabendo, assim, mais ao ser humano morto direitos e deveres e nem bens da personalidade. Com isso, aceita-se que os parentes próximos do falecido, em razão de seu sentimento pelo morto, passam a ter direitos da personalidade próprios para a defesa do *de cujus*.[138]

Na mesma linha, Francisco Amaral, comentando o art. 12, parágrafo único, do Código Civil brasileiro, aduz que qualquer decisão tomada pelos herdeiros do falecido se funda em direito próprio, não se falando em representação, que não se estabelece em relação a alguém já falecido.[139]

Nelson Nery Junior e Rosa Maria de Andrade Nery também pregam a titularidade dos herdeiros do falecido:

---

134. CORDEIRO, António Menezes. *Tratado de direito civil português*, Parte Geral, t. III, p. 465-466.
135. VASCONCELOS, Pedro Pais de. *Direito de personalidade*, p. 120-121.
136. PINTO, Carlos Alberto da Mota. *Teoria geral do direito civil*, p. 205.
137. Art. 31, 1 do Código Civil suíço: "*Die Persönlichkeit beginnt mit dem Leben nach der vollendeten Geburt und endet mit dem Tode*". Tradução livre: "A personalidade começa com a vida depois de concluído o nascimento e termina com a morte".
138. KNELLWOLF, Esther. *Postmortaler Persönlichkeitsschutz*. Zürich: Schulthess, 1991.
139. AMARAL, Francisco. *Direito civil*: introdução, p. 267-268.

8 • AS CARACTERÍSTICAS DOS DIREITOS DA PERSONALIDADE · 159

A personalidade termina com a morte (CC, 6º) e, com isso, evidentemente, finda o mais importante objeto do direito de personalidade, que é a vida. Mas as operações jurídicas criadas em virtude do exercício do chamado direito de personalidade do morto podem continuar gerando efeitos jurídicos passíveis, também, de tutela sob a rubrica do direito de personalidade, agora titularizado em alguém que, por sua condição especial, vive situação jurídica de vantagem em virtude de circunstâncias da vida pessoal de quem já é morto.[140]

Na jurisprudência brasileira, por seu turno, pode-se destacar decisão do Superior Tribunal de Justiça, reconhecendo que os sucessores têm, por direito próprio, legitimidade para postular indenização em juízo:

> Os direitos da personalidade, de que o direito à imagem é um deles, guardam como principal característica a sua intransmissibilidade. Nem por isso, contudo, deixa de merecer proteção a imagem de quem falece, como se fosse coisa de ninguém, porque ela permanece perenemente lembrada nas memórias, como bem imortal que se prolonga para muito além da vida, estando até acima desta, como sentenciou Ariosto. Daí porque não se pode subtrair da mãe o direito de defender a imagem de sua falecida filha, pois são os pais aqueles que, em linha de normalidade, mais se desvanecem com a exaltação feita à memória e à imagem de falecida filha, como são os que mais se abatem e se deprimem por qualquer agressão que possa lhes trazer mácula. Ademais, a imagem de pessoa famosa projeta efeitos econômicos para além de sua morte, pelo que os seus sucessores passam a ter, por direito próprio, legitimidade para postularem indenização em juízo (STJ, REsp 268660-RJ, rel. Min. César Asfor Rocha, *DJU* 19.02.2001).

José de Oliveira Ascensão, pelo contrário, entende que o bem jurídico em causa é a memória do morto, e não seus direitos da personalidade, perfilando-se entre os defensores da teoria da memória do falecido como bem autônomo.[141]

Parece ser esse o caminho escolhido pelo Tribunal Constitucional alemão (*Bundesverfassungsgericht* – BVerfG), que admite a cessação dos direitos da personalidade com a morte, mas reconhece, com fulcro na Lei Fundamental (art. 1, 1, da GG), uma pretensão geral de respeito à pessoa falecida, assim como a vigência de valores morais, pessoais e sociais, que foram adquiridos através do próprio desenvolvimento da vida. Assim, após a morte do ser humano sobreviveriam valores que exigem respeito e proteção do ordenamento jurídico.[142]

Contudo, de acordo com Larenz e Wolf, a jurisprudência alemã tem dilatado a proteção da personalidade humana para além da morte (*postmortaler Persölichkeitsschutz*),[143] o que pode ser sentido em julgados do Tribunal Federal de Justiça (*Bundesgerichtshof* – BGH), que, conforme esclarece Heinz Hübner,

---

140. NERY JUNIOR, Nelson; NERY, Rosa Maria de Andrade. *Código Civil comentado*, p. 181-182.
141. ASCENSÃO, José de Oliveira. *Direito civil*: teoria geral, v. I, p. 101.
142. WEICK, Günter. Natürliche Personen, Verbraucher, Unternehmer. In: *J. von Staudingers Kommentar zum Bürgerlichen Gesetzbuch mit Einführungsgesetz und Nebengesetzen*, p. 180.
143. LARENZ, Karl; WOLF, Manfred. *Allgemeiner Teil des Bürgerlichen Rechts*, p. 161.

tem fundamentado a proteção da personalidade da pessoa falecida no direito geral da personalidade.[144]

Na doutrina alemã, tratando do direito à própria imagem, Jürgen Helle entende que o § 22, 3 e 4, da Lei sobre os direitos de autor de obras de arte visuais e fotografia (*KunstUrhG*) regula a continuação do direito à própria imagem depois da morte, cabendo aos parentes as medidas atinentes à sua proteção. Esclarece ainda o autor que os parentes não têm nenhum direito próprio em relação à imagem do morto, uma vez que depois da morte esse direito à própria imagem continua a existir como decorrência do direito geral da personalidade.[145]

Todavia, as controvérsias no direito alemão estão longe de terminar, buscando tanto a doutrina como a jurisprudência uma justificação para o direito geral da personalidade *post mortem*.[146] Predomina, entrementes, o entendimento no sentido de que os herdeiros e parentes não exercitam o direito da personalidade do *de cujus*, mas sim atuam em interesse próprio, que não o do falecido.[147]

Antunes Varela, Pires de Lima,[148] Paulo Mota Pinto e Capelo de Sousa posicionam-se, em Portugal, a favor da permanência dos direitos da personalidade do defunto após o seu passamento.

Segundo Capelo de Sousa, os poderes emergentes da tutela geral da personalidade são, por força do art. 70º do Código Civil português, vocacionalmente perpétuos, gozando, sem restrições temporais, de proteção depois da morte do respectivo titular. Por isso, não há que se falar na confusão desses direitos com os interesses das pessoas a quem a lei atribui apenas capacidade de exercício.[149] E completa o autor:

> Deste modo, e para além de certos direitos especiais de personalidade de pessoas falecidas expressamente regulados, o nosso legislador quis proteger individualmente as pessoas já falecidas contra qualquer ofensa ilícita ou ameaça de ofensa à respectiva personalidade física ou moral que existia em vida e que permaneça após a morte, assim se podendo também falar de uma tutela geral da personalidade do defunto.[150]

---

144. HÜBNER, Heinz. *Allgemeiner Teil des Bürgerlichen Gesetzbuches*, p. 107.
145. HELLE, Jürgen. *Besondere Persönlichkeitsrechte im Privatrecht*, p. 61-62.
146. Na Áustria e na Alemanha a doutrina dominante reconhece a existência de um direito de personalidade póstumo. Todavia, é discutível se esse direito seria um direito próprio dos parentes do falecido ou se seria um direito concedido ao falecido. Doralt e Aicher veem tanto um direito do falecido como um direito próprio dos parentes, enquanto que Bydlinski vê simplesmente a concessão de um direito próprio dos parentes (SCHMÄDEL, Judith von. *Persönlichkeitsrechte im österreichischen und deutschen Filmrecht unter besonderer Beachtung der Rechte des Filmschauspielers*, p. 33-34).
147. SZANIAWSKI, Elimar. *Direitos de personalidade e sua tutela*, p. 108.
148. VASCONCELOS, Pedro Pais de. *Direito de personalidade*, p. 118-119.
149. CAPELO DE SOUSA, Rabindranath Valentino Aleixo. *O direito geral de personalidade*, p. 413.
150. CAPELO DE SOUSA, Rabindranath Valentino Aleixo. *O direito geral de personalidade*, p. 193.

Entre nós ressalta Silvio Romero Beltrão que o ataque à personalidade de pessoa falecida é injusto, uma vez que "os valores da personalidade humana, dignos de proteção, perduram muito mais além do que a capacidade jurídica da pessoa".[151]

Não é outro o entendimento de Álvaro Villaça Azevedo e Gustavo Rene Nicolau, que apontam a grande inovação do parágrafo único do art. 12 do Código Civil como sendo a proteção dos direitos da personalidade de alguém que já faleceu e expressamente declaram que os direitos da personalidade "permanecem vivos, mesmo diante do falecimento do seu titular".[152]

O mesmo posicionamento é defendido por Silmara Juny Chinelato, a qual aduz que o Código Civil inova no que toca aos mortos, pois expressamente lhes reconhece, no parágrafo único do art. 12 e no parágrafo único do art. 20, direitos da personalidade.[153]

Nessa linha, o Enunciado 1 das Jornadas de Direito Civil do Conselho da Justiça Federal também indica o reconhecimento do direito da personalidade *post mortem*, visto que atribui ao natimorto alguns direitos da personalidade, tais como: nome, imagem e sepultura.[154] Aliás, entre os direitos mencionados, o tema do direito do natimorto ao nome já foi inclusive enfrentado pelo Tribunal de Justiça de São Paulo, que, ao revisar as Normas de Serviço Cartórios Extrajudiciais da Corregedoria Geral de Justiça, deu nova interpretação à Lei dos Registros Públicos, permitindo a atribuição de nome ao natimorto, o que representa, sem nenhuma dúvida, o reconhecimento desse direito da personalidade ao natimorto.[155]

Em todo caso, não obstante as discussões em torno de sua aceitação, o fato é que a tutela *post mortem* da personalidade é reconhecida por uma ampla gama de autores, bem como, a nosso ver, pela legislação brasileira, pelo que se passará a uma breve análise de alguns problemas decorrentes do seu reconhecimento.

---

151. BELTRÃO, Silvio Romero. *Direitos da personalidade*, p. 89.
152. AZEVEDO, Álvaro Villaça; NICOLAU, Gustavo Rene. *Código Civil comentado*, v. I, p. 51.
153. CHINELATO, Silmara Juny. Tendências da responsabilidade civil no direito contemporâneo: reflexos no Código de 2002. In: DELGADO, Mário Luiz; ALVES, Jones Figueirêdo (coord.). *Grandes temas de direito privado*, v. 5, p. 603.
154. Enunciado 1 das Jornadas de Direito Civil do Conselho da Justiça Federal: "Art. 2º: A proteção que o Código defere ao nascituro alcança o natimorto no que concerne aos direitos da personalidade, tais como: nome, imagem e sepultura".
155. Vale aqui mencionar o disposto no item 32, do Capítulo XVII, do Tomo II, das Normas de Serviço Cartórios Extrajudiciais da Corregedoria Geral de Justiça de São Paulo: "Em caso de natimorto, facultado o direito de atribuição de nome, o registro será efetuado no livro "C-Auxiliar" com o índice em nome do pai ou da mãe, dispensado o assento de nascimento".

8.5.3 A tutela *post mortem* da personalidade

Realmente, durante muito tempo foi sustentado que a ofensa praticada contra uma pessoa morta não podia ser considerada como lesão a direito do próprio falecido, mas sim como desrespeito a direito reflexo dos parentes, dos herdeiros do *de cujus*, ou seja, não se falava na eficácia póstuma dos direitos da personalidade.

Atualmente, entretanto, com o reconhecimento da tutela *post mortem* de certos direitos da personalidade, muitos autores passaram a admitir que as ações intentadas pelos sucessores do falecido outorgam tão somente legitimação processual para a defesa dos direitos da personalidade do defunto, não admitindo, por conseguinte, a transmissão do próprio direito da personalidade.

Com isso, surge o problema de se saber se a tutela da personalidade do falecido engloba, ao lado do recurso incontroverso às providências dirigidas à prevenção ou à atenuação dos efeitos da ofensa cometida, a possibilidade de responsabilização civil com o pagamento de indenização por perdas e danos.[156]

Como dito *supra*, as tutelas preventiva ou atenuante são devidas, mas o pagamento de indenização em razão de lesão à personalidade do morto é bastante controvertido, particularmente na Alemanha.

Hubmann se opõe, no direito alemão, às pretensões em dinheiro nos casos de ofensas dirigidas a pessoas falecidas, asseverando que ao defunto já não pode mais ser proporcionada compensação através do dinheiro.[157]

A mesma opinião é compartilhada por Rixecker, que explica que a lesão de direito da personalidade após a morte resolve-se com as pretensões de omissão (*Unterlassung*) e de retratação (*Widerruf*), não sendo aceitável nenhuma pretensão de compensação pecuniária (*Geldentschädigung*), já que depois da morte os interesses imateriais do falecido não podem ser compensados.[158]

Igualmente, Günter Weick explana que uma pretensão à compensação em razão de danos imateriais a direito da personalidade *post mortem* é predominante negada pelos autores alemães.[159] E Heinz Hübner acrescenta que o BGH, não obstante reconhecer o direito da personalidade *post mortem*, também não

---

156. CAPELO DE SOUSA, Rabindranath Valentino Aleixo. *O direito geral de personalidade*, p. 195.
157. HUBMANN, Heinrich. *Das Persönlichkeitsrecht*, p. 348.
158. RIXECKER, Ronald. Allgemeines Persönlichkeitsrecht. In: Münchener Kommentar zum Bürgerlichen Gesetzbuch, p. 283.
159. WEICK, Günter. Naturliche Personen, Verbraucher, Unternehmer. In: J. von Staudingers Kommentar zum Bürgerlichen Gesetzbuch mit Einführungsgesetz und Nebengesetzen, p. 180.

8 • AS CARACTERÍSTICAS DOS DIREITOS DA PERSONALIDADE

admite a pretensão à indenização por danos morais (*Schmerzensgeldanspruch*) pela ofensa desse direito.[160]

Parece-nos, todavia, que a indenização ou a compensação é um modo possível e eficaz de tutelar a personalidade do defunto, perfeitamente enquadrável nos arts. 12 e 20 do Código Civil brasileiro, diferentemente do que ocorre no direito alemão, que não possui um dispositivo específico sobre o tema, o que levou à discussão doutrinária e jurisprudencial supramencionada.

Logicamente, deve-se buscar nos casos de lesão à personalidade humana a recondução ao estado anterior. No entanto, quando isso não for possível, quando a única sanção suscetível de aplicação ao caso concreto for a indenização em dinheiro, não se pode deixar os bens da personalidade da pessoa já falecida à mercê daqueles que pretendam ofendê-los. Portanto, não se deve aceitar o argumento de que os interesses imateriais do falecido não podem ser compensados, sendo válido o pagamento de indenização por dano não patrimonial aos legitimados enumerados nos arts. 12 e 20 do Código Civil brasileiro.

Nessa linha, em comentário ao art. 24, § 1º, da Lei n. 9.610/98, esclarecem Carlos Alberto Bittar e Carlos Alberto Bittar Filho que "os direitos da personalidade se extinguem, normalmente, com a exalação do último sopro vital. Excepcionalmente, porém, subsistem após a morte da pessoa, ensejando, em havendo compatibilidade lógica e substrato fático, a propositura da ação de ressarcimento", cuja legitimidade ativa caberá aos herdeiros do *de cujus*.[161]

Há, ainda, a possibilidade do pagamento de indenização como decorrência da coexistência de lesões. Em tais situações seria atingido tanto o direito da personalidade titularizado pela própria pessoa falecida quanto o direito de um parente. Desse modo, seria atribuída legitimidade ao cônjuge ou aos parentes para a defesa da personalidade da pessoa falecida e também haveria a possibilidade de tutela, por direito próprio, da lesão de um direito seu da personalidade.[162]

Capelo de Sousa também admite a indenização pelos danos à memória do *de cujus* como realidade objetiva e autônoma, de forma independente dos danos causados à família ou aos sucessores do defunto.[163]

E nesse sentido pode-se exemplificar com a hipótese da publicação da imagem de uma jovem falecida em um grave acidente, a qual acaba abalando a honra e a imagem da própria falecida, bem como provoca danos morais em sua mãe, o

---

160. HÜBNER, Heinz. *Allgemeiner Teil des Bürgerlichen Gesetzbuches*, p. 109.
161. BITTAR, Carlos Alberto; BITTAR FILHO, Carlos Alberto. *Tutela dos direitos da personalidade e dos direitos autorais nas atividades empresariais*, p. 39.
162. ZANINI, Leonardo Estevam de Assis. *Direito de autor*, p. 207.
163. CAPELO DE SOUSA, Rabindranath Valentino Aleixo. *O direito geral de personalidade*, p. 434.

que dá ensejo a pedidos diferentes realizados pela genitora da falecida, sendo um deles em nome próprio e o outro em nome da imagem da filha, que foi violada.[164] E isso se dá porque não há falar na transmissão do direito da personalidade do morto para seus sucessores.

Ademais, é de se notar que não há na legislação um limite temporal para a proteção dos direitos relativos à personalidade da pessoa falecida, o que acaba, na realidade, dependendo da existência de dados de fato sobre os bens da personalidade em causa, "particularmente em face da própria densidade da personalidade de defunto".[165]

No que toca aos direitos autorais, há previsão expressa de um limite temporal para a proteção do direito patrimonial de autor (art. 41[166] da Lei n. 9.610/98), mas nada é dito em relação ao direito moral de autor. Assim, considerando o disposto no art. 24 da Lei n. 9.610/98, é de se concluir que não há limite temporal para sua proteção, já que compete aos sucessores do autor a sua defesa, bem como, no caso de obra caída em domínio público, a defesa de sua autoria e integridade também compete ao Estado (art. 24, § 2º, da Lei n. 9.610/98).

Interessante posicionamento acerca do limite temporal existe no direito alemão, no qual os doutrinadores explicam que a duração da proteção dos valores patrimoniais dos direitos da personalidade do defunto terminam no mesmo prazo da proteção ao direito à própria imagem (§ 22, 3, KUrhG), ou seja, 10 anos depois da morte da pessoa.[167] A proteção do componente imaterial do direito geral da personalidade póstumo (*der postmortale Schutz des allgemeinen Persönlichkeitsrechts*), por outro lado, não termina, de acordo com o BGH, com o decurso do prazo de 10 anos, persistindo para além desse prazo.[168]

---

164. AZEVEDO, Álvaro Villaça; NICOLAU, Gustavo Rene. *Código Civil comentado*, v. I, p. 52.
165. CAPELO DE SOUSA, Rabindranath Valentino Aleixo. *O direito geral de personalidade*, p. 197.
166. Art. 41 da Lei 9.610/98: "Os direitos patrimoniais do autor perduram por setenta anos contados de 1º de janeiro do ano subsequente ao de seu falecimento, obedecida a ordem sucessória da lei civil".
167. BROX, Hans; WALKER, Wolf-Dietrich. *Allgemeiner Teil des BGB*, p. 367.
168. Urteil (Sentença) I ZR 277/03 do BGH, publicada em 5-10-2006, disponível em: <http://juris.bundesgerichtshof.de>. No caso, ao analisar a utilização do nome artístico de Klaus Kinski, falecido em 23.11.1991, em um domínio de internet "kinski-klaus.de", o BGH decidiu que o morto não é mais sujeito de direitos, o que não significa uma lacuna em sua proteção, visto que o § 823, 1, do BGB reconhece a proteção ao direito geral da personalidade. Ainda, segundo os juízes do BGH, a personalidade da pessoa humana é protegida para além da morte, na medida em que sua dignidade é garantida constitucionalmente (art. 1, 1, da GG). Apesar dessa fundamentação, a decisão não reconheceu a pretensão à indenização, eis que como a morte de Klaus Kinski se deu em 23.11.1991 teria decorrido o prazo de 10 anos de proteção do componente patrimonial do direito da personalidade do defunto, o que não impediu que a corte reconhecesse que a proteção do componente imaterial do direito geral da personalidade póstumo não se sujeitava ao referido prazo.

8 • AS CARACTERÍSTICAS DOS DIREITOS DA PERSONALIDADE   **165**

Paulo José da Costa Jr., em monografia acerca da tutela da intimidade, parece ter se inspirado no direito alemão quando tratou do problema da divulgação da esfera íntima do morto. Entende o autor que, se não houver reflexo na pessoa de vivos, deve "ser tutelada a divulgação da intimidade, mesmo após a morte, durante o período de pelo menos dez anos. Transcorrido esse interregno, desaparecidos os contemporâneos do morto, sua vida íntima poderá cair no domínio público".[169]

Discordamos, entretanto, desse posicionamento, já que como foi visto, no direito alemão o prazo de 10 anos diz respeito apenas à proteção dos valores patrimoniais e no direito brasileiro, por outro lado, não há nenhuma norma específica limitando temporalmente tal proteção.

Admitindo-se, desse modo, a proteção dos direitos relativos à personalidade da pessoa falecida, bem como a ausência de um limite temporal para a sua proteção, chegaremos à conclusão de que se pode, a determinados direitos da personalidade, atribuir um caráter perpétuo.

Por conseguinte, os direitos da personalidade serão considerados vitalícios se for admitido que terminam com o óbito do seu titular, perdurando durante toda a vida da pessoa. No entanto, poderão ser considerados perpétuos ou perenes, pelo menos alguns deles, se nos posicionarmos a favor do direito geral da personalidade *post mortem*, sem limite temporal.

8.6 IMPRESCINDIBILIDADE

Os direitos da personalidade são considerados pela doutrina imprescindíveis, essenciais à personalidade, haja vista que tutelam o núcleo da dignidade da pessoa humana,[170] formando a medula da personalidade.[171]

A ausência desses direitos tornaria a personalidade "uma suscetibilidade completamente irrealizável, privada de todo valor concreto", o que "equivale a dizer que, se eles não existissem, a pessoa não existiria como tal".[172] São eles, por isso, imprescindíveis, essenciais, não se admitindo, para o desenvolvimento da própria vida humana, a ausência desses direitos.[173]

Nas palavras de Paulo Mota Pinto, tais direito são essenciais, "uma vez que a própria personalidade humana quedaria descaracterizada se a proteção que

---

169. COSTA JÚNIOR, Paulo José da. *O direito de estar só*, p. 68.
170. LÔBO, Paulo Luiz Netto. Autolimitação do direito à privacidade. *RTDC*, v. 9, n. 34, p. 93, abr./jun. 2008.
171. BITTAR, Carlos Alberto. *Direitos da personalidade*, p. 6.
172. CUPIS, Adriano de. *Os direitos da personalidade*, p. 24.
173. LOTUFO, Renan. *Código Civil comentado*, v. 1, p. 49.

eles concedem não fosse reconhecida pela ordem jurídica", o que, uma vez mais, aproxima os direitos da personalidade dos direitos fundamentais.[174]

Ora, como os direitos da personalidade tratam do conteúdo mínimo da esfera jurídica da pessoa, é concebível que existam indivíduos tão pobres que não tenham direitos sobre bens do mundo exterior (direitos reais) ou em relação a outra pessoa (direitos de crédito), mas isso não significa que a estes indivíduos não seja reconhecida a tutela de um mínimo, de bens como a vida, a saúde, a integridade física, a honra, a liberdade, o nome, a imagem, a reserva sobre a intimidade da vida privada etc.

Não é outro o sentido do Enunciado 286 das Jornadas de Direito Civil do Conselho da Justiça Federal, que prevê: "Os direitos da personalidade são direitos inerentes e essenciais à pessoa humana, decorrentes de sua dignidade, não sendo as pessoas jurídicas titulares de tais direitos".

Assim, considerando que todos são dotados de um patamar mínimo de proteção, a simples existência do ser humano torna indispensável a previsão desses direitos para a afirmação da personalidade do indivíduo.

E nesse ponto nota-se a aproximação que existe entre a imprescindibilidade e a originalidade (caráter inato) dos direitos da personalidade, características essas que, não obstante distintas, muitas vezes são tratadas como sinônimas por alguns autores. Contudo, não há falar em sinonímia, bastando lembrar aqui o caso do direito ao nome, já tratado anteriormente, que, a despeito de ser imprescindível, não é adquirido no momento da concepção.

A sinonímia entre as duas características também é rechaçada por Adriano de Cupis, que esclarece que os direitos da personalidade, em razão da sua essencialidade, são, na maioria das vezes, direitos inatos, no entanto, há aqueles que "não têm por base o simples pressuposto da personalidade, e que, todavia, uma vez revelados, adquirem caráter de essencialidade".[175]

O mesmo posicionamento é defendido por Rosa Maria de Andrade Nery, a qual destaca que geralmente os direitos da personalidade são inatos em razão de seu caráter essencial. Entretanto, lembra que existem direitos que, apesar de essenciais à garantia dos valores concretos da personalidade, têm seu nascimento em um momento posterior ao da personalidade,[176] o que não permite a confu-

---

174. PINTO, Paulo Mota. Notas sobre o direito ao livre desenvolvimento da personalidade e os direitos de personalidade no direito português. In: SARLET, Ingo Wolfgang. *A Constituição concretizada*: construindo pontes com o público e o privado, p. 63.

175. CUPIS, Adriano de. *Os direitos da personalidade*, p. 27.

176. NERY, Rosa Maria de Andrade. *Introdução ao pensamento jurídico e à teoria geral do direito privado*, p. 296.

são entre a imprescindibilidade e o caráter originário (ou inato) dos direitos da personalidade.

Além disso, é de se notar que há autores que não só reconhecem a essencialidade dos direitos da personalidade, como também entendem que muitas outras características desses direitos, como a indisponibilidade, a intransmissibilidade aos herdeiros, o caráter inato e a vitaliciedade, dela decorrem.[177]

Todavia, é importante observar que esse mínimo necessário e imprescindível acaba passando pela ótica do intérprete[178] e do legislador. Isso porque é inegável que em determinados países a história, a cultura, a religião etc. exerceram influência de tal forma sobre o direito que acabou por se forjar uma essencialidade mais ou menos específica. Ou seja, o que se está aqui afirmando é que aquilo que é essencial, imprescindível, necessário para uma determinada sociedade, pode não sê-lo para outra, o que pode ser exemplificado com o direito e os valores das sociedades muçulmanas.

De fato, a questão da essencialidade não escapa, em certa medida, de uma apreciação subjetiva de cada operador do direito. Não se pode, logicamente, questionar a imprescindibilidade do direito à vida, mas há determinados direitos que apresentam uma essencialidade que poderia ser considerada como atenuada, que se situam em uma zona inferior quanto a essa característica.

Pense-se no caso dos direitos autorais, nos quais "o fim de assegurar um valor concreto à personalidade não chega a exigir necessariamente e só por si a sua existência, mas simplesmente a continuação desta, uma vez que eles são revelados pela eventual existência de uma figura que acresce ao pressuposto da personalidade".[179]

A questão não passa desavisada por Pedro Pais de Vasconcelos, que admite que os direitos ao nome e ao pseudônimo, à privacidade das cartas missivas, memórias e outros escritos, à imagem, à privacidade pessoal e o direito moral de autor são, sem dúvida, menos importantes do que outros tipificados na constituição, como o direito à vida e à integridade pessoal,[180] o que vem a demonstrar a existência de diferentes níveis de essencialidade dos direitos da personalidade, dado que acaba passando pelas diversas sociedades humanas, uma vez que nem todas elas atribuem aos bens da personalidade os mesmos valores (e.g. na sociedade japonesa o valor atribuído à honra é muito maior do que aquele reconhecido

---

177. TORRENTE, Andrea; SCHLESINGER, Piero. *Manuale di diritto privato*, p. 288.
178. DOGLIOTTI, Massimo. Le persone fisiche, In: RESCIGNO, Pietro. *Trattato di diritto privato*, v. 2, p. 54.
179. CUPIS, Adriano de. *Os direitos da personalidade*, p. 27.
180. VASCONCELOS, Pedro Pais de. *Direito de personalidade*, p. 103.

pelas sociedades ocidentais, chegando a honra, naquela sociedade oriental, muitas vezes a superar o próprio valor da vida humana).

A isso é necessário acrescer o fato de que a atipicidade dos direitos da personalidade, que permite, na medida em que a sociedade evolui, a inclusão de novos direitos na categoria, pode gerar indagações acerca do caráter essencial de alguns direitos da personalidade. Realmente, muitas vezes se constata a admissão nessa categoria de direitos que apresentam uma essencialidade bastante mitigada, fato que pode inclusive acarretar a banalização e o enfraquecimento desses direitos.

Diante desses dados, acredita-se que a essencialidade ou imprescindibilidade atribuída aos direitos da personalidade decorre, muitas vezes, da apreciação de cada sociedade, de cada ordenamento jurídico e até mesmo do indivíduo. Muitos direitos da personalidade, sem dúvida, são imprescindíveis para o ser humano (e.g. vida), mas alguns deles (e muitos outros que invariavelmente no futuro surgirão) não apresentam tanta nitidez quanto a essa característica; situam-se, no que toca à imprescindibilidade, em uma zona inferior. Assim, a imprescindibilidade está certamente ligada a muitos dos direitos da personalidade, mas também existem alguns que são menos imprescindíveis, que apresentam uma imprescindibilidade atenuada, porém, ainda assim, são essenciais. Tal atributo serve de critério de delimitação dos direitos da personalidade, o que evita, como dito antes, a sua banalização e o seu enfraquecimento. Em suma: se não existir uma essencialidade mínima não se trata de direito da personalidade.

8.7 INDISPONIBILIDADE

8.7.1 Autonomia privada e direitos da personalidade

A indisponibilidade é apontada pela doutrina brasileira, de forma praticamente unânime, como uma das características dos direitos da personalidade,[181] o que se faz com substrato no art. 11 do Código Civil, que reconhece a irrenunciabilidade, bem como a impossibilidade de limitação voluntária dos direitos da personalidade.

Dessa forma, estaria compreendida na irrenunciabilidade, característica expressamente prevista pelo Código Civil, a indisponibilidade dos direitos da personalidade, visto que seu titular deles não poderia livremente dispor.[182]

---

181. BORGES, Roxana Cardoso Brasileiro. *Direitos de personalidade e autonomia privada*, p. 115.
182. NERY JUNIOR, Nelson; NERY, Rosa Maria de Andrade. *Código Civil comentado*, p. 181.

8 • AS CARACTERÍSTICAS DOS DIREITOS DA PERSONALIDADE

Contudo, antes de qualquer juízo acerca dessa consagrada característica, deve-se lembrar que o conceito de disposição é bastante oscilante nas doutrinas brasileira e estrangeira, valendo aqui a apresentação de algumas ideias acerca da disponibilidade, bem como da autonomia privada.

De acordo com De Plácido e Silva, a disponibilidade, no âmbito do direito civil, é "a qualidade daquilo de que se pode dispor, em virtude do que se diz que é alienável". Em outro verbete de seu consagrado *Vocabulário jurídico* trata o autor da disposição, considerando-a como "ato de alienação ou de constituição de direitos, em virtude do qual, por ato *inter vivos* ou *causa mortis*, alguém dispõe (alheia ou aliena) bens que lhe são próprios em benefício ou proveito de outrem".[183]

Ocorre que enquanto alguns estudiosos definem disposição como o poder que tem o titular de um direito de transferi-lo para outrem, outros autores observam que tal poder não pode ser identificado com a faculdade de alienar, a qual é somente uma espécie macroscópica que atraiu sobre si toda a atenção, identificando-se como o gênero.

Assim, é melhor considerar a disposição como a faculdade de atuar sobre um direito segundo a vontade própria, o que não é a mesma coisa que a "faculdade de promover a passagem do direito do seu titular à outra pessoa".[184] É então visível que a primeira faculdade abrange a segunda, ou seja, a indisponibilidade é mais ampla que a inalienabilidade, pois a "possibilidade de alienar é apenas uma das formas de disposição do direito".[185]

Esse também é o sentido seguido por Enneccerus e Nipperdey, que entendem que "se a perda ou a modificação de um direito se baseia na vontade de uma pessoa e, portanto, em um negócio jurídico (declaração de vontade, infra § 145) falamos [então] de disposição".[186]

Luigi Ferri, conforme informa Roxana Cardoso Brasileiro Borges, considera o poder de disposição como sinônimo da autonomia privada. Assim, para Ferri, "autonomia privada e poder de disposição são exatamente o mesmo conceito, sendo que poder de disposição significa poder de ditar normas".[187]

Betti, citado por Orlando Gomes, conceitua a autonomia privada como "a atividade destinada a criar, modificar ou extinguir relações jurídicas entre

---

183. SILVA, De Plácido e. *Vocabulário jurídico*, v. 2, p. 101-102.
184. CUPIS, Adriano de. *I diritti della personalità*, p. 90.
185. GARCIA, Enéas Costa. *Direito geral da personalidade no sistema jurídico brasileiro*, p. 45-46.
186. ENNECCERUS, Ludwig; NIPPERDEY, Hans Carl. *Tratado de derecho civil*: parte general, t. I, p. 40 e s.
187. BORGES, Roxana Cardoso Brasileiro. *Direitos de personalidade e autonomia privada*, p. 47.

indivíduo e indivíduo, relações cuja vida e vicissitudes já estão disciplinadas por normas jurídicas existentes".[188]

Enéas Costa Garcia, por sua vez, resume a questão da seguinte forma: "o direito disponível é aquele que pode ser extinto ou modificado pela vontade do titular. A *contrario sensu*, o direito indisponível é aquele que está imune à vontade do titular quanto ao seu destino, direito que não pode ser extinto ou modificado pela sua vontade".[189]

Ora, tomando-se o sentido supramencionado, talvez não seja o caso de se falar em direitos indisponíveis, mas sim em direitos cuja disponibilidade é limitada pelo ordenamento jurídico, uma vez que qualquer negociação que tenha por objeto bens da personalidade deve ser subordinada à cláusula geral de tutela da pessoa humana.[190]

E é assim por que os atos de autonomia têm fundamentos diversificados, exigindo-se do ordenamento jurídico um tratamento diferenciado para os atos e atividades que regulam ora situações existenciais, como os direitos da personalidade, ora situações patrimoniais e, muitas vezes, umas e outras ao mesmo tempo.[191]

Não se pode, por conseguinte, excluir totalmente dos direitos da personalidade a atuação conforme a própria vontade do titular. Deve-se reconhecer a esses direitos, de forma geral, certa liberdade jurídica de exercício, não apenas de forma negativa, como tradicionalmente se pensava, mas também ativa ou positiva, uma vez que a eles se atribui uma autonomia privada estribada na dignidade da pessoa humana.

Aliás, a sociedade moderna é rica em exemplos que demonstram a relativização da indisponibilidade dos direitos da personalidade e o reconhecimento de uma autonomia privada com fundamentação diversa daquela das relações patrimoniais, como é o caso da permissão para o uso da imagem, do nome e da voz, a autorização para a divulgação de aspectos da privacidade e da intimidade, a doação de órgãos, o consentimento do envolvido em pesquisa científica,[192] a participação em esportes perigosos etc.

---

188. GOMES, Orlando. *Transformações gerais do direito das obrigações*, p. 44.
189. GARCIA, Enéas Costa. *Direito geral da personalidade no sistema jurídico brasileiro*, p. 46.
190. PERLINGIERI, Pietro. *Perfis do direito civil*, p. 18.
191. PERLINGIERI, Pietro. *Perfis do direito civil*, p. 276-277.
192. Na França, tal qual no Brasil, a legislação declara nulas todas as convenções que tenham por objeto conferir um valor patrimonial ao corpo humano, aos seus elementos ou aos seus produtos (art. 16-5 do Código Civil francês: *"Les conventions ayant pour effet de conférer une valeur patrimoniale au corps humain, à ses éléments ou à ses produits sont nulles"*). O legislador francês também proíbe a remuneração daquele que se presta a uma experiência ou a uma retirada de elementos ou de produtos de seu corpo (art. 16-6 do Código Civil francês: *"Aucune rémunération ne peut être allouée à celui qui se prête à une expérimentation sur sa personne, au prélèvement d'éléments de son corps ou à la collecte de produits de celui-ci"*). Assim sendo, as disposições envolvendo o corpo humano devem se dar de forma necessariamente gratuita (PETIT, Bruno. *Les personnes*, p. 27).

Considerando especificamente o desenvolvimento da ciência médica, Renan Lotufo também coloca em questão a indisponibilidade dos direitos da personalidade, lembrando as "hipóteses de doação de órgãos para efetivação de transplantes, a possibilidade de submissão a cirurgias de caráter estético, em que ocorre a eliminação de partes integrantes do organismo, ou até mesmo o implante de partes inexistentes anteriormente na pessoa".[193]

Ainda acerca do mesmo tema, obtempera Roxana Cardoso Brasileiro Borges que as questões relativas ao próprio corpo,[194] à disposição de órgãos e tecidos,[195] bem como de material genético, podem ser objeto de negócio jurídico, porém deve ser ressaltada a limitação no tocante à não suscetibilidade de contraprestação ou avaliação pecuniária desses negócios.[196]

Na mesma linha, destaca Bruno Petit que a indisponibilidade dos atos relativos ao corpo humano cessa se tais atos se fundamentam em objetivos médicos ou se eles estão em conformidade com a regulamentação da prática na qual eles se inserem. No entanto, lembra o autor que esses atos relativos ao corpo humano são necessariamente gratuitos no direito francês.[197]

Não é outra a posição de Silvio Romero Beltrão, que admite que os direitos da personalidade podem ser, em certas circunstâncias, restringíveis por meio de negócios jurídicos, lembrando dos casos em que alguém "abre mão voluntariamente de seu direito à intimidade ou à privacidade em programa de televisão", o que, em princípio, é permitido e não significa necessariamente que se esteja ferindo o princípio da dignidade da pessoa humana.[198]

Carlos Alberto Bittar, igualmente, destaca que frente às "necessidades decorrentes de sua própria condição, da posição do titular, do interesse negocial e da expansão tecnológica, certos direitos da personalidade acabaram ingressando na circulação jurídica". Entre eles vale citar o caso do direito à imagem e dos direitos

---

193. LOTUFO, Renan. *Código Civil comentado*, v. 1, p. 50.
194. Art. 14 do Código Civil brasileiro: "É válida, com objetivo científico, ou altruístico, a disposição gratuita do próprio corpo, no todo ou em parte, para depois da morte".
195. Art. 13 do Código Civil brasileiro: "Salvo por exigência médica, é defeso o ato de disposição do próprio corpo, quando importar diminuição permanente da integridade física, ou contrariar os bons costumes. Parágrafo único. O ato previsto neste artigo será admitido para fins de transplante, na forma estabelecida em lei especial". Quanto a esse artigo, vale aqui transcrever o Enunciado 276 das Jornadas de Direito Civil do Conselho da Justiça Federal: "O art. 13 do Código Civil, ao permitir a disposição do próprio corpo por exigência médica, autoriza as cirurgias de transgenitalização, em conformidade com os procedimentos estabelecidos pelo Conselho Federal de Medicina, e a consequente alteração do prenome e do sexo no Registro Civil".
196. BORGES, Roxana Cardoso Brasileiro. *Direitos de personalidade e autonomia privada*, p. 118.
197. PETIT, Bruno. *Les personnes*, p. 26.
198. BELTRÃO, Silvio Romero. *Direitos da personalidade*, p. 29.

autorais, cuja utilização por terceiros pode ser autorizada pela via contratual, mediante instrumentos adequados.[199]

A tais casos de disposição pode-se acrescentar a questão das testemunhas de Jeová, que por razões religiosas refutam a transfusão de sangue, o que é entendido pela jurisprudência como legítimo, somente se admitindo a terapia nos casos de estado de necessidade, quando o doente não tem a possibilidade de exprimir o consenso.[200]

Em arremate, Pierre Kayser não deixa de notar, no direito francês, a existência da autonomia privada em matéria de direitos da personalidade, argumentando, nitidamente influenciado pela doutrina tradicional, que em uma sociedade onde a liberdade de convenção é o princípio, e onde o individualismo não perdeu sua força, aos particulares não pode faltar a permissão de se estender as convenções aos direitos da personalidade, que deles podem se beneficiar.[201]

Diante de tudo isso, não há dúvida de que os direitos da personalidade também podem ser exercidos na esfera da autonomia privada da pessoa, o que deve ser valorizado. Por conseguinte, esses direitos não devem ser vistos meramente como deveres da pessoa, como defendido por parte da doutrina, mas sim como "liberdades de viver, de forma autônoma, os aspectos mais íntimos, mais próprios, mais personalíssimos de sua vida".[202]

8.7.2 Limitação voluntária do exercício dos direitos da personalidade

Pois bem, reconhecida a autonomia privada limitada em relação ao exercício dos direitos da personalidade, bem como que a disposição relativa a um valor existencial não pode ser colocada no mesmo patamar do ato de disposição de uma situação patrimonial,[203] distingue a doutrina dominante duas modalidades de consentimento nos casos de situações existenciais: a) o consentimento tolerante; b) o consentimento autorizante.[204]

---

199. BITTAR, Carlos Alberto. *Direitos da personalidade*, p. 12.
200. PERLINGIERI, Pietro. *Istituzioni di diritto civile*, p. 283.
201. KAYSER, Pierre. Les droits de la personnalité. *Revue Trimestrielle de Droit Civil*, t. 69, n. 3, p. 493.
202. BORGES, Roxana Cardoso Brasileiro. *Direitos de personalidade e autonomia privada*, p. 127.
203. PERLINGIERI, Pietro. *Perfis do direito civil*, p. 299.
204. Pedro Pais de Vasconcelos critica a classificação tricotômica, admitindo, no entanto, a existência de dois aspectos principais quanto à autonomia privada no exercício dos direitos da personalidade: o da iniciativa na defesa da personalidade e o da autovinculação à sua limitação ou compreensão. Afirma o autor que a classificação tripartida não parece útil, visto que o consentimento tolerante corresponde "ao género, ao regime geral da relevância do consentimento na lesão"; o consentimento autorizante diz respeito "ao regime especial do consentimento na lesão da personalidade"; e o consentimento vinculante "regressa ao género, ao regime geral do contrato" (VASCONCELOS, Pedro Pais de. *Direito de personalidade*, p. 153-154).

8 • AS CARACTERÍSTICAS DOS DIREITOS DA PERSONALIDADE **173**

De fato, segundo Emilio Betti, citado por Roxana Cardoso Brasileiro Borges, o consentimento pode-se dar "na forma de atos de disposição própria e direta ou na forma de disposição imprópria e indireta". Assim, no âmbito dos direitos da personalidade tem-se um ato de disposição própria e direta nos casos de consentimento para a prática de esportes em que há risco à integridade física dos participantes. Já o segundo tipo de consentimento existe nos atos de mera tolerância.[205] Daí, portanto, observam-se as duas modalidades de consentimento, ou seja, o consentimento autorizante, no primeiro caso, e o consentimento tolerante, no segundo.

O consentimento tolerante[206] é, conforme esclarece Capelo de Sousa, um ato jurídico unilateral permissivo, excludente da ilicitude, que só é admissível, no que toca aos direitos da personalidade, em situações excepcionais, normalmente quando se está diante de bens de pouca monta, à semelhança do que ocorre no Direito Penal. Ainda, vale lembrar que é necessário um consentimento específico para cada lesão, não se admitindo presunção, já que o consentimento tolerante não cria qualquer direito para o agente da lesão. Não se pode falar, assim, na permissão de novas ofensas até que o titular do direito declare que a elas se opõe, o que, em última análise, contrariaria os bons costumes, que, ao lado das proibições legais, limitam o consentimento tolerante.[207]

O consentimento é, sem dúvida, um requisito de licitude da atividade lesiva, que não pode nunca ser presumido, mas sim real, pessoal, consciente e sempre revogável. Não se limita a instaurar a relação, mas deve existir até o adimplemento.[208]

Carlos Alberto da Mota Pinto, na mesma linha, dá relevância ao consentimento do lesado (consentimento tolerante), afirmando se tratar de circunstância que exclui a ilicitude do ato lesivo e a responsabilidade civil, mas que para ser válido deve estar conforme os princípios da ordem pública. Por isso, o autor considera nulo o consenso na lesão do bem da vida, no entanto, aceita, dentro de certos limites, o consentimento do lesado no que toca à integridade física.[209]

E aqui é relevante lembrar que o ordenamento jurídico aprecia, *a priori*, o poder de iniciativa para autodeterminação dos interesses, sendo certo que a conduta da ordem jurídica pode ser: a) o reconhecimento, como se dá em certos

---

205. BORGES, Roxana Cardoso Brasileiro. *Direitos de personalidade e autonomia privada*, p. 128.
206. O consentimento do lesado é regulado em Portugal pelo art. 340° do Código Civil: "1. O acto lesivo dos direitos de outrem é lícito, desde que este tenha consentido na lesão. 2. O consentimento do lesado não exclui, porém, a ilicitude do acto, quando este for contrário a uma proibição legal ou aos bons costumes. 3. Tem-se por consentida a lesão, quando esta se deu no interesse do lesado e de acordo com a sua vontade presumível".
207. CAPELO DE SOUSA, Rabindranath Valentino Aleixo. *O direito geral de personalidade*, p. 411-412.
208. PERLINGIERI, Pietro. *Istituzioni di diritto civile*, p. 284.
209. PINTO, Carlos Alberto da Mota. *Teoria geral do direito civil*, p. 215.

casos de consentimento quanto à lesão à integridade física; b) o combate, o que se vê quando se fala em consenso na lesão do bem da vida; c) a mera ignorância.[210]

O consentimento autorizante, por outro lado, suscita maiores problemas. Realmente, os questionamentos se devem principalmente pelo fato de o art. 11 do Código Civil brasileiro expressamente veda a limitação voluntária dos direitos da personalidade, não obstante a doutrina brasileira tradicionalmente admitir os negócios com conteúdo não patrimonial, limitados, porém, pela Constituição, pelas leis, pela ordem pública e pelos bons costumes.

Esta é a posição de Enéas Costa Garcia, que não toma em caráter absoluto a disposição do art. 11 do Código Civil, combatendo aqueles que entendem que os direitos da personalidade não poderiam sofrer limitação voluntária no seu exercício.[211]

Não é outro o entendimento de João Baptista Villela, que, ao justificar a necessidade do Enunciado 4 das Jornadas de Direito Civil do Conselho da Justiça Federal, asseverou: "O art. 11 não pode ter querido excluir, em caráter absoluto, a abdicação voluntária dos direitos da personalidade, pois isso equivaleria a fazer deles antes uma prisão para o seu titular do que uma proteção de sua liberdade".[212]

Silvio Romero Beltrão, da mesma forma, critica a redação do art. 11 do Código Civil, já que de acordo com tal dispositivo "somente nos casos previstos em lei poderá haver limitação voluntária do exercício dos direitos da personalidade", o que é bastante complicado, dado que não é salutar tentar normatizar exaustivamente quais atos podem sofrer ou não limitação voluntária no seu exercício.[213]

Realmente, é praticamente impossível delimitar normativamente, de forma exaustiva, toda a gama de atos que estão na esfera de disponibilidade das pessoas, o que atualmente apenas pode ser feito por meio de conceitos jurídicos indeterminados ou por cláusulas gerais.[214]

Por isso, talvez teria sido melhor se o nosso Código Civil tivesse adotado para o referido dispositivo uma redação semelhante àquela do art. 81º do Código Civil português, que excepcionalmente não permite, nos casos de contrariedade aos princípios da ordem pública, a limitação voluntária dos direitos da personalidade.[215]

---

210. GOMES, Orlando. *Transformações gerais do direito das obrigações*, p. 44.
211. GARCIA, Enéas Costa. *Direito geral da personalidade no sistema jurídico brasileiro*, p. 154.
212. VILLELA, João Baptista. In: AGUIAR JÚNIOR, Ruy Rosado de. *Jornada de direito civil*. Brasília: CJF, 2003, p. 95.
213. BELTRÃO, Silvio Romero. *Direitos da personalidade*, p. 29.
214. ASCENSÃO, José de Oliveira. *Direito civil*: teoria geral, v. I, p. 93.
215. Art. 81º do Código Civil português (Limitação voluntária dos direitos de personalidade): "1. Toda a limitação voluntária ao exercício dos direitos de personalidade é nula, se for contrária aos princípios

8 • AS CARACTERÍSTICAS DOS DIREITOS DA PERSONALIDADE **175**

E além do respeito aos princípios da ordem pública, deve-se acrescentar, logicamente, que os negócios que envolvam direitos da personalidade devem observar também os demais requisitos previstos no art. 280º do Código Civil português,[216] com relevo para a não contrariedade aos bons costumes e para a determinabilidade, que exige "que qualquer limitação aos direitos da personalidade deve ser clara e perceptível, sob pena de poder assumir proporções com que o sujeito não pudesse contar".[217]

Igualmente leciona Pedro Pais de Vasconcelos, aduzindo que os negócios jurídicos que tenham por objeto bens da personalidade são ilícitos se contrariarem a ordem pública, a lei e os bons costumes (moral), o que decorre da interpretação dos arts. 81º, 1, e 280º do Código Civil português. E arremata o autor: "Só quando não forem contrárias à Lei injuntiva, à Moral e à Ordem Pública, são lícitas as limitações voluntárias dos direitos de personalidade".[218]

É com base justamente nesses limites que no direito português se veda a prática do suicídio ou a troca da vida por dinheiro. Por outro lado, permite-se a submissão voluntária da pessoa a testes em máquinas perigosas (piloto de testes), a realização de experiências médicas ou científicas das quais possam resultar perigo para a vida, bem como se admite o alistamento nas forças armadas ou de segurança, não obstante os riscos daí decorrentes. Pode-se lembrar ainda a admissão da "concessão de autorização para o uso, por exemplo, da sua imagem, para a invasão da sua privacidade, e têm-se visto até, em manifestações de péssimo gosto, o aviltamento público da sua dignidade".[219]

Tudo indica que o direito português, no que toca aos limites dos negócios que envolvem direitos da personalidade, inspirou-se no Código Civil italiano (art. 5º[220]), que veda os atos de disposição do corpo contrários à lei, à ordem pública e aos bons costumes.[221]

---

da ordem pública". Idêntica redação apresenta o art. 79º do Código Civil de Cabo Verde: "1. Toda a limitação voluntária ao exercício dos direitos de personalidade é nula, se for contrária aos princípios da ordem pública".

216. Art. 280º do Código Civil português (Requisitos do objeto negocial): "1. É nulo o negócio jurídico cujo objecto seja física ou legalmente impossível, contrário à lei ou indeterminável. 2. É nulo o negócio contrário à ordem pública, ou ofensivo dos bons costumes".

217. CORDEIRO, António Menezes. *Tratado de direito civil português*, Parte Geral, t. III, p. 109.

218. VASCONCELOS, Pedro Pais de. *Direito de personalidade*, p. 155-156.

219. VASCONCELOS, Pedro Pais de. *Direito de personalidade*, p. 153-155.

220. Art. 5º do Código Civil italiano: "*Atti di disposizione del proprio corpo. Gli atti di disposizione del proprio corpo sono vietati quando cagionino una diminuzione permanente della integrità fisica, o quando siano altrimenti contrari alla legge, all'ordine pubblico o al buon costume (1418)*". Tradução livre: "Os atos de disposição do próprio corpo. Os atos de disposição do próprio corpo são vedados quando causam uma diminuição permanente da integridade física, ou quando sejam de outra forma contrários à lei, à ordem pública ou aos bons costumes (1418)".

221. PERLINGIERI, Pietro. *Istituzioni di diritto civile*, p. 282.

O direito brasileiro, a despeito do que consta expressamente do Código Civil, está seguindo, no que toca à limitação voluntária dos direitos da personalidade, os passos dos códigos civis italiano e português.

Nesse sentido, merecem destaque os Enunciados 4[222] e 139[223] das Jornadas de Direito Civil do Conselho da Justiça Federal, que reconhecem que o exercício dos direitos da personalidade pode sofrer limitação voluntária, ainda que não especificamente previstas em lei.[224] Ressalvam-se, entretanto, os casos de abuso de direito e de contrariedade à boa-fé objetiva e aos bons costumes, bem como não se admite a limitação permanente ou geral.

Todavia, o problema da limitação dos negócios relativos aos direitos da personalidade pela ordem pública, pela moral e pelos bons costumes está no significado e na extensão de cada um desses elementos, que variam muito conforme o autor estudado. De fato, há quem inclua esses conceitos na ilicitude, outros incluem na ideia de ordem pública elementos próprios da moral e dos bons costumes, sendo certo ainda que a maior parte da doutrina considera a moral e os bons costumes como sinônimos.[225]

Seja como for, o que interessa aqui é apenas fixar que a disponibilidade dos direitos da personalidade normalmente esbarra na Constituição, nas leis, na ordem pública e nos bons costumes, fugindo ao tema, a nosso ver, um estudo aprofundado de cada um desses elementos limitantes da disponibilidade desses direitos.

Ao lado da particularidade no que toca à impossibilidade de limitação voluntária nos casos de abuso de direito e de contrariedade à boa-fé objetiva e aos bons costumes, deve-se ainda considerar que as limitações lícitas aos direitos da personalidade são sempre revogáveis, discricionária e unilateralmente, pelo seu titular, não obstante a exigência de indenização dos "prejuízos causados às legítimas expectativas da outra parte",[226] o que consta expressamente do art. 81º, 2 do Código Civil português.[227]

---

222. Enunciado 4 das Jornadas de Direito Civil do Conselho da Justiça Federal: "Art. 11: O exercício dos direitos da personalidade pode sofrer limitação voluntária, desde que não seja permanente nem geral".

223. Enunciado 139 das Jornadas de Direito Civil do Conselho da Justiça Federal: "Art. 11: Os direitos da personalidade podem sofrer limitações, ainda que não especificamente previstas em lei, não podendo ser exercidos com abuso de direito de seu titular, contrariamente à boa-fé objetiva e aos bons costumes".

224. Maria Helena Diniz, entretanto, nos comentários ao Código Civil coordenados por Ricardo Fiuza, assevera que "o exercício dos direitos da personalidade, com exceção das hipóteses previstas em lei, não poderá sofrer limitação voluntária", o que nos leva a concluir que a autora apenas admite a limitação voluntária dos direitos da personalidade nos casos expressamente previstos em lei (DINIZ, Maria Helena. In: FIUZA, Ricardo (coord.). *Novo Código Civil comentado*, p. 20).

225. BORGES, Roxana Cardoso Brasileiro. *Direitos de personalidade e autonomia privada*, p. 134-137.

226. CAPELO DE SOUSA, Rabindranath Valentino Aleixo. *O direito geral de personalidade*, p. 409.

227. Artigo 81º, 2, do Código Civil português: "A limitação voluntária, quando legal, é sempre revogável, ainda que com obrigação de indemnizar os prejuízos causados às legítimas expectativas da outra parte".

8 • AS CARACTERÍSTICAS DOS DIREITOS DA PERSONALIDADE — 177

Essa revogabilidade prevista na lei portuguesa leva a que sejam causados danos a quem nenhuma responsabilidade teve, porém a legislação lusitana também intervém no sentido de prever que quem causa danos tem o dever de indenizá-los, ainda que decorrentes de atos lícitos.[228]

Nesse mesmo sentido se manifesta entre nós Silvio Romero Beltrão:

> mesmo havendo limitação voluntária ao exercício do direito da personalidade, não haverá a perda desse direito pelo seu titular, sendo sempre revogável a autorização concedida no negócio jurídico. Mas, apesar de lícita a revogação da autorização, o titular do direito ficará obrigado a indenizar as legítimas expectativas criadas na outra parte. É um exemplo típico de responsabilidade civil por ato lícito.[229]

A previsão do art. 81°, 2 do Código Civil português também encontra ressonância nos ensinamentos de Roxana Cardoso Brasileiro Borges, a qual assevera que a "maioria da doutrina entende que a revogação ou retratação é plenamente possível, embora a consequência da retratação, segundo quase todos os autores, seja a obrigação de indenizar".[230]

Por conseguinte, com base nas restrições negociais aos direitos da personalidade, na revogabilidade discricionária e unilateral dos negócios jurídicos em que são objeto os direitos da personalidade, bem como no disposto no art. 81 do Código Civil português, apresenta José de Oliveira Ascensão uma classificação dos direitos da personalidade quanto à limitação negocial em:

> 1) Um núcleo duro, em que o direito não é susceptível de nenhuma limitação negocial; 2) Uma orla, em que se podem estabelecer limitações, mas estas são revogáveis. É matéria a que se aplica o art. 81/2; 3) Uma periferia, em que os direitos são limitáveis, sem incorrer na revogabilidade estatuída no art. 81/2.[231]

Capelo de Sousa, entretanto, tem um entendimento um pouco diverso, não seguindo essa classificação tripartida. Esclarece o autor que para que a revogabilidade prevista no art. 81°, 2 do Código Civil português seja aplicável é preciso que se esteja diante de autênticas limitações ao exercício dos direitos de personalidade, conforme estabelece o n. 1 do mesmo artigo. Esse já não será o caso quando a convenção, "embora relacionada com os bens da personalidade, não se traduza efectivamente na limitação do exercício dos respectivos direitos". E exemplifi-

---

Idêntica redação apresenta o art. 79°, 2, do Código Civil de Cabo Verde: "2. A limitação voluntária, quando legal, é sempre revogável, ainda que com obrigação de indemnizar os prejuízos causados às legítimas expectativas da outra parte".

228. ASCENSÃO, José de Oliveira. *Direito civil*: teoria geral, v. I, p. 94.
229. BELTRÃO, Silvio Romero. *Direitos da personalidade*, p. 30.
230. BORGES, Roxana Cardoso Brasileiro. *Direitos de personalidade e autonomia privada*, p. 122.
231. ASCENSÃO, José de Oliveira. *Direito civil*: teoria geral, v. I, p. 94.

ca o autor com o caso da venda de cabelos humanos, que quando já anterior e autonomamente destacados pelo respectivo titular, não será revogável, pois se converteram em meras coisas materiais, objeto de direitos de propriedade.[232]

Com isso, Capelo de Sousa admite apenas os casos em que o direito da personalidade não é suscetível de limitação e aqueles em que a limitação é revogável, não obstante a indenização. Isso nos permite concluir que o autor adota uma classificação bipartida dos direitos da personalidade quanto à limitabilidade negocial.

A proposta de Capelo de Sousa parece ser bastante adequada, uma vez que existem situações em que os direitos da personalidade não admitem restrição negocial. Entretanto, como regra, esses direitos admitem uma relativa limitação pela autonomia privada, que em caso de revogação ou retratação pode levar ao pagamento de indenização decorrente de ato lícito. Quando não se está diante de autêntica limitação negocial aos direitos da personalidade, como é o caso da citada venda de cabelos, então não se pode falar na revogabilidade discricionária e unilateral.

Portanto, considerando tudo o que foi exposto, pode-se concluir que a indisponibilidade dos direitos da personalidade não é absoluta, mas sim relativa, haja vista que aos titulares dos direitos da personalidade são reconhecidas posições de relativa liberdade, não cabendo a terceiros "(nem ao Estado, como legislador, nem à sociedade, enquanto portadora de um suposto interesse público) a restrição quanto ao destino que o particular queira dar a esses bens".[233] Dessa forma, admite-se a incidência da autonomia privada sobre tais direitos.

8.8 IMPRESCRITIBILIDADE

8.8.1 A prescrição e a decadência no direito civil

A doutrina brasileira reiteradamente aponta a imprescritibilidade como característica dos direitos da personalidade.[234] Apesar disso, os autores nacionais raramente dispensam a tal característica mais do que algumas linhas, apenas

---

232. CAPELO DE SOUSA, Rabindranath Valentino Aleixo. *O direito geral de personalidade*, p. 410-411.
233. BORGES, Roxana Cardoso Brasileiro. *Direitos de personalidade e autonomia privada*, p. 134.
234. Adriano de Cupis defende na Itália a imprescritibilidade dos direitos da personalidade (CUPIS, Adriano de. *I diritti della personalità*, p. 99). Pierre Kayser, em França, admite que a "inalienabilidade dos direitos da personalidade tem por consequência que eles não podem se extinguir por prescrição" (KAYSER, Pierre. Les droits de la personnalité. *Revue Trimestrielle de Droit Civil*, t. 69, n. 3, p. 495). Na Suíça, Jann Six, em obra sobre a proteção do nome e dos domínios de Internet, assevera que a pretensão relativa ao direito ao nome, como todas as pretensões referentes aos direitos da personalidade, não está sujeita à prescrição, concluindo que tal pretensão existe durante toda a duração da perturbação ao direito ao nome (SIX, Jann. *Der privatrechtliche Namensschutz von und vor Domänennamen im Internet*, p. 126).

8 • AS CARACTERÍSTICAS DOS DIREITOS DA PERSONALIDADE — 179

asseverando que os direitos da personalidade não se perdem pelo não uso e não são adquiridos pelo decurso do tempo.

Parece-nos, entretanto, que a questão não é tão simples assim. Porém, necessário se faz, antes da abordagem da imprescritibilidade dos direitos da personalidade, uma pequena incursão no território da prescrição e da decadência, institutos previstos no art. 189 e seguintes do Código Civil.

Classicamente se afirma que a prescrição é "a perda da ação atribuída a um direito, e de toda a sua capacidade defensiva, em consequência do não uso delas, durante um determinado espaço de tempo".[235] A decadência, por sua vez, não representaria a perda da ação, mas sim a perda do próprio direito material "em virtude da inércia do seu titular por um determinado tempo".[236]

Ocorre que hodiernamente o art. 189 do Código Civil incorporou ao direito pátrio a teoria de que o decurso do prazo prescricional leva à extinção da pretensão (§ 194[237] do BGB) e não da ação. Preserva-se assim o direito, "que poderá ser satisfeito mediante prestação espontânea pela parte beneficiada com a prescrição".[238]

Prescrição é, com isso, a extinção da pretensão em razão de sua contínua não utilização, entendendo-se por pretensão o direito de exigir de outrem uma ação ou uma omissão.[239]

A redação do Código Civil de 2002, nesse aspecto, busca uma atualização, já que a legislação promulgada em 1916 foi elaborada sob a influência da teoria imanentista da ação. Atualmente, o titular da pretensão prescrita não perde o direito processual de ação, sendo certo que "a rejeição de sua demanda, por acolhida da exceção de prescrição, importa uma sentença de mérito" (art. 487, II do Código de Processo Civil).[240]

Assim, o vocábulo pretensão (*Anspruch*) não indica que se está diante da perda do direito subjetivo público abstrato de ação,[241] mas sim do direito de exigir de outrem uma ação ou uma omissão. Por conseguinte, não se deve confundir a pretensão de direito material, que se aproxima da antiga *actio* do direito romano,

---

235. BEVILÁQUA, Clóvis. *Teoria geral do direito civil*, p. 399.
236. ROCHA, Silvio Luís Ferreira da. Da Prescrição e da Decadência. In: LOTUFO, Renan; NANNI, Giovanni Ettore (coord.). *Teoria geral do direito civil*, p. 800.
237. § 194 do BGB: "*Gegenstand der Verjährung. 1. Das Recht, von einem anderen ein Tun oder Unterlassen zu verlangen (Anspruch), unterliegt der Verjährung*". Tradução livre: "Objeto de prescrição. 1. O direito de exigir de outrem uma ação ou uma omissão (pretensão) está sujeito à prescrição".
238. TEPEDINO, Gustavo; BARBOZA, Heloisa Helena; BODIN DE MORAES, Maria Celina. *Código Civil interpretado conforme a Constituição da República*, p. 350.
239. HÜBNER, Heinz. *Allgemeiner Teil des Bürgerlichen Gesetzbuches*, p. 566-567.
240. THEODORO JÚNIOR, Humberto. *Comentários ao novo Código Civil*, v. 3, t. 2, p. 152.
241. GONÇALVES, Carlos Roberto. *Direito civil brasileiro*, v. 1, p. 471.

com a pretensão à tutela jurídica (ação em sentido processual), dirigida contra o Estado.[242]

Pablo Stolze Gagliano e Rodolfo Pamplona Filho destacam que não "importa se o autor possui ou não razão, isto é, se detém ou não o direito subjetivo que alega ter, [pois] a ordem jurídica sempre lhe conferirá o legítimo direito de ação, e terá, à luz do princípio da inafastabilidade, inviolável direito a uma sentença".[243]

Humberto Theodoro Júnior também defende essas conclusões, afirmando que não "é o direito subjetivo descumprido pelo sujeito passivo que a inércia do titular faz desaparecer, mas o direito de exigir em juízo a prestação inadimplida que fica comprometido pela prescrição".[244]

Nelson Nery Junior e Rosa Maria de Andrade Nery destacam que o "texto da lei é claro ao dar como objeto da prescrição a pretensão de direito material e não a ação, de modo que a classificação e a conceituação de prescrição e decadência apresentadas por Câmara Leal, restaram superadas pelo direito positivo vigente".[245]

Assim sendo, não resta dúvida de que o critério clássico de distinção entre a prescrição e a decadência, fundado no efeito desses institutos e não propriamente na sua causa,[246] deu lugar ao "critério científico", que foi claramente adotado pelo Código Civil de 2002 e pelo Código de Defesa do Consumidor.[247]

Esse "critério científico", proposto entre nós por Agnelo Amorim Filho, busca distinguir prescrição e decadência com base no cotejo entre as ações condenatórias e constitutivas. Todavia, ele não é, como à primeira vista pode parecer, exclusivamente processual, tratando-se, em realidade, de "critério fundado na pretensão de direito material e de seu exercício e que, por isso, culmina por informar os critérios para a classificação das ações".[248]

Segundo Agnelo Amorim Filho, todas as ações condenatórias, bem como a sua respectiva execução, estão sujeitas à prescrição, visto que essas ações nascem

---

242. Nesse mesmo sentido entende Díez-Picazo (*La prescripción en el Código Civil*, p. 35), citado por Renan Lotufo: "... 'Anspruch' es – se dice – un derecho dirigido a exigir o a reclamar de otra persona una conducta positiva o negativa, es decir, un hacer o un omitir. La 'Anspruch' – que pertenece al mundo del derecho substantivo – se distingue perfectamente de la 'actio', entendida como 'ius persequendi in iudicio', que se correspondería en la terminología alemana con la 'Klage' o, acaso mejor, con el 'Klagerecht'" (LOTUFO, Renan. *Código Civil comentado*, v. 1, p. 521).
243. GAGLIANO, Pablo Stolze; FILHO, Rodolfo Pamplona. *Novo curso de direito civil*, v. 1, p. 456.
244. THEODORO JÚNIOR, Humberto. *Comentários ao novo Código Civil*, v. 3, t. 2, p. 152.
245. NERY JUNIOR, Nelson; NERY, Rosa Maria de Andrade. *Código Civil comentado*, p. 301.
246. AMORIM FILHO, Agnelo. Critério científico para distinguir a prescrição da decadência e para identificar as ações imprescritíveis. *Revista dos Tribunais*, São Paulo, v. 94, n. 836, p. 735, jun. 2005.
247. NERY JUNIOR, Nelson; NERY, Rosa Maria de Andrade. *Código Civil comentado*, p. 301.
248. NERY JUNIOR, Nelson; NERY, Rosa Maria de Andrade. *Código Civil comentado*, p. 301.

da lesão de um direito, não havendo falar em pretensão quando não há violação de um direito. As ações constitutivas, por outro lado, como não tem por objeto a satisfação de uma pretensão de direito material (*Klagen ohne materiellen Anspruch*), mas apenas objetivam a formação, modificação ou extinção de um estado jurídico, acabam por se sujeitar, quando há previsão legal, a prazos de decadência e não de prescrição. Por fim, as ações declaratórias não estão ligadas à prescrição ou à decadência.[249]

Nesse mesmo sentido pontifica Humberto Theodoro Júnior:

> Sempre que a parte não tiver *pretensão* a exercer contra o demandado (porque este não tem obrigação de realizar qualquer *prestação* em favor do autor), o caso não será de prescrição, mas de decadência. É o que se passa com as ações constitutivas e declaratórias, porque nas primeiras se exerce um direito potestativo, e nas últimas, apenas se busca a certeza acerca da existência ou inexistência de uma relação jurídica. Vale dizer: em nenhuma delas o autor reclama prestação (ação ou omissão) do réu, não havendo *pretensão* para justificar a prescrição.[250]

Daí se vê que de acordo com esse critério existem ações que não veiculam pretensões, não havendo que se falar, nesses casos, em prescrição ou decadência, o que a doutrina normalmente denomina "ações imprescritíveis". Essa nomenclatura, apesar de consagrada no direito, não passa, porém, imune a críticas, visto que não corresponde ao exato sentido em que ela é normalmente utilizada.

De fato, entende-se por imprescritível aquela ação que não está sujeita, "direta ou indiretamente, a qualquer prazo extintivo (prescricional ou decadencial)". Por conseguinte, considerando essa imprecisão terminológica, propôs Agnelo Amorim Filho a sua substituição pela expressão "ações perpétuas".[251] Entretanto, seja como for, vale lembrar mais uma vez que o leitor deve ficar atento para o fato de que a ação em sentido material (pretensão) não se confunde com a ação em sentido processual.

De lado o problema terminológico, identifica Agnelo Amorim Filho as hipóteses de ações imprescritíveis (ações perpétuas), que seriam: a) todas as ações meramente declaratórias; b) algumas ações constitutivas, que não constam do regramento da decadência, visto que a lei lhes fixa prazo para o exercício. Em relação às ações condenatórias, como já foi mencionado, salvo disposição em contrário, não existem ações imprescritíveis, pois "quando a lei não lhes fixar

---

249. AMORIM FILHO, Agnelo. Critério científico para distinguir a prescrição da decadência e para identificar as ações imprescritíveis. *Revista dos Tribunais*, v. 94, n. 836, p. 763.
250. THEODORO JÚNIOR, Humberto. *Comentários ao novo Código Civil*, v. 3, t. 2, p. 154.
251. AMORIM FILHO, Agnelo. Critério científico para distinguir a prescrição da decadência e para identificar as ações imprescritíveis. *Revista dos Tribunais*, v. 94, n. 836, p. 759.

um prazo específico, incidirá o prazo genérico de 10 (dez) anos", previsto no art. 205 do Código Civil.[252]

Pois bem, feitas essas considerações, passemos agora à questão da imprescritibilidade dos direitos da personalidade.[253]

8.9 A IMPRESCRITIBILIDADE E OS DIREITOS DA PERSONALIDADE

Apesar do coro geral no sentido da imprescritibilidade desses direitos, parece-nos que os autores brasileiros não apresentam uma explicação satisfatória dessa característica.

É bastante comum encontrarmos autores que mencionam que as pretensões atinentes aos direitos da personalidade não prescrevem,[254] sendo, no entanto, prescritível aquela pretensão para obter vantagem patrimonial decorrente de sua ofensa (e.g. dano moral).[255] Essa posição, entre outros, é defendida por Humberto Theodoro Júnior:

> Por pressupor a prescrição uma forma de abandono ou renúncia por parte do titular, não se sujeitam à prescrição as pretensões decorrentes de direitos indisponíveis, sobre os quais o titular não pode praticar nenhum ato de disposição, transferência ou renúncia, como se dá com os direitos da personalidade, direito de estado e, em geral, com os direitos derivados das relações de família.

> Submetem-se, contudo, aos efeitos da prescrição as pretensões que decorrem de direitos indisponíveis, como as de reclamar prestações alimentícias e as de exigir reparação pelo dano moral oriundo de ofensa ao direito da personalidade.[256]

Carlos Roberto Gonçalves também é adepto desse ponto de vista:

> Malgrado o dano moral consista na lesão a um interesse que visa a satisfação de um bem jurídico extrapatrimonial contido nos direitos da personalidade, como a vida, a honra, o

---

252. TEPEDINO, Gustavo; BARBOZA, Heloisa Helena; BODIN DE MORAES, Maria Celina. *Código Civil interpretado conforme a Constituição da República*, p. 360-361.

253. Clóvis Beviláqua já entendia, em sua obra, que os "direitos, que são emanações imediatas, ou modos de ser da personalidade, como os direitos de vida, honra e liberdade; o direito de autor (parte pessoal), e o nome ou firma comercial" não estão sujeitos à prescrição nem à usucapião (BEVILÁQUA, Clóvis. *Teoria geral do direito civil*, p. 406).

254. Roxana Cardoso Brasileiro Borges assevera que os direitos da personalidade são imprescritíveis, pois "não se extinguem pelo decurso de tempo nem pelo não uso ou pela demora em defendê-lo judicialmente, não sendo possível o estabelecimento de prazos para o seu exercício", lembrando, ainda, que é discutível "a existência de prazo para pleitear a compensação econômica pelo dano extrapatrimonial decorrente de sua violação" (BORGES, Roxana Cardoso Brasileiro. *Direitos de personalidade e autonomia privada*, p. 34).

255. GONÇALVES, Carlos Roberto. *Direito civil brasileiro*, v. 1, p. 472.

256. THEODORO JÚNIOR, Humberto. *Comentários ao novo Código Civil*, v. 3, t. 2, p. 166-167.

8 • AS CARACTERÍSTICAS DOS DIREITOS DA PERSONALIDADE 183

decoro, a intimidade, a imagem etc., a pretensão à sua reparação está sujeita aos prazos prescricionais estabelecidos em lei, por ter caráter patrimonial.[257]

Maria Helena Diniz tem um posicionamento um pouco diverso, distinguindo entre dano moral direto e indireto. De fato, a autora, em um primeiro momento, leciona que: "A prescrição alcança todas as pretensões ou ações (em sentido material), reais ou pessoais, estendendo-se aos efeitos patrimoniais de ações imprescritíveis".[258] Porém, esclarece que não há que se falar em prescritibilidade quando se está diante de indenização civil por dano moral direto em razão de lesão a direito da personalidade. Admite, todavia, a prescrição nos casos de reparação por dano patrimonial ou dano moral indireto (art. 206, § 3º, V, do CC).[259]

Outros doutrinadores afirmam que, mesmo nos casos de lesão a direito da personalidade, a antijuridicidade jamais se convalesce, pois como a "dignidade humana foi atingida, a cada dia se renova e intensifica a violação à ordem jurídica representada pelo ato danoso, daí resultando a atualidade escancarada da pretensão e, em consequência, a sua imprescritibilidade".[260] Os defensores dessa tese não admitem sequer o perecimento da pretensão ressarcitória ou reparadora, apresentando, para um melhor esclarecimento, o seguinte exemplo:

> Configure-se a hipótese da perda de um ente querido. Não se deve ter em mente o momento (inicial) da lesão, isto é, a morte, para a contagem do prazo prescricional para o ressarcimento dos danos morais, pois este mecanismo reduziria o atentado à dignidade humana ao resultado patrimonial dele imediatamente produzido. Se a dignidade humana foi atingida, a cada dia se renova e intensifica a violação à ordem jurídica representada pelo ato danoso, daí resultando a atualidade escancarada da pretensão e, em consequência, a sua imprescritibilidade.[261]

Há ainda quem entenda que a imprescritibilidade está ligada à não extinção dos direitos da personalidade, mesmo que decorra longo período sem sua fruição, surgindo, em caso de lesão, duas situações: a) "se a lesão é continuada e o titular busca uma medida judicial para fazer cessar a violação (ação de abstenção), entende-se que não há influência do tempo decorrido"; b) se se pretende a obtenção de indenização por dano moral ou material decorrente de lesão não continuada, então a pretensão é pautada pelos prazos legais da prescrição.[262]

---

257. GONÇALVES, Carlos Roberto. *Direito civil brasileiro*, v. 1, p. 157-158.
258. DINIZ, Maria Helena. *Curso de direito civil brasileiro*, v. 1, p. 425.
259. DINIZ, Maria Helena. *Curso de direito civil brasileiro*, v. 1, p. 122.
260. TEPEDINO, Gustavo; BARBOZA, Heloisa Helena; BODIN DE MORAES, Maria Celina. *Código Civil interpretado conforme a Constituição da República*, p. 361.
261. TEPEDINO, Gustavo; BARBOZA, Heloisa Helena; BODIN DE MORAES, Maria Celina. *Código Civil interpretado conforme a Constituição da República*, p. 361.
262. GARCIA, Enéas Costa. *Direito geral da personalidade no sistema jurídico brasileiro*, p. 49-50.

Ora, quando se está diante de casos em que a ação ajuizável é declaratória ou constitutiva, certamente não há que se falar em problemas com a imprescritibilidade, já que, como visto, as ações declaratórias não se sujeitam à prescrição ou à decadência. No caso das ações constitutivas, somente se houver alguma previsão especial no tocante ao prazo é que se poderá reconhecer a decadência.

Quanto às ações condenatórias, a questão é mais complexa. Realmente, não há disposição legal que estabeleça no direito brasileiro, como ocorre no direito português[263] e italiano,[264] que as pretensões relativas a direitos indisponíveis não estão sujeitas à prescrição.[265] Se houvesse normatização nesse sentido seria sim-

---

263. Artigo 298º do Código Civil português (Prescrição, caducidade e não uso do direito). "1. Estão sujeitos a prescrição, pelo seu não exercício durante o lapso de tempo estabelecido na lei, os direitos que não sejam indisponíveis ou que a lei não declare isentos de prescrição". E pontifica Capelo de Sousa: "tais poderes (...) não são passíveis de prescrição extintiva, ou seja, não são susceptíveis de extinção pelo não uso. Com efeito, o nosso instituto da prescrição extintiva (arts. 298º a 327º do Código Civil) visa claramente os direitos de conteúdo patrimonial e mesmo quanto a estes estabelece no art. 298º, n. 1, do Código Civil, que não se aplica aos 'direitos indisponíveis'" (CAPELO DE SOUSA, Rabindranath Valentino Aleixo. *O direito geral de personalidade*, p. 413). Entretanto, mais adiante o mesmo autor deixa mais claro seu posicionamento: "Em matéria de prescrição, o direito de indemnização por reconstituição natural não está sujeito a prescrição extintiva, nos termos do n. 1 do art. 298º do Código Civil, quando tenha por objecto a reconstituição de direitos que sejam indisponíveis, o que será muito frequente quanto aos bens essenciais da personalidade violados (cfr. art. 81º do Código Civil), sempre que seja possível a reconstituição natural. Assim, se alguém ilicitamente priva outrem de liberdade, este a qualquer momento pode exigir a sua devolução à liberdade e a adopção de outras medidas apropriadas tendentes a reconstituir a situação que existiria se não se tivesse verificado a privação da sua liberdade. Fora destes casos, aplicar-se-ão os prazos prescricionais de três anos dos n. 1 e 2 do art. 498º do Código Civil, sem prejuízo do disposto nos n. 3 e 4 do mesmo artigo" (CAPELO DE SOUSA, Rabindranath Valentino Aleixo. *O direito geral de personalidade*, p. 465).

264. Art. 2934 do Código Civil italiano: "*Estinzione dei diritti. Ogni diritto si estingue per prescrizione, quando il titolare non lo esercita per il tempo determinato dalla legge. Non sono soggetti alla prescrizione i diritti indisponibili e gli altri diritti indicati dalla legge* (248 e seguente, 263, 272, 533, 715, 948, 1422)". Tradução livre: "Extinção dos direitos. Todo direito se extingue por prescrição quando o titular não o exercita pelo tempo determinado pela lei. Não são sujeitos à prescrição os direitos indisponíveis e os outros direitos indicados pela lei (248 e seguintes, 263, 272, 533, 715, 948, 1422)". Vê-se, assim, que a legislação italiana, diversamente da legislação pátria, entende que a prescrição é causa de extinção do próprio direito, o que, conforme Humberto Theodoro Júnior, "não consegue explicar, de maneira convincente, como extinto um direito, ainda possa o devedor renunciar ao efeito já operado fazendo, só com seu ato unilateral, reviver uma relação jurídica bilateral, sem nenhuma aquiescência do credor" (THEODORO JÚNIOR, Humberto. *Comentários ao novo Código Civil*, v. 3, t. 2, p. 160).

265. Vale a pena transcrever a indagação feita por Dogliotti quanto à imprescritibilidade dos direitos da personalidade: "*E poiché secondo il nostro ordinamento sono imprescritibili solo i diritti indisponibili, non si potrebbe ritenere superato, almeno in alcune fattispecie, lo stesso principio di imprescritibilità?*". Tradução livre: "E uma vez que em nosso ordenamento são imprescritíveis apenas os direitos indisponíveis, não se poderia considerar ultrapassado, pelo menos em alguns casos, o mesmo princípio da imprescritibilidade?" (DOGLIOTTI, Massimo. Le persone fisiche. In: RESCIGNO, Pietro. *Trattato di diritto privato*, v. 2, p. 57).

8 • AS CARACTERÍSTICAS DOS DIREITOS DA PERSONALIDADE 185

ples afirmar que os direitos da personalidade, pelo fato de serem indisponíveis, não prescreveriam.[266]

Resta então a análise do problema da pretensão, o que nos aproxima do direito alemão e nos afasta da solução dada pelo direito português e italiano.

No direito alemão quase todas as pretensões prescrevem, existindo diferentes prazos para tanto. Somente uma pretensão pode ser objeto de prescrição. Por conseguinte, a prescrição diz respeito à pretensão (§ 194, I do BGB).[267]

A pretensão existe sempre entre duas pessoas, ou seja, ela se dirige contra uma determinada pessoa, falando-se, portanto, em pretensão nos casos de direitos relativos. Nisso se diferenciam os direitos absolutos, como é o caso dos direitos da personalidade, dado que não se dirigem, pelo menos em princípio, contra determinada pessoa, não havendo que se falar em pretensão e, por conseguinte, em prescrição.[268]

Todavia, nos casos de desrespeito a um direito da personalidade pode surgir uma pretensão (cf. §§ 12, 823, 985, 1004 do BGB),[269] isto é, o direito de exigir de outrem uma ação ou uma omissão, admitindo-se, por via de consequência, um prazo prescricional em relação aos casos de ofensa a direitos absolutos.

Esse posicionamento é igualmente defendido por Francisco José Alvarez-Scheuern, o qual destaca que os direitos absolutos, como a propriedade, os direitos da personalidade e os direitos autorais, não prescrevem. No entanto, as pretensões que surgem da lesão desses direitos estão sujeitas à prescrição.[270]

Por outro lado, no direito alemão a imprescritibilidade decorre principalmente dos §§ 194, II, 898, 902, 924 do BGB, ou seja, de disposição expressa de lei.[271] Assim, não havendo disposição em sentido contrário, as pretensões decorrentes de lesão de direitos absolutos prescrevem.[272] Esse é o caso dos direitos da personalidade, que não figuram nos parágrafos do BGB que tratam da imprescritibilidade.

---

266. Perlingieri afirma em relação ao direito italiano que: "Não prescrevem os direitos indisponíveis: se o titular não pode deles dispor, não os pode perder pela inércia prolongada no tempo. Assim, não prescrevem os direitos da personalidade e os direitos atinentes às relações familiares (...)". Transcrição do original: "*Non si prescrivono i diritti indisponibili: se il titolare non può disporne, non può neppure perderli per l'inerzia protratta nel tempo. Così, non si prescrivono i diritti della personalità e i diritti attinenti a rapporti familiari (...)*" (PERLINGIERI, Pietro. *Istituzioni di diritto civile*, p. 189).
267. MEDICUS, Dieter. *Bürgerliches Recht*, p. 470.
268. BROX, Hans; WALKER, Wolf-Dietrich. *Allgemeiner Teil des BGB*, p. 329.
269. BROX, Hans; WALKER, Wolf-Dietrich. *Allgemeiner Teil des BGB*, p. 329.
270. ALVAREZ-SCHEUERN, Francisco José. *Die Verjährungsregelungen im BGB*, p. 7.
271. MEDICUS, Dieter. *Bürgerliches Recht*, p. 470.
272. BROX, Hans; WALKER, Wolf-Dietrich. *Allgemeiner Teil des BGB*, p. 341.

Dieter Medicus também traça esse paralelo entre os direitos relativos e a prescritibilidade. Afirma que um direito pode atuar somente contra determinada pessoa, sendo que nesse caso o § 194, I do BGB define a pretensão como "o direito de exigir de outrem uma ação ou uma omissão".[273] Ainda, destaca que a prescrição começa a correr regularmente com o surgimento da pretensão, que nos casos de pretensão de omissão ocorre com a sua transgressão.[274]

Pontes de Miranda tem um entendimento um pouco diverso, argumentando que nos casos de direitos com sujeitos passivos totais existe uma pretensão à omissão contínua, que somente começa a prescrever quando se infringe o dever de omitir.[275]

Parece-nos, entretanto, mais acertado o entendimento dos autores alemães citados, já que a pretensão só surge no momento em que o direito com sujeito passivo total é desrespeitado, antes disso não há falar em pretensão, já que esta deve se dirigir contra pessoa determinada.

É com base na doutrina acima exposta que se deve entender a imprescritibilidade dos direitos da personalidade, ou seja, eles não se extinguem pelo decurso de tempo e nem pelo não uso, permanecendo ligados a seu titular por toda a vida.[276]

A possibilidade de exercício dos direitos da personalidade pelo seu titular jamais prescreve, uma vez que enquanto não há lesão a um direito da personalidade inexiste pretensão e prazo prescricional.

Apesar disso, no momento em que são lesionados, surge a pretensão, que deve ser exercida dentro dos prazos estabelecidos pelo Código Civil, sendo certo que seu não exercício pode levar à prescrição especificamente daquela pretensão, o que não significa a perda do direito da personalidade.

Porém, se a lesão ao direito da personalidade é continuada, se ela acaba se reiterando, o que é muito comum, tem-se a impressão de que se está diante de

---

273. MEDICUS, Dieter. *Allgemeiner Teil des BGB*, p. 31. Transcrição do original: "*Andererseits kann eine Berechtigung aber auch bloß gegen eine bestimmte Person wirken. In diesem Sinn definiert § 194, I, den Anspruch als 'das Recht', von einem anderen ein Tun oder ein Unterlassen zu verlangen*".

274. MEDICUS, Dieter. *Allgemeiner Teil des BGB*, p. 49.

275. PONTES DE MIRANDA, Francisco Cavalcanti. *Tratado de direito privado*, t. V, p. 453. O entendimento de Pontes de Miranda diverge pelo fato de admitir, no caso de direitos absolutos, pretensões *erga omnes*. Conforme o autor, a "ofensa de terceiro que atinja o direito relativo gera direito, pretensão e ação, porque invade a esfera jurídica de outrem; gera-os também a que atinja o direito absoluto (...). Os que negam a existência de pretensão *erga omnes*, em se tratando de direitos absolutos, discutem a respeito de ação e falam de pretensão: ação é que há de ter sujeito passivo singular" (PONTES DE MIRANDA, Francisco Cavalcanti. *Tratado de direito privado*, t. V, p. 462-463).

276. Ninguém contesta, por exemplo, que por "mais longo que seja o decurso de tempo, um autor conserva a sua qualidade". Por isso, "Aristóteles é sempre o autor da *Moral a Nicomaco*; Lucrécio, do *De natura rerum*; Alencar, do *Guarani*" (BEVILÁQUA, Clóvis. *Teoria geral do direito civil*, p. 445).

8 • AS CARACTERÍSTICAS DOS DIREITOS DA PERSONALIDADE 187

pretensão imprescritível, pois uma nova pretensão, com um novo prazo prescricional, surge a cada nova reiteração da lesão.

Esse posicionamento também é defendido por Pablo Stolze Gagliano e Rodolfo Pamplona Filho:

> Faça-se uma ressalva: quando se fala em imprescritibilidade do direito da personalidade, está-se referindo aos efeitos do tempo para a aquisição ou extinção de direitos. Não há como se confundir, porém, com a prescritibilidade da pretensão de reparação por eventual violação a um direito da personalidade. Se há uma violação, consistente em ato único, nasce nesse momento, obviamente, para o titular do direito, a pretensão correspondente, que se extinguirá pela prescrição, genericamente, no prazo de 3 (três) anos (art. 206, § 3º, V, do CC/2002).[277]

Nos tribunais brasileiros a questão também está longe de ser pacificada.

No STJ há julgados (e.g. REsp 797989/SC e REsp 1002009/PE) que reconhecem expressamente a imprescritibilidade dos direitos da personalidade, não permitindo a prescrição da pretensão à indenização por danos morais decorrentes de tortura e morte. Entretanto, nesses mesmos casos reconhece a referida Corte a prescrição da pretensão à reparação por danos materiais, o que não se mostra razoável, dado que tanto a pretensão à indenização por danos materiais como a pretensão à indenização por danos morais decorrem de lesão a direitos da personalidade. Assim sendo, a prescritibilidade deveria ou não ser reconhecida para as duas situações.

O mesmo STJ reconheceu, em um caso de indenização por danos morais e materiais em razão da morte de um soldado em um quartel, que o prazo prescricional aplicável é aquele previsto no art. 1º do Decreto n. 20.910/32, o que está em conflito com as decisões acima mencionadas, já que aqui, da mesma forma, está-se diante de direito da personalidade lesado (REsp 416428/RS).

Pesquisando a jurisprudência dos Tribunais Regionais Federais, vale mencionar um julgado do Tribunal Regional Federal da 4ª Região, o qual reconheceu que não há prescrição quanto à reparação relativa a direito da personalidade, dada a indisponibilidade do bem jurídico em questão. A decisão cuida de caso de indenização a anistiado político, mas, curiosamente, não obstante o reconhecimento da imprescritibilidade, estatui que os efeitos patrimoniais ficam limitados aos cinco anos anteriores ao exercício do direito de petição (TRF4, AC 200271000177594).

No âmbito dos Tribunais Regionais do Trabalho, há julgados que não reconhecem a imprescritibilidade dos direitos da personalidade em casos de acidente do trabalho em que há lesão à integridade física (e.g. TRT/MG, RO 00455-2006-

---

277. GAGLIANO, Pablo Stolze; FILHO, Rodolfo Pamplona. *Novo curso de direito civil*, v. 1, p. 149.

151-03-00-3 e TRT/MG, RO 00003-2006-076-03-00-0). Argumenta-se que tal característica não está entre aquelas constantes do art. 11 do Código Civil, sendo interessante aqui a transcrição da posição defendida por Júlio Bernardo do Carmo, Desembargador do Tribunal Regional do Trabalho da 3ª Região, que traz ainda novo argumento ao debate:

> A imprescritibilidade absoluta dos chamados direitos da personalidade criaria situação de discriminação em nosso direito positivo, pois, ao passo que todas as demais pretensões jurídicas estariam a sofrer, para a sua efetivação, os efeitos inexoráveis do decurso do tempo, o titular de direito subjetivo tendente à salvaguarda de valores constitucionais conectados a direitos da personalidade jamais seriam atingidos pela prescrição, podendo a qualquer tempo deduzir a pretensão em juízo e reclamar a devida reparação. A discriminação, além de odiosa, estaria a ferir a ordem natural das coisas, pois nessa toada, deveriam ser imprescritíveis todos os crimes contra a vida ou contra a incolumidade física das pessoas, situação que inocorre no direito penal, que sujeita crimes dessa natureza, como todos os demais legalmente capitulados, (*nullum crime nulla pena sine previa lege penale*), a exemplo do homicídio, infanticídio, lesões corporais graves etc., aos efeitos inexoráveis da prescrição, que é instituto jurídico que resguarda a harmonia e a paz social.[278]

E tal argumento nos parece bastante consistente, uma vez que se considerarmos que o direito penal é a *ultima ratio*, isto é, "a última cartada do sistema legislativo, quando se entende que outra solução não pode haver senão a criação de lei penal incriminadora, impondo sanção penal ao infrator",[279] não faria sentido que infrações penais contra o bem jurídico vida ou integridade física prescrevessem conforme dispõe o Código Penal, enquanto nos casos de reparação pela lesão a um direito da personalidade, tratada pelo direito civil, não ocorresse a prescrição.

Feitas essas considerações, fica mais claro nosso raciocínio se tomarmos como exemplo um caso de lesão à integridade física. Ora, da ofensa a esse direito surge uma pretensão, que muitas vezes leva a uma indenização por dano material ou moral. Todavia, com o decurso do prazo prescricional, ocorre a perda dessa pretensão, o que não significa que a pessoa que lesionou a integridade física alheia possa fazê-lo novamente, agora protegida pela prescrição. É que o direito à integridade física continua intacto, podendo surgir novas pretensões decorrentes de novas lesões.

Outro exemplo pode ser extraído da doutrina de Álvaro Villaça Azevedo e Gustavo Rene Nicolau, que entendem que se uma senhora jamais explorou sua imagem, em caso de violação desse direito, não poderá o réu "alegar o fato de

---

278. CARMO, Júlio Bernardo do. A prescrição em face da reparação de danos morais e materiais decorrentes de acidentes de trabalho ou doença profissional ao mesmo equiparada. *Jus Navigandi*. Disponível em: <http://jus2.uol.com.br/doutrina/texto.asp?id=8309>.
279. NUCCI, Guilherme de Souza. *Código Penal comentado*, p. 41.

8 • AS CARACTERÍSTICAS DOS DIREITOS DA PERSONALIDADE **189**

que o direito não pode ser exercido, por estar inerte por muito tempo. Todavia, a referida senhora terá, a partir da violação, o prazo de três anos para pleitear a reparação civil dos danos morais ou materiais sofridos" (art. 206, § 3º, V).[280]

Aliás, para encerrar a discussão, vale destacar que no caso de pretensão de indenização baseada na lesão da vida, do corpo, da saúde ou da liberdade, prevê expressamente o § 199, 2 do BGB o prazo prescricional de 30 anos. Assim, no caso de pretensão de indenização pela lesão dos referidos bens da personalidade, apesar de o direito geral da personalidade não ser expressamente mencionado no § 199, 2 do BGB, vale o prazo prescricional de 30 anos, que é aplicável, por exemplo, no caso de pretensão decorrente da morte de um familiar.[281]

Por derradeiro, não custa lembrar que a prescritibilidade da pretensão relativa a direitos da personalidade nada tem a ver com a usucapião (prescrição aquisitiva), que é afastada dessa categoria de direitos pela própria dignidade da pessoa humana. De fato, não se admite "uma posse sobre a pessoa de outrem conducente à aquisição de direitos de personalidade".[282]

Destarte, entendemos que nada impede a ocorrência de prescrição da pretensão relativa a direitos da personalidade, visto que o ordenamento jurídico brasileiro, ao contrário do italiano e do português, não previu a imprescritibilidade das pretensões referentes a direitos indisponíveis. Assim, não se pode simplesmente transpor para o direito nacional a doutrina daqueles países, ainda mais quando se leva em conta que a indisponibilidade dos direitos da personalidade é relativa. Não obstante isso, muitas vezes há lesão continuada de um direito da personalidade, o que faz com que a cada nova lesão surja uma nova pretensão, dando a impressão de que as ofensas a direitos da personalidade são imprescritíveis.

8.10 IRRENUNCIABILIDADE

A irrenunciabilidade dos direitos da personalidade tem seu fundamento na dignidade da pessoa humana. Tanto as disposições acerca do direito geral da personalidade como aquelas sobre os direitos especiais da personalidade encontram limites na dignidade da pessoa humana, que é irrenunciável.[283]

Não há dúvida quanto ao acerto da fundamentação da irrenunciabilidade dos direitos da personalidade não somente em disposições infraconstitucionais, mas igualmente no princípio fundamental da dignidade da pessoa humana.

---

280. AZEVEDO, Álvaro Villaça; NICOLAU, Gustavo Rene. *Código Civil comentado*, v. I, p. 49.
281. FUCHS, Maximilian. *Deliktsrecht*, p. 230-231.
282. CAPELO DE SOUSA, Rabindranath Valentino Aleixo. *O direito geral de personalidade*, p. 413.
283. OHLY, Ansgar. *"Volenti non fit iniura" – Die Einwilligung im Privatrecht*, p. 19.

Todavia, como os direitos da personalidade devem necessariamente permanecer na esfera de seu titular, ainda que contra a sua vontade,[284] o direito positivo brasileiro, tornando ainda mais evidente essa proteção, previu expressamente no art. 11 do Código Civil a irrenunciabilidade dos direitos da personalidade.[285] E a irrenunciabilidade, no caso dos direitos morais de autor, ainda é reforçada pelo art. 27 da Lei n. 9.610/98.[286]

Por conseguinte, como esses direitos são inseparáveis da pessoa, sendo inoperante qualquer manifestação no sentido de eliminá-los, pode-se então falar que são irrenunciáveis não só por disposição normativa, mas também como decorrência de sua própria natureza.[287] Daí, afirma Pontes de Miranda que se "o direito é direito de personalidade, irrenunciável é".[288]

E não poderia ser diferente, uma vez que os direitos da personalidade, como já foi destacado, estão de tal modo ligados ao próprio indivíduo, à sua condição humana, que a sua renúncia equivaleria à morte civil, significaria a conversão da pessoa em objeto,[289] acabaria por traduzir a renúncia da própria condição humana, o que é inadmissível.

Entretanto, a irrenunciabilidade não impede que o titular desses direitos renuncie ao seu exercício, pois a autonomia também representa um componente essencial da dignidade da pessoa humana.[290] O que a legislação pátria veda é a renúncia ao direito da personalidade em si e não a renúncia ao seu exercício.[291]

De fato, tal qual ocorre com os direitos fundamentais, os direitos da personalidade, como totalidade, são irrenunciáveis. Isoladamente considerados também são irrenunciáveis. Deve-se distinguir, no entanto, entre a renúncia ao núcleo substancial do direito, o que é vedado, e a limitação voluntária ao exercício do direito, que sob certas condições é aceitável.

Nesse sentido Wanderlei de Paula Barreto destaca que:

> O titular pode até mesmo não desfrutar ativamente certos direitos da personalidade, pode até mesmo, no âmbito da sua faculdade juridicamente reconhecida de agir ou não, deixar

---

284. CUPIS, Adriano de. *I diritti della personalità*, p. 92.
285. O art. 5º do Código Civil peruano de 1984 também prevê a irrenunciabilidade dos direitos da personalidade: "*Derechos de la persona humana. El derecho a la vida, a la integridad física, a la libertad, al honor y demas inherentes a la persona humana son irrenunciables y no pueden ser objeto de cesion. Su ejercicio no puede sufrir limitacion voluntaria, salvo lo dispuesto en el articulo 6*".
286. Art. 27 da Lei n. 9.610/98: "Os direitos morais do autor são inalienáveis e irrenunciáveis".
287. NADER, Paulo. *Curso de direito civil*: parte geral, p. 211.
288. PONTES DE MIRANDA, Francisco Cavalcanti. *Tratado de direito privado*, t. VII, p. 32.
289. LÔBO, Paulo Luiz Netto. Autolimitação do direito à privacidade. *RTDC*, v. 9, n. 34, p. 94, abr./jun. 2008.
290. OHLY, Ansgar. *"Volenti non fit iniura" – Die Einwilligung im Privatrecht*, p. 103.
291. ASCENSÃO, José de Oliveira. *Direito civil*: teoria geral, v. I, p. 93.

de buscar a tutela, em caso de ameaça ou lesão consumada a esses direitos. Não pode, contudo, de modo algum, renunciá-los, *a priori*, previamente abdicar, em caráter permanente e definitivo. Uma tal renúncia seria absolutamente nula, por afrontar normas de ordem pública (CC, art. 166, VII).[292]

Realmente, é de se notar que mesmo a renúncia ao exercício dos direitos da personalidade deve ser temporária. Não se pode retirar do sujeito a sua dignidade e a sua autonomia futura. Também não é possível colocar o indivíduo em situações que o identifiquem como simples objeto de relações jurídicas.[293]

Não é outro o posicionamento de Silvio Romero Beltrão:

são irrenunciáveis, pois a pessoa não pode abdicar de seus direitos da personalidade, mesmo que não os exercite por longo tempo, uma vez que ele é inseparável da personalidade humana. Contudo, apesar de o direito da personalidade não ser renunciável, o seu exercício pode ser restringido em alguns casos, sem que haja a perda do direito, e restabelecido a qualquer tempo.[294]

Maria Celeste Cordeiro Leite dos Santos também procura resolver a questão afirmando que os direitos da personalidade podem não ser exercidos, o que não é o mesmo que renunciá-los. A diferença entre as duas situações reside no fato de que o não exercício é temporário, ocasional, enquanto a renúncia é permanente.[295]

Da mesma forma, segundo Capelo de Sousa, a capacidade de gozo dos bens integrantes da personalidade é sempre indisponível, ou melhor, irrenunciável. Pode haver, no entanto, conforme o art. 81º, n. 1, do Código Civil português, limitações lícitas do exercício dos direitos da personalidade. A título de exemplos, refuta o autor aqueles casos em que ocorre verdadeira renúncia a direitos da personalidade, como a redução à condição de escravo, o suicídio, o contrato de prestação de trabalho por toda a vida e o negócio que obrigue o promitente a tolerar futuras e continuadas ofensas à sua honra.[296]

Já Pontes de Miranda, cuidando especificamente do direito à integridade física, apresenta as seguintes ponderações:

O direito à integridade física é irrenunciável. A polícia pode deter e levar ao juiz de interditos a pessoa que se esteja a mutilar, ou proibir que o mutilador de si mesmo se exiba. Para se afirmar a irrenunciabilidade do direito à integridade física, não se precisaria de invocar alguma regra jurídica que considere crime a mutilação com o fito de se criar inaptidão ao serviço

---

292. BARRETO, Wanderlei de Paula. *Dos direitos da personalidade*. In: ALVIM, Arruda; ALVIM, Tereza (coords.). *Comentários ao Código Civil brasileiro, parte geral*, v. 1, p. 114.

293. GEDIEL, José Antônio. *A irrenunciabilidade a direitos da personalidade pelo trabalhador*. In: SARLET, Ingo Wolfgang (org.). *Constituição, direitos fundamentais e direito privado*, p. 150.

294. BELTRÃO, Silvio Romero. *Direitos da personalidade*, p. 27.

295. SANTOS, Maria Celeste Cordeiro Leite dos. *Imaculada concepção*, p. 213.

296. CAPELO DE SOUSA, Rabindranath Valentino Aleixo. *O direito geral de personalidade*, p. 404-407.

militar, nem as que concernem a entrarem no mundo jurídico, como atos ilícitos *stricto sensu* (absolutos), ou relativos, atos de autolesão para se obter pagamento de seguros de acidentes ou de moléstias. Qualquer negócio sobre renúncia à integridade física é inexistente; não entra no mundo jurídico.[297]

Entretanto, a irrenunciabilidade dos direitos da personalidade não impede eventual relevância do consentimento do lesado. Na verdade, há compatibilidade entre o consentimento do lesado e a irrenunciabilidade dos direitos da personalidade, uma vez que aquele ato não produz a extinção do direito, sendo, em realidade, uma limitação voluntária ao exercício dos direitos da personalidade, não levando, desta feita, à renúncia de direitos da personalidade.[298]

É que como ninguém é obrigado a exercer o direito que titulariza contra sua vontade, é natural que o titular de um direito da personalidade pode deixar de exercê-lo se entender que lhe é conveniente. Contudo, esse não exercício não significa renúncia, pois quem "renuncia a direito, assume uma obrigação, a de não exercê-lo, podendo vir a ser responsabilizado caso a descumpra", enquanto que aquele que "deixa de exercer um direito, ao contrário, pratica ato que não obriga", podendo voltar a exercê-lo, o que não caracteriza descumprimento de uma obrigação.[299]

Nessa linha, fica evidente que a renúncia ao direito da personalidade não é acolhida por nosso ordenamento jurídico, de forma na hipótese de manifestação do titular desses direitos, "ainda que por escrito em negócio sinalagmático, a vontade de renunciar a qualquer um deles, poderá, no futuro e sem empecilho algum, exercitá-lo ou defendê-lo, inclusive em face dos demais sujeitos participantes do negócio".[300] Aliás, isso é bastante corriqueiro em casos de investigação de paternidade, onde muitas vezes se alega em juízo a realização de negócio jurídico em que houve renúncia ao direito relativo ao estabelecimento da verdade biológica. Contudo, isso não é admitido, não havendo, assim, nenhum impedimento ao exercício desse direito da personalidade, haja vista a sua irrenunciabilidade.[301]

---

297. PONTES DE MIRANDA, Francisco Cavalcanti. *Tratado de direito privado*, t. VII, p. 49.
298. PINTO, Carlos Alberto da Mota. *Teoria Geral do Direito Civil*, p. 215.
299. COELHO, Fábio Ulhoa. *Curso de direito civil*, v. 1, p. 184.
300. COELHO, Fábio Ulhoa. *Curso de direito civil*, v. 1, p. 184.
301. Interessante decisão da 4ª Câmara de Direito Privado do Tribunal de Justiça de São Paulo, relatada pelo Desembargador Fábio Quadros, muito bem demonstra a vedação da renúncia ao direito da personalidade em si: Ementa: "Agravo de Instrumento – Inventário – Pedido de reserva de bens – Formulação por autores de ação de impugnação de paternidade, c.c. investigação de paternidade – Presença dos pressupostos para tanto – Presença do 'fumus honi iuris' e 'periculum in mora' – Alegação de formalização de instrumento particular de transação e outras avenças, no qual os Agravados renunciaram expressamente a postular o reconhecimento de paternidade – Direito indisponível e irrenunciável – Art. 11 do Código Civil – Art 1º, inciso III, da Constituição de 1988 e artigo 27 do Estatuto da Criança e do

8 • AS CARACTERÍSTICAS DOS DIREITOS DA PERSONALIDADE | 193

Outrossim, a autorrestrição de um direito da personalidade, que seja mais ampla que a restrição legal existente, está também sujeita ao limite da manutenção do núcleo essencial do direito. Contudo, a limitação voluntária ao exercício de um direito da personalidade num caso concreto deve ser sempre considerada sob reserva de revogação a todo tempo.[302]

Aliás, em consonância com esse entendimento, dispõe o Enunciado 4 das Jornadas de Direito Civil do Conselho da Justiça Federal: "Art. 11: O exercício dos direitos da personalidade pode sofrer limitação voluntária, desde que não seja permanente nem geral". Ora, o que esse enunciado evidentemente prevê é a possibilidade de renúncia ao exercício dos direitos da personalidade e a vedação da renúncia ao direito da personalidade em si.

Ademais, não se confunde com a renúncia aos direitos da personalidade aquela situação especial a que se submetem os funcionários públicos, estudantes e militares (conhecida como relação especial de poder ou estatuto de sujeição), a qual, apesar de ser geradora de mais deveres e obrigações do que aqueles que resultam normalmente para o cidadão, encontram seu fundamento na Constituição, sendo, em realidade, um estatuto heteronomamente vinculado e não uma ordem extraconstitucional.[303]

Trata-se, assim, tão somente de relações de vida disciplinadas por um estatuto específico, o que não significa renúncia a direitos fundamentais[304] ou a direitos da personalidade.

Malgrado essa relação estabelecida entre a renúncia ao exercício e a renúncia ao próprio direito da personalidade, existem na doutrina autores que têm um posicionamento diverso.

Deveras, há quem entenda que a irrenunciabilidade é consequência da indisponibilidade dos direitos da personalidade, visto que se "não é possível dispor dos direitos da personalidade, então também não é possível renunciar a eles, pois a renúncia equipara-se a uma forma de disposição e exige capacidade dispositiva por parte do renunciante".[305]

Adriano de Cupis aduz, nesse sentido, que a "faculdade de renúncia está compreendida na faculdade de disposição, entendida no seu mais largo sentido;

Adolescente – Decisão acertada que não merece reparo – Recurso improvido" (TJSP, AI 5775624200, 4ª Câmara de Direito Privado, Rel. Fábio Quadro, data do julgamento: 07.08.2008).

302. CANOTILHO, José Joaquim Gomes. *Direito constitucional e teoria da Constituição*, p. 435.

303. CANOTILHO, José Joaquim Gomes. *Direito constitucional e teoria da Constituição*, p. 436.

304. CANOTILHO, José Joaquim Gomes. *Direito constitucional e teoria da Constituição*, p. 437.

305. MATTIA, Fábio Maria de. Direitos da personalidade. *Revista Forense*, v. 262, p. 84.

por isso quando se diz, sem mais, que um direito é indisponível, quer significar que ele é também irrenunciável".[306]

Pablo Stolze Gagliano e Rodolfo Pamplona Filho igualmente utilizam a indisponibilidade dos direitos da personalidade como expressão que abarca tanto a irrenunciabiliadade quanto a intransmissibilidade.[307]

Ocorre que essa linha de raciocínio, a nosso ver, não se sustenta. É que a indisponibilidade dos direitos da personalidade é relativa, existindo inúmeros casos em que o consentimento (autorizante ou tolerante) é compatível com a ideia de irrenunciabilidade dos direitos de personalidade. Fica então claro que o consentimento não tem o objetivo de extinguir o direito, sendo tão somente uma limitação voluntária ao exercício dos direitos da personalidade.

Dessa maneira, diante da compatibilidade entre a disponibilidade relativa de alguns direitos da personalidade e a irrenunciabilidade, é bastante difícil afirmar que a irrenunciabilidade esteja fundamentada na indisponibilidade.

Ao contrário, parece-nos que a indisponibilidade é que figura como consequência da irrenunciabilidade, já que os direitos da personalidade sempre serão irrenunciáveis, nem sempre, porém, indisponíveis.

Nelson Nery Junior e Rosa Maria de Andrade Nery também seguem esse raciocínio, asseverando que está "compreendida na irrenunciabilidade dos direitos da personalidade, a indisponibilidade, pois seu titular deles não pode dispor livremente".[308]

Com isso, somente quando se trata da irrenunciabilidade do exercício dos direitos da personalidade é que se pode dizer que ela decorre da indisponibilidade. Todavia, quando se trata da irrenunciabilidade dos direitos da personalidade, então não se pode estabelecer essa relação, ou seja, não se pode afirmar que a irrenunciabilidade decorre do caráter indisponível, mesmo porque, como já foi visto, essa indisponibilidade é relativa, o que não ocorre com a irrenunciabilidade.

Ademais, é ainda importante mencionar que no direito privado, tal qual no direito público, existem amplos debates acerca da irrenunciabilidade dos direitos da personalidade. De fato, há autores que defendem a eutanásia, o suicídio e o aborto, o que, se fosse aceito, acabaria relativizando essa característica. Todavia, essas questões não vão ser aqui aprofundadas, mas vale alertar o leitor acerca de sua existência.

---

306. CUPIS, Adriano de. *I diritti della personalità*, p. 92.
307. GAGLIANO, Pablo Stolze; FILHO, Rodolfo Pamplona. *Novo curso de direito civil*, v. 1, p. 146.
308. NERY JUNIOR, Nelson; NERY, Rosa Maria de Andrade. *Código Civil comentado*, p. 181.

8 • AS CARACTERÍSTICAS DOS DIREITOS DA PERSONALIDADE **195**

Por conseguinte, a irrenunciabilidade dos direitos da personalidade deve ser entendida no sentido de que o seu titular pode renunciar ao exercício de um direito de personalidade, "mas não pode renunciar ao direito em si".[309] O que se veda, portanto, é a manifestação de vontade que signifique uma total e permanente renúncia à proteção conferida pelos direitos da personalidade.[310]

8.11 INTRANSMISSIBILIDADE

8.11.1 A intransmissibilidade dos direitos da personalidade

A intransmissibilidade é indicativa do caráter daquilo que não pode ser transmitido ou comunicado de uma pessoa a outra.[311] O Código Civil de 2002 dispõe que, com exceção dos casos previstos em lei, os direitos da personalidade são intransmissíveis. Assim sendo, está-se diante de uma limitação excepcional da regra prevalente nas relações de direito privado, ou seja, nos casos de direitos da personalidade não se admite, segundo o Código Civil, a cessão ou sucessão do direito de um sujeito para outro.[312]

A transmissibilidade prevalece no direito privado, não obstante a existência de numerosos casos de intransmissibilidade, que constituem logicamente exceção. Essa exceção é uma constante para os direitos da personalidade, "mas é anormal para os direitos patrimoniais".[313]

Ocorre que apesar da ressalva feita quanto às exceções dos casos previstos em lei, é certo que existem no direito civil brasileiro hipóteses de transmissibilidade de determinados aspectos dos direitos da personalidade que vão além daquelas expressamente reguladas pela legislação.

Daí que muitos autores apresentam um grande número de exemplos em que os direitos da personalidade estariam sendo transmitidos. Fala-se, dessa forma, nos casos de transmissão da imagem de pessoas que vivem profissionalmente da exposição pública, na transmissão dos direitos patrimoniais de autor etc.

Nessas situações, entretanto, não ocorre verdadeira transmissão de direitos da personalidade, uma vez que esses direitos são em sua essência intransmissíveis. Há, em realidade, a transmissibilidade de certos aspectos dos direitos da personalidade, e não propriamente a transmissibilidade dos direitos da personalidade.

---

309. ASCENSÃO, José de Oliveira. *Direito civil*: teoria geral, v. I, p. 93.
310. GARCIA, Enéas Costa. *Direito geral da personalidade no sistema jurídico brasileiro*, p. 154.
311. SILVA, De Plácido e. *Vocabulário jurídico*, v. 2, p. 509-510.
312. GAGLIANO, Pablo Stolze; FILHO, Rodolfo Pamplona. *Novo curso de direito civil*, v. 1, p. 147.
313. CUPIS, Adriano de. *I diritti della personalità*, p. 86.

É que a vida, a integridade física e psíquica, a honra, a imagem, a intimidade não podem ser separadas do ser humano, não sendo concebível que uma pessoa possa viver sem determinados direitos da personalidade, pois os transferiu a outrem.

Seguindo essa linha de raciocínio, Capelo de Sousa fundamenta a intransmissibilidade dos direitos da personalidade na íntima ligação existente entre esses direitos e seu titular:

> Os poderes jurídicos que incidem, unitária e globalmente, sobre a personalidade física ou moral de um certo homem são insusceptíveis de serem transmitidos deste para outro sujeito jurídico. O que se compreende face à natureza dos bens jurídicos que constituem o seu objecto. Com efeito, os bens jurídicos da personalidade humana física e moral constituem o ser do seu titular, pelo que são inerentes, inseparáveis e necessários à pessoa do seu titular e circunscrevem os respectivos poderes jurídicos.[314]

Adriano de Cupis é outro autor que vê no nexo orgânico existente entre a pessoa e seus bens mais elevados o fundamento da intransmissibilidade dos direitos da personalidade, visto que seu objeto é inseparável do sujeito originário: "a vida, a integridade física, a honra, a liberdade e outros de Tício, não podem vir a ser bens de Caio por virtude de uma impossibilidade que se radica na natureza das coisas".[315]

O problema também já foi abordado pelo Tribunal Federal de Justiça alemão (BGH), que entendeu que os direitos da personalidade são, pela sua própria natureza, intransmissíveis, pois estão ligados imediatamente à pessoa de seu titular (BGHZ 50, 133, 137).[316]

E nesse sentido exemplificam ainda Pablo Stolze Gagliano e Rodolfo Pamplona Filho com o direito à imagem, uma vez que "ninguém pode pretender transferir juridicamente a sua forma plástica a terceiro", não obstante a natureza desse direito admitir a cessão de uso, o que não significa a transferência do direito em si, mas tão somente de sua faculdade de uso.[317]

Igualmente ensina Paulo Luiz Netto Lôbo que a "pessoa não transmite sua imagem, ficando dela privada durante certo tempo", pois isso significaria sua despersonalização. Na verdade, o que é utilizado no caso da imagem é sua projeção (a foto, o filme, a gravação etc.).[318]

---

314. CAPELO DE SOUSA, Rabindranath Valentino Aleixo. *O direito geral de personalidade*, p. 402.

315. CUPIS, Adriano de. *I diritti della personalità*, p. 88.

316. WEICK, Günter. Natürliche Personen, Verbraucher, Unternehmer. In: *J. von Staudingers Kommentar zum Bürgerlichen Gesetzbuch mit Einführungsgesetz und Nebengesetzen*, p. 180.

317. GAGLIANO, Pablo Stolze; FILHO, Rodolfo Pamplona. *Novo curso de direito civil*, v. 1, p. 148.

318. LÔBO, Paulo Luiz Netto. Autolimitação do direito à privacidade. *RTDC*, v. 9, n. 34, p. 94-95, abr./jun. 2008.

8 • AS CARACTERÍSTICAS DOS DIREITOS DA PERSONALIDADE **197**

Esse mesmo enfoque ao problema da utilização econômica da imagem é dado por Ana Azurmendi Adarraga, que em monografia sobre o direito à própria imagem reconhece a existência da "*potencia patrimonial de la imagen*". Segundo a autora, a resposta unanimemente encontrada tem sido o reconhecimento tanto do caráter pessoal da imagem humana quanto de sua potência patrimonial. Assim sendo, a imagem humana, como atributo da personalidade, não pode ser objeto de comércio, porém, a cessão das faculdades sobre a própria imagem pode sê-lo. Conduto, sua utilização econômica está delimitada pelo próprio caráter pessoal da imagem humana.[319]

O mesmo ocorre com a utilização do nome de uma pessoa em propaganda comercial, uma vez que a pessoa pode autorizar esse uso, "mas não pode transmitir os direitos inerentes ao próprio nome".[320]

No âmbito do direito de autor, tomando em conta a intransmissibilidade, advertem Álvaro Villaça Azevedo e Gustavo Rene Nicolau que não seria lícito que um consagrado escritor permitisse, mediante remuneração, que outrem inserisse seu nome em uma obra por ele escrita. O contrário também não é permitido, ou seja, um escritor desconhecido utilizar o nome de um famoso autor para poder vender suas obras. Ademais, é evidente que o falecimento de um consagrado jurista não autoriza seus familiares a estamparem seus nomes na capa dos livros daquele pelo simples fato de serem seus herdeiros.[321]

De fato, os direitos morais de autor (ou direitos da personalidade do autor) são intransmissíveis, mas isso não significa que o recebimento de valores pela comercialização de uma obra seja vedado. Ao contrário, a obra literária pode ser negociada, sua comercialização é transmitida por herança, o mesmo não ocorrendo com os direitos morais de autor, que devem ser protegidos pelos herdeiros do falecido, porém não são a eles transmitidos. Admite-se, por conseguinte, a transmissão dos reflexos dos direitos da personalidade e não propriamente desses direitos, que são intransmissíveis.

Não é outro o entendimento de Nelson Nery Junior e Rosa Maria de Andrade Nery:

> Embora intransmissíveis em sua essência, os efeitos patrimoniais dos direitos de personalidade são transmissíveis. A utilização dos direitos de personalidade, se tiverem expressão econômica, é transmissível. A autoria de obra literária (direito de personalidade) é intransmissível, mas o recebimento de dinheiro pela comercialização da referida obra (direito

---

319. ADARRAGA, Ana Azurmendi. *El derecho a la propia imagen*, p. 36-38.
320. NADER, Paulo. *Curso de direito civil*: parte geral, p. 211.
321. AZEVEDO, Álvaro Villaça; NICOLAU, Gustavo Rene. *Código Civil comentado*, v. I, p. 48.

patrimonial) pode ser negociado livremente, sendo, portanto, transmissível inclusive por herança (CF, XXVII).[322]

Assim, os direitos da personalidade, nos casos de ato *inter vivos*, não podem ser objeto de cessão. Já quando se está diante de ato *causa mortis*, então eles não podem ser objeto de sucessão.[323]

E a razão da intransmissibilidade por sucessão ou cessão, vale mais uma vez ressaltar, está no fato de que os direitos da personalidade são inerentes à pessoa de seu titular, o qual não poderia cedê-los, gratuita ou onerosamente, nem deixá-los como herança.[324]

Silvio Romero Beltrão também tem esse posicionamento:

> O caráter intransmissível dos direitos da personalidade determina que eles não podem ser objeto de cessão e até mesmo de sucessão, por ser um direito que expressa a personalidade da própria pessoa do seu titular e que impede a sua aquisição por um terceiro por via da transmissão.[325]

Daí se vê que os direitos da personalidade são intransmissíveis em sua essência, seja *inter vivos* ou *causa mortis*. Entretanto, quando a utilização dos direitos da personalidade tiver expressão econômica, então se admite a transmissibilidade desses efeitos patrimoniais, o que não corresponde à transmissibilidade propriamente dos direitos da personalidade.

É justamente isso que se vê no art. 49 da Lei n. 9.610/98, o qual prevê, em capítulo denominado "Da Transferência dos Direitos de Autor", que os "direitos de autor poderão ser total ou parcialmente transferidos a terceiros, por ele ou por seus sucessores, a título universal ou singular, pessoalmente ou por meio de representantes com poderes especiais, por meio de licenciamento, concessão, cessão ou por outros meios admitidos em Direito". Todavia, o que em um primeiro momento parece permitir a transmissão dos direitos de autor, na verdade, depois da leitura das limitações postas pela própria lei, evidencia que o que se pode transmitir são somente os direitos patrimoniais de autor, já que o inciso I do mesmo dispositivo veda a transmissão dos direitos morais de autor.

Transmissíveis são, portanto, apenas as situações essencialmente patrimoniais, não podendo terceiro, sem autorização, fazer uso delas para proveito

---

322. NERY JUNIOR, Nelson; NERY, Rosa Maria de Andrade. *Código Civil comentado*, p. 181.
323. ASCENSÃO, José de Oliveira. *Direito civil*: teoria geral, v. I, p. 93.
324. AZEVEDO, Álvaro Villaça; NICOLAU, Gustavo Rene. *Código Civil comentado*, v. I, p. 48.
325. BELTRÃO, Silvio Romero. *Direitos da personalidade*, p. 27.

8 • AS CARACTERÍSTICAS DOS DIREITOS DA PERSONALIDADE 199

próprio.[326] Em todo caso, a utilização dos efeitos econômicos dos direitos da personalidade não pode perder de vista o princípio da dignidade da pessoa humana.

Dessa maneira, a transmissibilidade desses efeitos econômicos "deve passar a ser entendida a partir de uma interpretação construtiva e de índole constitucional, que supera uma hermenêutica estrita da literalidade do código".[327]

Por conseguinte, há uma aparente contradição entre o disposto no art. 11 do Código Civil, que prevê a intransmissibilidade dos direitos da personalidade, e o que ocorre na prática. No entanto, tal problema é superado quando se constata que o que se transmite não é propriamente o direito da personalidade, mas sim somente seus efeitos patrimoniais, de forma que a intransmissibilidade consagrada pelo Código Civil é do direito da personalidade em si mesmo e não dos seus efeitos patrimoniais, os quais, em caráter excepcional e quando for respeitado o princípio da dignidade da pessoa, admitem transmissão.

8.11.2 A intransmissibilidade e a tutela *post mortem*

Ainda dentro da problemática da intransmissibilidade, é importante a discussão a respeito da tutela dos direitos da personalidade *post mortem*. De fato, mesmo após a morte do titular dos direitos da personalidade, permanece a sua tutela, como ocorre, por exemplo, com a imagem, o nome, a autoria, a sepultura e o cadáver do falecido.

Nesses casos, está-se diante, conforme a teoria dos direitos da personalidade póstumos, apenas de legitimidade dos herdeiros para a defesa dos direitos da personalidade do *de cujus*. Não se admite a transmissão *causa mortis* dos direitos da personalidade. É que a transmissão demanda que uma pessoa ocupe o lugar da outra, o que não ocorre com os direitos da personalidade, naturalmente intransmissíveis.[328]

Diante da polêmica, cabe ressaltar que embora a morte do titular implique a extinção de sua personalidade, alguns direitos da personalidade permanecem resguardados, como ocorre, por exemplo, com a imagem, o nome, a autoria, a sepultura e o cadáver do falecido.

---

326. LÔBO, Paulo Luiz Netto. Autolimitação do direito à privacidade. *RTDC*, v. 9, n. 34, p. 94-95, abr./jun. 2008.

327. FACHIN, Luiz Edson. Fundamentos, limites e transmissibilidade: anotações para uma leitura crítica, construtiva e de índole constitucional da disciplina dos direitos da personalidade no Código Civil brasileiro. In: CORRÊA, Elidia Aparecida de Andrade; GIACOIA, Gilberto; CONRADO, Marcelo (coord.). *Biodireito e dignidade da pessoa humana*, p. 201.

328. GARCIA, Enéas Costa. *Direito geral da personalidade no sistema jurídico brasileiro*, p. 47-48.

Aliás, o reconhecimento da intransmissibilidade dos direitos da personalidade pelo próprio art. 11 do Código Civil acaba por reforçar a teoria da proteção *post mortem* dos direitos da personalidade. Realmente, como não se admite a transmissão por sucessão dos direitos da personalidade, outro caminho não há que não seja aquele que atribui apenas legitimidade aos herdeiros do *de cujus* para a proteção *post mortem* de seus direitos da personalidade.

Mas a questão se torna mais complexa quando são analisados os efeitos patrimoniais dos direitos da personalidade de pessoa falecida. Ora, fala-se na intransmissibilidade por sucessão dos direitos da personalidade em si, porém, como esclarecido anteriormente, nada impede que os efeitos patrimoniais dos direitos da personalidade sejam transmitidos por sucessão.

É de se notar, todavia, que essa distinção leva, na verdade, a uma doutrina dualista, que reconhece a intransmissibilidade dos direitos da personalidade, mas admite a transmissibilidade do componente patrimonial desses mesmos direitos. E no âmbito do direito autoral tal distinção já é bastante tradicional, uma vez que a transmissibilidade dos direitos patrimoniais de autor decorre do art. 41 da Lei n. 9.610/98.[329]

Todavia, talvez a terminologia por nós utilizada até o momento, ressalvada a Lei n. 9.610/98, seja um pouco complicada na prática, sendo preferível aquela defendida por parte da doutrina alemã, que entende que existe um componente patrimonial dos direitos da personalidade e um componente não patrimonial (imaterial ou ideal), de maneira que o componente patrimonial seria transmissível por sucessão, enquanto o não patrimonial não permitiria sua transmissão por sucessão.[330]

E essa doutrina, é relevante mencionar, acabou sendo reconhecida também pelo Tribunal Federal de Justiça (BGH) no julgamento do caso Marlene Dietrich (BGHZ 143, 214), quando Maria Riva, única filha e herdeira da atriz alemã falecida em 06.05.1992, opôs-se à exploração comercial do nome e da imagem de sua genitora, requerendo indenização.[331]

Para solucionar a demanda, entendeu o BGH que o componente patrimonial dos direitos da personalidade de Marlene Dietrich persiste após sua morte, transmitindo-se para Maria Riva, uma vez que esse componente, diferentemente daquele imaterial, pode ser herdado. Por conseguinte, foram garantidas à herdeira de Marlene Dietrich as pretensões de remoção (*Beseitigungsanprüche*) e

---

329. Art. 41 da Lei n. 9.610/98: "Os direitos patrimoniais do autor perduram por setenta anos contados de 1º de janeiro do ano subsequente ao de seu falecimento, obedecida a ordem sucessória da lei civil".
330. DUESBERG, Erik. *Die Vererblichkeit von Bestandteilen des Persönlichkeitsrechts des Erblassers*, p. 14-15.
331. DUESBERG, Erik. *Die Vererblichkeit von Bestandteilen des Persönlichkeitsrechts des Erblassers*, p. 15-17.

de omissão (*Unterlassungsansprüche*), bem como indenização. Ainda, é de se destacar que o BGH declarou nesse caso, de forma expressa, pela primeira vez, ser possível a sucessão do componente patrimonial dos direitos da personalidade, o que não havia ocorrido no caso Mephisto (BGHZ 107, 384).[332]

A importância dessa decisão reside exatamente no fato de que até então a jurisprudência do BGH entendia apenas que o direito geral da personalidade era intransmissível e não podia ser sucedido em caso de falecimento. Em virtude da decisão do caso Marlene Dietrich, passou-se a aceitar que o direito geral da personalidade e suas particulares manifestações protegem precipuamente interesses ideais. Isso não significa que não seja possível a proteção de interesses patrimoniais, os quais, diversamente do componente ideal dos direitos da personalidade, são transmissíveis por herança, respeitando, logicamente, a vontade do *de cujus*.[333]

Ademais, destacou o Tribunal Federal de Justiça alemão que, ao contrário do alegado pela literatura especializada, o reconhecimento da transmissibilidade por herança do componente patrimonial dos direitos da personalidade alarga e fortalece a tutela nas hipóteses de lesão ao componente imaterial dos direitos da personalidade do falecido.[334]

Essa digressão pelo direito alemão nos parece bastante justa. De fato, não se pode negar hodiernamente a existência de efeitos patrimoniais decorrentes dos direitos da personalidade, o que a doutrina alemã chama de componente patrimonial dos direitos da personalidade, cuja transmissibilidade pode ocorrer por sucessão ou cessão.

A despeito disso, é certo que os direitos da personalidade em si, o que os alemães chamam de componente ideal dos direitos da personalidade, não são transmissíveis. E é justamente nesse sentido que a intransmissibilidade prevista no art. 11 do Código Civil deve ser entendida, ou seja, tal dispositivo cuida dos direitos da personalidade em si, ou, como preferem os alemães, do componente ideal dos direitos da personalidade.

Na jurisprudência brasileira são encontradas decisões que admitem a transmissibilidade do direito patrimonial resultante de violação de direitos da personalidade, entre elas está o REsp 978.651/SP, que reconheceu que o direito de ação por dano moral é de natureza patrimonial e, portanto, transmissível aos sucessores da vítima.[335]

---

332. DUESBERG, Erik. *Die Vererblichkeit von Bestandteilen des Persönlichkeitsrechts des Erblassers*, p. 15-17.
333. KLÜBER, Rudiger. *Persönlichkeitsschutz und Kommerzialisierung*, p. 63-64.
334. KLÜBER, Rudiger. *Persönlichkeitsschutz und Kommerzialisierung*, p. 65.
335. Recurso especial do estado de São Paulo. Responsabilidade civil. Dano moral. Ofendido falecido. Legitimidade dos sucessores para propor ação de indenização. Transmissibilidade do direito à reparação. 1.

Na hipótese dos autos, o filho dos recorridos, em abordagem policial, foi exposto a situação vexatória e a espancamento efetuado por policiais militares, o que lhe causou lesões corporais de natureza leve e danos de ordem moral. A ação penal transitou em julgado. Após, os genitores da vítima, quando esta já havia falecido por razões outras, propuseram ação de indenização contra o fato referido, visando à reparação do dano moral sofrido pelo filho. 2. A questão controvertida consiste em saber se os pais possuem legitimidade ativa *ad causam* para propor ação, postulando indenização por dano moral sofrido, em vida, pelo filho falecido. 3. É certo que esta Corte de Justiça possui orientação consolidada acerca do direito dos herdeiros em prosseguir em ação de reparação de danos morais ajuizada pelo próprio lesado, o qual, no curso do processo, vem a óbito. Todavia, em se tratando de ação proposta diretamente pelos herdeiros do ofendido, após seu falecimento, a jurisprudência do Superior Tribunal de Justiça possui orientações divergentes. De um lado, há entendimento no sentido de que "na ação de indenização de danos morais, os herdeiros da vítima carecem de legitimidade ativa *ad causam*" (REsp 302.029/RJ, 3ª Turma, Rel. Min. Nancy Andrighi, *DJ* de 1º.10.2001); de outro, no sentido de que "os pais – na condição de herdeiros da vítima já falecida – estão legitimados, por terem interesse jurídico, para acionarem o Estado na busca de indenização por danos morais, sofridos por seu filho, em razão de atos administrativos praticados por agentes públicos (...)". Isso, porque "o direito de ação por dano moral é de natureza patrimonial e, como tal, transmite-se aos sucessores da vítima (RSTJ, v. 71/183)" (REsp 324.886/PR, 1ª Turma, Rel. Min. José Delgado, *DJ* de 03.09.2001). 4. Interpretando-se sistematicamente os arts. 12, *caput* e parágrafo único, e 943 do Código Civil (antigo art. 1.526 do Código Civil de 1916), infere-se que o direito à indenização, ou seja, o direito de se exigir a reparação de dano, tanto de ordem material como moral, foi assegurado pelo Código Civil aos sucessores do lesado, transmitindo-se com a herança. Isso, porque o direito que se sucede é o de ação, que possui natureza patrimonial, e não o direito moral em si, que é personalíssimo e, portanto, intransmissível. 5. José de Aguiar Dias leciona que não há princípio algum que se oponha à transmissibilidade da ação de reparação de danos, porquanto "a ação de indenização se transmite como qualquer outra ação ou direito aos sucessores da vítima. Não se distingue, tampouco, se a ação se funda em dano moral ou patrimonial. A ação que se transmite aos sucessores supõe o prejuízo causado em vida da vítima" (*Da responsabilidade civil*, v. II, 4. ed., Forense: Rio de Janeiro, 1960, p. 854). 6. Como bem salientou o Ministro Antônio de Pádua Ribeiro, no julgamento do REsp 11.735/PR (2ª Turma, *DJ* de 13.12.1993), "o direito de ação por dano moral é de natureza patrimonial e, como tal, transmite-se aos sucessores da vítima". 7. "O sofrimento, em si, é intransmissível. A dor não é 'bem' que componha o patrimônio transmissível do *de cujus*. Mas me parece de todo em todo transmissível, por direito hereditário, o direito de ação que a vítima, ainda viva, tinha contra o seu ofensor. Tal direito é de natureza patrimonial. Leon Mazeaud, em magistério publicado no *Recueil Critique Dalloz*, 1943, p. 46, esclarece: 'O herdeiro não sucede no sofrimento da vítima. Não seria razoável admitir-se que o sofrimento do ofendido se prolongasse ou se entendesse (deve ser estendesse) ao herdeiro e este, fazendo sua a dor do morto, demandasse o responsável, a fim de ser indenizado da dor alheia. Mas é irrecusável que o herdeiro sucede no direito de ação que o morto, quando ainda vivo, tinha contra o autor do dano. Se o sofrimento é algo entranhadamente pessoal, o direito de ação de indenização do dano moral é de natureza patrimonial e, como tal, transmite-se aos sucessores'" (PORTO, Mário Moacyr. In: *Revista dos Tribunais*, v. 661, p. 7-10). 8. "O dano moral, que sempre decorre de uma agressão a bens integrantes da personalidade (honra, imagem, bom nome, dignidade etc.), só a vítima pode sofrer, e enquanto viva, porque a personalidade, não há dúvida, extingue-se com a morte. Mas o que se extingue – repita-se – é a personalidade, e não o dano consumado, nem o direito à indenização. Perpetrado o dano (moral ou material, não importa) contra a vítima quando ainda viva, o direito à indenização correspondente não se extingue com sua morte. E assim é porque a obrigação de indenizar o dano moral nasce no mesmo momento em que nasce a obrigação de indenizar o dano patrimonial – no momento em que o agente inicia a prática do ato ilícito e o bem juridicamente tutelado sofre a lesão. Neste aspecto não há distinção alguma entre o dano moral e patrimonial. Nesse mesmo momento, também, o correlativo direito à indenização, que tem natureza patrimonial, passa a integrar o patrimônio da vítima e, assim, se transmite aos herdeiros dos titulares da indenização" (CAVALIERI FILHO, Sérgio. *Programa de responsabilidade civil*, 7. ed. São Paulo: Atlas, 2007, p. 85-88). 9. Ressalte-se, por oportuno, que, con-

8 • AS CARACTERÍSTICAS DOS DIREITOS DA PERSONALIDADE 203

Por conseguinte, é "inconveniente afirmar-se, singelamente, que são intransmissíveis os direitos de personalidade. Serão, ou não, de acordo com a natureza do objeto do direito tutelado".[336]

8.11.3 Inexpropriabilidade e impenhorabilidade

A inexpropriabilidade e a impenhorabilidade são duas características que decorrem da intransmissibilidade. Como não se admite que bens da personalidade sejam transmitidos de seu titular para outrem, também não se pode aceitar que essa transmissão se dê por expropriação ou decorra de penhora.

A expropriação pode ser tomada em um sentido amplo ou restrito. Quando considerada em seu sentido amplo, a expropriação passa a ideia de retirada de um bem do patrimônio de uma pessoa. Em sentido estrito, porém, a expropriação significa a retirada forçada, por determinação estatal, de um bem do patrimônio de uma pessoa, ou seja, equivale à desapropriação.

Em se considerando o sentido amplo, fica evidente a íntima relação existente entre a penhora e a expropriação. A penhora é o ato pelo qual se especifica o bem que irá responder pela execução, isto é, determinado bem do devedor (ou responsável pelo débito) é escolhido e separado dos demais, ficando, por conseguinte, "comprometido com uma futura expropriação a ser feita com o objetivo de satisfazer o direito do exequente".[337] A penhora é, portanto, um ato processual de constrição que antecede à expropriação.

Definida a penhora fica fácil a compreensão da penhorabilidade, que é a "idoneidade dos bens para serem objeto" de responsabilidade mediante expropriação.[338] Assim, quando se diz que um bem é impenhorável, tal afirmação está

---

forme explicitado na r. sentença e no v. acórdão recorrido, "o finado era solteiro e não deixou filhos, fato incontroverso comprovado pelo documento de fl. 14 (certidão de óbito), sendo os autores seus únicos herdeiros, legitimados, pois, a propor a demanda" (fl. 154). Ademais, foi salientado nos autos que a vítima sentiu-se lesada moral e fisicamente com o ato praticado pelos policiais militares e que a ação somente foi proposta após sua morte porque aguardava-se o trânsito em julgado da ação penal. 10. Com essas considerações doutrinárias e jurisprudenciais, pode-se concluir que, embora o dano moral seja intransmissível, o direito à indenização correspondente transmite-se *causa mortis*, na medida em que integra o patrimônio da vítima. Não se olvida que os herdeiros não sucedem na dor, no sofrimento, na angústia e no aborrecimento suportados pelo ofendido, tendo em vista que os sentimentos não constituem um "bem" capaz de integrar o patrimônio do *de cujus*. Contudo, é devida a transmissão do direito patrimonial de exigir a reparação daí decorrente. Entende-se, assim, pela legitimidade ativa *ad causam* dos pais do ofendido, já falecido, para propor ação de indenização por danos morais, em virtude de ofensa moral por ele suportada. 11. Recurso especial do Estado de São Paulo conhecido, mas desprovido (REsp 978.651/SP, 1ª Turma, Rel. Min. Denise Arruda, j. 17.02.2009, *DJe* 26.03.2009).

336. NERY JUNIOR, Nelson; NERY, Rosa Maria de Andrade. *Código Civil comentado*, p. 181-182.

337. DINAMARCO, Cândido Rangel. *Instituições de direito processual civil*, v. IV, p. 520.

338. FRANCESCO, Carnelutti. *Instituições do processo civil*, v. I, p. 337.

a significar que o bem, a despeito de integrar o patrimônio do devedor, não pode sofrer a constrição da penhora e, consequentemente, não pode ser retirado do patrimônio do devedor.[339]

É certo que todo o patrimônio do devedor garante a obrigação por ele assumida, consistindo a penhora, como já foi dito, em um ato processual que individualiza o bem do patrimônio do devedor que satisfará o credor. Entretanto, antes de qualquer coisa, deve-se aqui retomar a problemática relativa ao patrimônio, já que desde a *Lex Poetelia Papiria* (326 a.C.) o corpo do devedor não responde mais pelas suas obrigações.

Ora, se forem incluídas na definição de patrimônio tão somente as situações redutíveis a dinheiro, então nada deverá ser discutido no que toca aos direitos da personalidade, uma vez que esses direitos não são redutíveis a dinheiro. Todavia, quando se admite que os direitos não suscetíveis de avaliação pecuniária estão dentro do patrimônio, é necessário então definir se tais direitos podem ser objeto de penhora e de expropriação ou se isso não é possível.

Ao se considerar o patrimônio em seu sentido estrito, não se pode falar em inexpropriabilidade ou impenhorabilidade dos direitos da personalidade, visto que somente poderia ser objeto de expropriação ou de penhora aqueles bens que integrassem o patrimônio, o que afastaria os direitos da personalidade desses conceitos.

É que a inexpropriabilidade e a impenhorabilidade são dirigidas aos bens que poderiam ser, em um primeiro momento, objeto de penhora e expropriação, não sendo esse o caso dos direitos da personalidade quando se toma o patrimônio em sentido estrito.

Atento ao problema, Cândido Rangel Dinamarco aduz que os direitos da personalidade nada têm de patrimonial, não sendo suscetíveis de qualquer constrição jurisdicional executiva. Dessa maneira, conclui o autor que não se trata de excluir esses direitos da responsabilidade executiva, uma vez que eles, por si próprios, já estão fora do patrimônio e das constrições que lhes poderiam incidir.[340]

Seguindo essa linha, não se pode falar em inexpropriabilidade e em impenhorabilidade dos direitos da personalidade, visto que tais direitos não integram o patrimônio e não estão sujeitos às constrições típicas de relações patrimoniais.

Por outro lado, sob a perspectiva do patrimônio em seu sentido amplo, admitindo-se a existência de um patrimônio material (suscetível de avaliação em dinheiro) e de um patrimônio moral (não suscetível de avaliação em dinheiro),

---

339. DINAMARCO, Cândido Rangel. *Instituições de direito processual civil*, v. IV, p. 339.
340. DINAMARCO, Cândido Rangel. *Instituições de direito processual civil*, v. IV, p. 340.

8 • AS CARACTERÍSTICAS DOS DIREITOS DA PERSONALIDADE **205**

então os direitos da personalidade fariam parte do patrimônio e poderiam estar, se não houvesse disposição em contrário, sujeitos à penhora e à expropriação.

No Código de Processo Civil não há previsão expressa da impenhorabilidade e da inexpropriabilidade dos direitos da personalidade. Contudo, a doutrina entende que as listas contidas nos arts. 833 e 834 do diploma processual são meramente exemplificativas, sendo "legítimo e necessário ir além do rol legal sempre que, em casos concretos, disso dependa a exclusão de bens indispensáveis, ali não indicados".[341]

Dessa forma, no caso dos direitos da personalidade, considerando o disposto no art. 11 do Código Civil, que veda a sua transmissibilidade, bem como o princípio constitucional da dignidade da pessoa humana, reconhece-se que os direitos da personalidade são impenhoráveis e inexpropriáveis.

Capelo de Sousa, nesse mesmo sentido, ensina que o "caráter pessoal e intransmissível dos poderes jurídicos integrantes dos direitos de personalidade determina ainda que os bens da personalidade humana não respondam por dívidas do património e, nomeadamente, que não possam ser objecto de penhora".[342] E o autor ainda relaciona a impenhorabilidade com a extrapatrimonialidade, afirmando que os bens jurídicos-pessoais que formam o objeto dos direitos da personalidade não respondem pelas dívidas patrimoniais.[343]

Do mesmo modo, arremata Márcio Manoel Maidame:

O trabalhador, o artista, o atleta e o intelectual não são mercadorias e sequer escravos e não podem ser obrigados a trabalhar no lugar ou para o patrão que a justiça determinar. Entretanto, em havendo participação e expressa concordância daquele que presta o serviço (profissional, atleta, artista, intelectual) estes direitos podem ser objeto de transação, inclusive para o pagamento e amortização de dívidas. Mas a alienação coativa, sem o aval do contratado, viola o direito de personalidade deste, o que impede a penhora deste tipo de bem.[344]

E seria mesmo um absurdo imaginarmos que a vida, a integridade física e psíquica, a honra, a liberdade e outros direitos da personalidade poderiam ser penhorados e, posteriormente, expropriados, passando para o patrimônio de outra pessoa, a qual, por exemplo, além de titular de seu direito à vida, também teria obtido, via processo judicial, o direito à vida de terceiro. Em suma, isso seria um retorno ao direito romano pré-clássico, antes da vigência da *Lex Poetelia Papiria*, quando se permitia até mesmo a redução de um cidadão romano à condição de

---

341. DINAMARCO, Cândido Rangel. *Instituições de direito processual civil*, v. IV, p. 342.
342. CAPELO DE SOUSA, Rabindranath Valentino Aleixo. *O direito geral de personalidade*, p. 404.
343. CAPELO DE SOUSA, Rabindranath Valentino Aleixo. *O direito geral de personalidade*, p. 415.
344. MAIDAME, Márcio Manoel. *Impenhorabilidade e direitos do credor*, p. 190.

escravo em razão do não pagamento de dívidas (*trans Tiberim vendere*), o que é impensável no século XXI.

Dito isso, em qualquer dos casos resta ainda a análise dos efeitos patrimoniais decorrentes dos direitos da personalidade, ou, como já mencionado anteriormente, do chamado componente patrimonial dos direitos da personalidade.

Ao tratamos dos direitos da personalidade e de seus efeitos patrimoniais estamos, na verdade, cuidando de direitos de naturezas diferentes, pois o primeiro é realmente um direito da personalidade, enquanto o segundo é um direito patrimonial, decorrendo daí que um e outro têm características diversas.[345]

Assim, mais uma vez, deve-se destacar que embora os direitos da personalidade sejam impenhoráveis e inexpropriáveis, o mesmo não pode ser asseverado em relação aos efeitos patrimoniais decorrentes desses direitos.[346]

Não há impedimento legal para a penhora do crédito dos efeitos patrimoniais decorrentes dos direitos da personalidade, como é o caso da penhora dos créditos da cessão de uso do direito à imagem.[347]

Nessa mesma linha, afirma Roxana Cardoso Brasileiro Borges que "embora os direitos de personalidade sejam impenhoráveis, quando ocorre de tais direitos se manifestarem economicamente, como os direitos autorais ou o direito à imagem, os créditos gerados pela cessão de uso de tais direitos podem ser objeto de penhora".[348]

Pontes de Miranda, cuidando do direito autoral de exploração ("direito que tem o autor, direito real e transmissível, de explorar o que criou"), também afirma que tal direito "é desapropriável desde que se permitiu a exposição ou a publicação. Antes, não. Antes da permissão de exposição ou da publicação não é suscetível de constrição judicial (penhora, arresto, sequestro)".[349]

A esses efeitos patrimoniais dos direitos da personalidade não se aplica, por conseguinte, o art. 11 do Código Civil, de maneira que para eles valem as regras do Código de Processo Civil, isto é, somente serão impenhoráveis e, consequentemente, inexpropriáveis, se for possível seu enquadramento nos casos previstos pelos arts. 832 e 833 do Código de Processo Civil.

---

345. KAYSER, Pierre. Les droits de la personnalité. *Revue Trimestrielle de Droit Civil*, t. 69, n. 3, p. 483.
346. MAIDAME, Márcio Manoel. *Impenhorabilidade e direitos do credor*, p. 190.
347. GUNTHER, Luiz Eduardo. Os direitos da personalidade e suas repercussões na atividade empresarial. In: GUNTHER, Luiz Eduardo (coord.). *Tutela dos direitos da personalidade na atividade empresarial*, p. 160.
348. BORGES, Roxana Cardoso Brasileiro. *Direitos de personalidade e autonomia privada*, p. 34.
349. PONTES DE MIRANDA, Francisco Cavalcanti. *Tratado de direito privado*, t. XVI, p. 109.

Outra norma bastante interessante é o art. 834 do Código de Processo Civil,[350] pois estabelece que podem ser penhorados, à falta de outros bens, os frutos e os rendimentos dos bens inalienáveis.

Com isso, quando se está diante de frutos e rendimentos de direitos da personalidade, somente será admissível sua penhora nos casos em que não restarem outros bens disponíveis e desde que não sejam destinados à satisfação de prestação alimentícia.

Há, ainda, uma regra especial no que concerne à impenhorabilidade do direito autoral, pois além da impenhorabilidade dos direitos morais (direitos da personalidade) de autor, existe também, conforme disposto no art. 76 da Lei n. 9.610/98,[351] a impenhorabilidade da parte do produto dos espetáculos reservada ao autor e aos artistas,[352] que sem essa regra específica seria regida pelo art. 834 do Código de Processo Civil.

Por derradeiro, é certo que a insuscetibilidade de apropriação dos direitos da personalidade conduz, logicamente, à impossibilidade de usucapir e de desapropriar direitos da personalidade.

Aliás, cuidando exatamente dos bens que podem ser objeto da desapropriação, Celso Antônio Bandeira de Mello lembra que determinados tipos de bens são inexpropriáveis, entre os quais estão os "direitos personalíssimos, tais o de liberdade, o direito à honra etc. Efetivamente, estes não se definem por um conteúdo patrimonial, antes se apresentam como verdadeiras projeções da personalidade do indivíduo ou consistem em expressões de um seu *status* jurídico (...)".[353]

E não é outro o posicionamento de Maria Sylvia Zanella Di Pietro, a qual destaca que determinados tipos de bens como "o direito pessoal do autor, o direito à vida, à imagem" são inexpropriáveis.[354]

Realmente, o Estado não pode despojar esses direitos de seu titular por meio da desapropriação e nem é permitida sua usucapião pela posse prolongada com a observância dos requisitos legais. No entanto, parece-nos que, em linhas gerais, nada impediria a desapropriação dos efeitos patrimoniais dos direitos da personalidade, ou, utilizando a terminologia germânica, do componente patrimonial dos direitos da personalidade.

---

350. Art. 650 do CPC: "Podem ser penhorados, à falta de outros bens, os frutos e rendimentos dos bens inalienáveis, salvo se destinados à satisfação de prestação alimentícia" (Redação dada pela Lei n. 11.382, de 2006).

351. Art. 76 da Lei n. 9.610/98: "É impenhorável a parte do produto dos espetáculos reservada ao autor e aos artistas".

352. MAIDAME, Márcio Manoel. *Impenhorabilidade e direitos do credor*, p. 190.

353. MELLO, Celso Antônio Bandeira de. *Curso de direito administrativo*, p. 845.

354. DI PIETRO, Maria Sylvia Zanella. *Direito administrativo*, p. 165-166.

Com efeito, no que toca à desapropriação dos efeitos patrimoniais dos direitos da personalidade, tomando como exemplo os direitos patrimoniais de autor, o art. 5º, *o*, do Decreto-lei n. 3.365/41 considera como de utilidade pública a desapropriação para a "reedição ou divulgação de obra ou invento de natureza científica, artística ou literária".[355] Tal norma é, sem dúvida, objeto de discussão doutrinária, especialmente quanto à sua recepção pela Constituição Federal e sua colisão com os direitos morais de autor, previstos na Lei n. 9.610/98.

Contudo, pode-se argumentar que se o autor fizer uso de seu direito, por mero capricho, objetivando evitar a reedição da obra ou sua divulgação, então seria justificável a desapropriação do componente patrimonial, o que poderia ser feito com base no abuso de direito de autor. De qualquer forma, para que seja possível a desapropriação é imprescindível que se atente para os direitos morais de inédito e de arrependimento, pois só assim o ato estatal não estaria a ferir direitos da personalidade do autor. Caso o autor fundamente devidamente sua recusa no direito moral de inédito ou de arrependimento, aí não será possível a desapropriação.[356]

Pontes de Miranda, tratando da matéria e atento justamente ao direito de inédito, aduz que não é possível a desapropriação antes "de ter o autor, no exercício do direito autoral da personalidade, resolvido se expõe ou não, se publica ou não" a obra. Entende, porém, que "após a resolução do autor no sentido de se poder publicar, ou expor a obra, pode o Estado desapropriar". Dá-se, então, a desapropriação da primeira edição.[357]

Seja como for, a despeito da possibilidade, pelo menos em teoria, da desapropriação, é certo que ela não é o instituto jurídico mais adequado para se determinar que o componente patrimonial de uma obra passe a ser compulsoriamente explorado. Em realidade, a figura da "licença compulsória" é que deveria ser utilizada, bem como "ser melhor regulada, visando possibilitar a reedição ou divulgação de obras protegidas, desde que respeitados os direitos de inédito e de arrependimento, quando devidamente fundamentados pelo autor".[358]

O mesmo vale no que toca aos efeitos patrimoniais dos demais direitos da personalidade, observados, logicamente, os limites impostos pela peculiaridade de cada um desses direitos da personalidade.

Dessa maneira, pode-se falar, em linhas gerais, que é possível a desapropriação dos efeitos patrimoniais dos direitos da personalidade, mas isso não vale

---

355. Art. 5º do Decreto-lei n. 3.365/41: "Consideram-se casos de utilidade pública: (...) *o*) a reedição ou divulgação de obra ou invento de natureza científica, artística ou literária".
356. CARBONI, Guilherme. *Função social do direito de autor*, p. 227-228.
357. PONTES DE MIRANDA, Francisco Cavalcanti. *Tratado de direito privado*, t. XVI, p. 271.
358. CARBONI, Guilherme. *Função social do direito de autor*, p. 240.

8 • AS CARACTERÍSTICAS DOS DIREITOS DA PERSONALIDADE

para os direitos da personalidade, pois eles não se confundem com esses efeitos patrimoniais (ou componente patrimonial dos direitos da personalidade) e "não se submetem à desapropriação forçada em decorrência de sua intransmissibilidade".[359]

Quanto à usucapião, é certo que os direitos da personalidade não podem ser possuídos por outrem, mesmo porque eles não estão compreendidos no rol dos direitos reais. Com isso, não se pode falar na aquisição de um direito da personalidade por usucapião, dado que não se pode possuir um direito da personalidade de outrem, o que acabaria por ferir a própria dignidade da pessoa humana.[360] Logo, não pode o nome, por exemplo, ser adquirido por usucapião.

Já no que tange ao componente patrimonial dos direitos da personalidade, a questão é mais complexa.

Tomando mais uma vez o direito patrimonial de autor como exemplo, temos, por definição legal, que os direitos autorais são bens móveis (art. 3º da Lei n. 9.610/98[361]) ou, como prefere Pontes de Miranda, o "direito autoral de exploração é direito dominical". Assim sendo, como a usucapião é uma "forma originária de aquisição da propriedade pelo exercício da posse com *animus domini*, na forma e pelo tempo exigidos pela lei",[362] sendo inclusive prevista a usucapião de bens móveis, poder-se-ia admitir a usucapião do componente patrimonial do direito de autor.

Ocorre que não se está diante de um bem móvel como qualquer outro, haja vista que há íntima ligação entre o componente moral e o patrimonial do direito de autor.[363] Ainda, considerando que a posse é exercida sobre bens corpóreos, o que não é o caso dos direitos da personalidade, então não seria possível a aquisição de direitos da personalidade por usucapião, já que os direitos da personalidade não podem ser possuídos e a posse é imprescindível para que haja a usucapião. Fica então afastada, seguindo tal raciocínio, a possibilidade de usucapião dos direitos da personalidade, bem como dos efeitos patrimoniais dos direitos da personalidade.

Aliás, é interessante notar que o Decreto-lei n. 43/99/M, que cuida dos direitos autorais em Macau, não admite, de forma expressa, que o direito patrimonial

---

359. MATTIA, Fábio Maria de. Direitos da personalidade. *Revista Forense*, v. 262, p. 84.
360. CAPELO DE SOUSA, Rabindranath Valentino Aleixo. *O direito geral de personalidade*, p. 413.
361. Art. 3º da Lei n. 9.610/98: "Os direitos autorais reputam-se, para os efeitos legais, bens móveis".
362. PONTES DE MIRANDA, Francisco Cavalcanti. *Tratado de direito privado*, t. XVI, p. 105.
363. Antonio Carlos Morato lembra que havia um posicionamento que tendia a situar o direito de autor entre os direitos reais, entretanto, considerando a existência concomitante de direitos patrimoniais e extrapatrimoniais, o autor considera que a doutrina que pretendia a inclusão do direito de autor entre os direitos reais está superada (MORATO, Antonio Carlos. *Direito de autor em obra coletiva*, p. 94).

de autor seja adquirido por usucapião.[364] No direito brasileiro não há norma semelhante à de Macau, mas a mesma solução deve ser aplicável, não devendo ser admitida a usucapião.

Em suma, quando se considera o patrimônio em seu sentido estrito, então não há que se falar na inexpropriabilidade ou impenhorabilidade dos direitos da personalidade, uma vez que essas figuras seriam voltadas apenas para aqueles bens integrantes do patrimônio, o que não seria o caso dos direitos da personalidade. Tomando-se o patrimônio em seu sentido amplo, dele fariam parte os direitos da personalidade, que, no entanto, não poderiam ser expropriados ou penhorados, visto que o art. 11 do Código Civil veda a transmissão desses direitos, o que vem reforçado pelo princípio constitucional da dignidade da pessoa humana. Por outro lado, os efeitos patrimoniais dos direitos da personalidade podem, salvo previsão legal em sentido contrário, ser objeto de penhora e expropriação. Além disso, esses direitos patrimoniais podem, respeitadas as limitações impostas pela sua íntima ligação com os direitos da personalidade, ser desapropriados, o que deve ser analisado em cada caso concreto.

8.12 PREVALÊNCIA E COLISÃO DE DIREITOS

A prevalência ou preeminência dos direitos da personalidade em relação aos demais direitos subjetivos é outra característica apontada por alguns autores. Tal característica estaria fundada na peculiaridade do objeto dos direitos da personalidade,[365] mas está longe de fazer parte do rol de características reconhecidas de forma unânime pela doutrina e jurisprudência.

Para uma melhor compreensão da prevalência, necessário se faz, antes de tudo, uma breve explanação acerca da teoria dos direitos fundamentais, que, a despeito de ter sido desenvolvida no âmbito do direito constitucional, tem aplicação na seara dos direitos da personalidade.

Conforme Robert Alexy, existem duas construções fundamentais, sendo uma delas estreita e exata, e a outra larga e ampla. A primeira é denominada "construção de regras", enquanto a segunda "construção de princípios".[366] A distinção entre regras e princípios proposta pelo autor se apresenta como a chave para a

---

364. Artigo 40º do Decreto-lei n. 43/99/M: "O direito patrimonial de autor não pode adquirir-se por usucapião".

365. TEPEDINO, Gustavo. *Temas de direito civil*, p. 37.

366. ALEXY, Robert. Direitos fundamentais, ponderação e racionalidade. *Revista de Direito Privado*, v. 6, n. 24, p. 334.

8 • AS CARACTERÍSTICAS DOS DIREITOS DA PERSONALIDADE **211**

solução de problemas centrais da teoria dos direitos fundamentais,[367] bem como dos direitos da personalidade.

Assim, as regras são normas que "sempre, ou só podem ser cumpridas ou não cumpridas. Se uma regra vale, é ordenado fazer exatamente aquilo que ela pede, não mais e não menos". As regras contêm determinações no quadro do fática e juridicamente possível, sendo, por conseguinte, mandamentos definitivos cuja forma de aplicação é a subsunção e não a ponderação.[368]

Por outro lado, os princípios são normas que "ordenam que algo seja realizado em uma medida tão ampla quanto possível relativamente a possibilidades fáticas ou jurídicas". Os princípios são mandamentos de otimização, de maneira que eles podem ser preenchidos em graus distintos.[369] A colisão de princípios encontra solução na ponderação e não na subsunção.

Daí se vê que a diferença entre regras e princípios, conforme tal teoria, é qualitativa e não de grau.[370]

Tomando-se o caminho das regras para a solução de conflitos envolvendo direitos fundamentais ou direitos da personalidade, deve-se então optar por uma dentre três soluções possíveis. A primeira solução é a declaração de pelo menos uma das normas colidentes como inválida ou juridicamente não vinculativa. A segunda possibilidade é a declaração de pelo menos uma das normas como não aplicável. Por fim, a terceira resposta levaria à inserção livre de ponderação de uma exceção em uma de ambas as normas.[371]

Ocorre que a personalidade humana tem um caráter dinâmico e multifacetado, visto que recolhe a essencialidade do homem, mas é também individualizada. Com isso, nas situações de conflito envolvendo direitos fundamentais ou direitos da personalidade, não se pode tentar resolver o problema por meio exclusivamente de uma abstrata comparação de bens e valores jurídicos tutelados, sendo fundamental a análise da situação concreta.[372]

Isso afasta a concepção estreita e exata das regras, pois nos casos de conflito de regras deve-se declarar inválida, caso não haja uma cláusula de exceção, pelo menos uma das regras. Isso pode ser feito com o uso das regras tradicionais de

---

367. ALEXY, Robert. *Teoría de los derechos fundamentales*, p. 63.
368. ALEXY, Robert. Colisão de direitos fundamentais e realização de direitos fundamentais no Estado de Direito Democrático. *Revista de Direito Administrativo*, n. 217, p. 75, jul./set. 1999.
369. ALEXY, Robert. Colisão de direitos fundamentais e realização de direitos fundamentais no Estado de Direito Democrático. *Revista de Direito Administrativo*, n. 217, p. 75, jul./set. 1999.
370. ALEXY, Robert. *Teoría de los derechos fundamentales*, p. 68.
371. ALEXY, Robert. Colisão de direitos fundamentais e realização de direitos fundamentais no Estado de Direito Democrático. *Revista de Direito Administrativo*, n. 217, p. 75, jul./set. 1999.
372. CAPELO DE SOUSA, Rabindranath Valentino Aleixo. *O direito geral de personalidade*, p. 534.

interpretação jurídica,[373] que estabelecem que no caso de antinomia devem ser utilizados os critérios hierárquico, cronológico (*lex posterior derogat legi priori*) e de especialidade (*lex specialis derogat legi generali*).

Ora, em todas essas situações fica evidente a impossibilidade da exclusiva aplicação das regras aos casos relativos a direitos da personalidade, uma vez que é inimaginável a criação de cláusulas de exceção para todos os conflitos de regras referentes a direitos da personalidade e, ainda, não se pode declarar a invalidade de uma regra que contenha um direito da personalidade, visto que isso significaria, na prática, o fim desse direito declarado inválido.

Resta-nos, então, o caminho dos princípios. Em caso de colisão de princípios a solução é totalmente distinta. Quando um princípio diz que algo é proibido e outro estabelece que essa mesma conduta é permitida, um dos princípios deve ceder ante o outro, o que não significa a declaração de invalidade do princípio que cedeu e nem que se haja introduzido uma cláusula de exceção.[374] O que acontece é que, diante de certas circunstâncias, um dos princípios precede ao outro, ou seja, em determinado caso concreto um dos princípios possuía peso menor e, por isso, cedeu frente ao de maior peso. E isso se dá pelo fato de que os princípios possuem valor, diferentemente do que ocorre com as regras, que possuem validade.[375]

Por conseguinte, no caso de colisão entre direitos da personalidade, a situação não pode ser solucionada simplesmente com a declaração de que um desses direitos é válido, enquanto o outro deve ser eliminado do sistema jurídico. Tampouco é satisfatória a introdução de uma exceção a um dos direitos da personalidade, de tal forma que nos casos futuros este direito da personalidade tenha que ser considerado como regra satisfeita ou não. A solução para a colisão de direitos da personalidade deve ter em conta as circunstâncias do caso, estabelecendo-se uma relação de precedência, a qual indica qual direito da personalidade deve prevalecer.[376]

Karl Larenz também pode ser citado entre os autores que veem na ponderação de bens a solução para os casos de colisão. O professor alemão chega inclusive a defender a ponderação para as colisões entre o direito geral da personalidade de uma pessoa com esse mesmo direito de outra pessoa ou com um direito fundamental.[377]

Aliás, esse posicionamento é igualmente reconhecido pelo Enunciado 247 das Jornadas de Direito Civil do Conselho da Justiça Federal, que estabelece que

---

373. ALEXY, Robert. *Teoría de los derechos fundamentales*, p. 70.

374. ALEXY, Robert. *Teoría de los derechos fundamentales*, p. 71.

375. CARIBÉ, Christiana Brito. A culpa conjugal frente ao princípio da dignidade da pessoa humana: uma afronta à Constituição? In: LOTUFO, Renan (org.). *Direito civil constitucional*, p. 272.

376. ALEXY, Robert. *Teoría de los derechos fundamentales*, p. 73.

377. LARENZ, Karl. *Methodenlehre der Rechtswissenschaft*, p. 404.

8 • AS CARACTERÍSTICAS DOS DIREITOS DA PERSONALIDADE **213**

a técnica da ponderação deve ser aplicada em caso de colisão entre direitos da personalidade.

Estabelecido isso, o problema passa então a ser a atribuição de precedência a um direito da personalidade diante da colisão com outro direito da personalidade, ou com um direito de categoria diversa. Para tanto, dentro da teoria dos princípios, deve-se buscar auxílio no princípio da proporcionalidade, o qual é capaz de estruturar racionalmente a solução para o problema das colisões de direitos.

O princípio da proporcionalidade é composto de três princípios parciais (ou subprincípios), que são os princípios da idoneidade, da necessidade e da proporcionalidade em sentido estrito. Todos esses três subprincípios expressam a ideia de otimização, ou seja, os "princípios são normas que ordenam que algo seja realizado, relativamente às possibilidades fáticas e jurídicas, em medida tão alta quanto possível".[378]

Nessa linha, o subprincípio da idoneidade "exclui o emprego de meios que prejudiquem a realização de, pelo menos, um princípio, sem, pelo menos, fomentar um dos princípios objetivos, cuja realização eles devem servir". O mesmo vale para o subprincípio da necessidade, visto que se existe um meio mais ameno, menos intensivamente interveniente e igualmente idôneo, então uma posição pode ser melhorada, sem que nasçam custas para a outra. Todavia, se os custos e os sacrifícios não podem ser evitados, passa-se ao terceiro princípio parcial da proporcionalidade, isto é, o subprincípio da proporcionalidade em sentido estrito.[379]

De fato, o princípio da proporcionalidade em sentido estrito acaba por formular uma lei de ponderação, a qual estabelece que quanto "mais intensiva é uma intervenção em um direito fundamental tanto mais graves devem ser as razões que a justificam",[380] ou que quanto "mais alto é o grau do não cumprimento ou prejuízo de um princípio, tanto maior deve ser a importância do cumprimento do outro".[381]

A ponderação é decomposta, assim, em três passos. Em um primeiro momento é necessário que se verifique o grau de não cumprimento ou prejuízo de um princípio, isto é, deve-se determinar a intensidade da intervenção. Em seguida, deve-se analisar a importância do cumprimento do princípio em sentido contrário. Por fim, deve-se avaliar se a importância do cumprimento do princípio em

---

378. ALEXY, Robert. Direitos fundamentais, ponderação e racionalidade. *Revista de Direito Privado*, v. 6, n. 24, p. 338-339.

379. ALEXY, Robert. Direitos fundamentais, ponderação e racionalidade. *Revista de Direito Privado*, v. 6, n. 24, p. 339.

380. ALEXY, Robert. Colisão de direitos fundamentais e realização de direitos fundamentais no Estado de Direito Democrático. *Revista de Direito Administrativo*, n. 217, p. 78, jul./set. 1999.

381. ALEXY, Robert. Direitos fundamentais, ponderação e racionalidade. *Revista de Direito Privado*, v. 6, n. 24, p. 339.

sentido contrário justifica o não cumprimento ou prejuízo do outro princípio.[382] É nessa última etapa que ocorre a ponderação em seu sentido estrito e próprio.

Ainda dentro da problemática da ponderação, é certo que muitas dessas colisões envolvem direitos iguais ou da mesma espécie, como é o caso de colisões entre o direito à intimidade de pessoas diversas ou a colisão entre o direito à intimidade de determinada pessoa e o direito de liberdade de expressão.

Como se pode notar, são colisões que envolvem apenas direitos da personalidade. Para essas hipóteses o Código Civil português estabelece que "devem os titulares ceder na medida do necessário para que todos [os direitos] produzam igualmente o seu efeito, sem maior detrimento para qualquer das partes" (art. 335°, n. 1).[383] Tal norma, logicamente, não vigora no Brasil, mas é um bom indicador para a solução das colisões entre direitos iguais ou da mesma espécie.

Há, entretanto, situações em que a colisão se dá entre um direito de personalidade e um direito de outro tipo (e.g. um direito real, um direito de crédito, um direito de família ou um direito público da Administração). Todavia, o fato de um dos direitos em colisão estar entre aqueles da personalidade não lhe garante a sua preeminência.

E nesse mesmo sentido adverte Capelo de Sousa que "nem sempre os valores pessoais precedem os valores patrimoniais", esclarecendo que a "indispensabilidade e a importância de certos valores patrimoniais básicos poderão sobrepor-se ao relevo de valores personalísticos menores". Ademais, ilustra o autor o problema com a eventual colisão entre o "direito de um menor, de 13 anos, à liberdade de expressão do seu pensamento e à reserva sobre a intimidade da sua vida privada" e o direito funcional dos pais à sua educação.[384]

Nem sempre o direito da personalidade, nessa situação, prevalece, tudo estando a depender da análise do caso concreto. E aqui, mais uma vez, podemos nos orientar pelo art. 335°, n. 2, do Código Civil português, que dispõe que nas hipóteses de colisão de direitos desiguais ou de espécies diferentes "prevalece o que deva considerar-se superior".[385]

Seja como for, a ponderação deve ser guiada pela dignidade da pessoa humana, a qual, como vetor para os casos de colisão de princípios, não encontra razões

---

382. ALEXY, Robert. Direitos fundamentais, ponderação e racionalidade. *Revista de Direito Privado*, v. 6, n. 24, p. 339-340.

383. CAPELO DE SOUSA, Rabindranath Valentino Aleixo. *O direito geral de personalidade*, p. 547-548.

384. CAPELO DE SOUSA, Rabindranath Valentino Aleixo. *O direito geral de personalidade*, p. 540.

385. Art. 335 do Código Civil português: "1. Havendo colisão de direitos iguais ou da mesma espécie, devem os titulares ceder na medida do necessário para que todos produzam igualmente o seu efeito, sem maior detrimento para qualquer das partes. 2. Se os direitos forem desiguais ou de espécie diferente, prevalece o que deva considerar-se superior".

8 • AS CARACTERÍSTICAS DOS DIREITOS DA PERSONALIDADE **215**

jurídico-constitucionais para sua suplantação. Dessa maneira, deve-se observar qual dos princípios conflitantes mais se aproxima da proteção da dignidade da pessoa humana.[386]

Pois bem, quando se considera, como acima demonstrado, que as normas relativas aos direitos da personalidade estão, precipuamente, entre os princípios, então não se pode admitir a prevalência ou preeminência como uma das características dos direitos da personalidade.

De fato, como destaca António Menezes Cordeiro, a prevalência, quando muito, "poderia constituir o prelúdio a uma exposição sobre o regime do conflito de direitos e sobre o dos negócios jurídicos com conteúdos de personalidade". Contudo, não há nenhuma regra jurídica que obrigue a essa prevalência.[387]

No mesmo sentido pontifica José de Oliveira Ascensão:

> Os direitos de personalidade estão sujeitos a limites. São, como todos os direitos, direitos limitados (até o direito à vida). Se colidirem com outros direitos, há que verificar o que prevalece, à luz das circunstâncias do caso concreto. E bem pode acontecer que essas circunstâncias induzam a que o direito de personalidade, não obstante a sua tendencial superioridade, deva em concreto ceder. Só em concreto se pode pois aniquilar a medida em que a personalidade é atingida e a possibilidade de conciliação com outros direitos.[388]

Portanto, feitas tais observações, a prevalência ou preeminência não pode ser considerada como uma das características dos direitos da personalidade. Isso porque apenas após a análise de cada caso concreto será possível estabelecer que um direito da personalidade prevalece sobre outro direito da personalidade, ou sobre direito de outra categoria.

8.13 OUTRAS CARACTERÍSTICAS

Finalmente, passa-se agora às características mencionadas por uma pequena parcela dos autores. A nosso ver, poderíamos até mesmo não cuidar delas, porém, para que não pareça omissão da nossa parte, vamos dedicar algumas linhas a elas.

8.13.1 Caráter aberto

O caráter aberto determina que os direitos da personalidade não se esgotam em um rol delimitado, pois são admissíveis novas manifestações da personalidade, o que se faz para que se acompanhe a evolução do mundo contemporâneo.

---

386. CARIBÉ, Christiana Brito. A culpa conjugal frente ao princípio da dignidade da pessoa humana: uma afronta à Constituição? In: LOTUFO, Renan (org.). *Direito civil constitucional*, p. 272.

387. CORDEIRO, António Menezes. *Tratado de direito civil português*, Parte Geral, t. III, p. 99-100.

388. ASCENSÃO, José de Oliveira. *Direito civil*: teoria geral, v. I, p. 99.

Assim, não há que se falar em uma "delimitação conceitual rígida do bem jurídico tutelado".[389]

O tema já foi abordado quando se tratou do direito geral e dos direitos especiais da personalidade, onde ficou claro que o ideal é a consideração tanto do direito geral como dos direitos especiais da personalidade.

Além disso, também foi destacado que existem autores que defendem que somente são considerados direitos da personalidade os expressamente previstos pelo direito positivo. Outros estudiosos, por seu turno, admitem a existência de direitos da personalidade atípicos.

Com isso, levando-se em conta que novos direitos da personalidade podem ir surgindo na medida em que a sociedade avança, ou seja, aceitando-se a atipicidade dos direitos da personalidade, pode-se então pactuar com o caráter aberto como uma das características dos direitos da personalidade.

De qualquer forma, o caráter aberto é referido como característica dos direitos da personalidade por pouquíssimos autores, não se podendo esquecer, como ficou evidenciado, que tal característica não será aceita por aqueles autores que entendem que os direitos da personalidade devem estar expressamente previstos pelo ordenamento jurídico.

8.13.2 Universalidade e generalidade

A universalidade e a generalidade, que muitas vezes são confundidas, constituem na verdade características distintas.

A universalidade considera que os direitos da personalidade devem "viger em todos os povos, sob todos os céus, sobre todas as terras".[390]

Contudo, como já foi visto anteriormente, os direitos da personalidade são reconhecidos às pessoas que se submetem a um determinado ordenamento jurídico, não são universais no sentido de que devem ser atribuídos igualmente a todos os seres humanos e encontram fundamento na própria natureza humana, no direito natural.

Pois bem, como não são atribuídos igualmente a todos os seres humanos em todos os lugares do planeta, não se pode considerar que os direitos da personalidade são universais. Assim sendo, a universalidade não pode ser considerada como característica dos direitos da personalidade, estando ligada, em realidade,

---

389. GARCIA, Enéas Costa. *Direito geral da personalidade no sistema jurídico brasileiro*, p. 146.
390. GAGLIANO, Pablo Stolze; FILHO, Rodolfo Pamplona. *Novo curso de direito civil*, v. 1, p. 139.

aos direitos humanos e às "declarações de direitos" com pretensões universalizantes, que não se confundem com os direitos da personalidade.

Já a generalidade significa que toda e qualquer pessoa é portadora dos direitos da personalidade previstos pelo ordenamento jurídico a que está submetida.[391] São direitos gerais, pois são outorgados pelo ordenamento jurídico a todas as pessoas pelo simples fato de existirem. E justamente na sua atribuição pelo ordenamento jurídico está a distinção entre a universalidade e a generalidade.

Feitas essas considerações, a generalidade está entre as características dos direitos da personalidade. Contudo, não se vê diferença fundamental entre tal característica e o caráter originário, que prevê a aquisição automática dos direitos da personalidade, não sendo necessário, além da vida e da condição humana, qualquer outro requisito para tanto.

8.13.3 Dupla inerência

A dupla inerência é mencionada por António Menezes Cordeiro como característica particular dos direitos da personalidade, consistindo na "dupla e indissociável ligação do direito de personalidade ao seu titular e ao seu objecto".[392]

A noção é retirada dos direitos reais e adaptada ao setor específico dos direitos da personalidade. Assim, "uma primeira vertente de inerência é constituída pela intransmissibilidade da sua posição activa. O direito de personalidade nasce na esfera de um titular e aí ficará até a sua extinção". Por outro lado, o "direito da personalidade está, ainda, indissociavelmente ligado ao seu objeto. Ele reporta-se a um bem de personalidade, atingindo-o onde quer que ele se encontre" e sem intermediários.[393]

Todavia, não nos parece que a ideia de dupla inerência acrescente algo às características já examinadas, visto que a ligação do direito da personalidade ao seu titular e ao seu objeto é compreendida por outras características como a intransmissibilidade, a imprescindibilidade, a irrenunciabilidade e a absolutidade.

---

391. BARRETO, Wanderlei de Paula. Dos direitos da personalidade. In: ALVIM, Arruda; ALVIM, Tereza (coords.). *Comentários ao Código Civil brasileiro, parte geral*, v. 1, p. 111-112.
392. CORDEIRO, António Menezes. *Tratado de direito civil português*, Parte Geral, t. III, p. 99.
393. CORDEIRO, António Menezes. *Tratado de direito civil português*, Parte Geral, t. III, p. 98-99.

9
A PROTEÇÃO AOS DIREITOS DA PERSONALIDADE

O art. 12 do Código Civil dispõe que, sem prejuízo de outras sanções previstas em lei, pode-se exigir a cessação da ameaça ou da lesão a direitos da personalidade, bem como se admite o ajuizamento de ação para reclamar perdas e danos.

Nessa linha, a jurisprudência brasileira entende que o sistema de proteção dado aos direitos da personalidade deve garantir à vítima os meios de fazer cessar a ameaça ou a lesão, o que depende de ordem judicial. Ainda, tal sistema protetivo salvaguarda, caso o ato lesivo já houver causado dano, o direito de exigir a reparação do prejuízo experimentado. Em todo caso, é possível a cumulação de pedidos, ou seja, a cessação da violação do direito e, simultaneamente, a reparação do dano causado até o momento da cessação.

9.1 OS ATOS DE DISPOSIÇÃO DO PRÓPRIO CORPO

O corpo é o instrumento pelo qual a pessoa desenvolve a sua vida, não há pessoa natural sem corpo, motivo pelo qual a sua integridade deve ser juridicamente protegida. O direito ao próprio corpo abrange tanto a sua integridade física como as partes dele destacáveis, sobre as quais se exerce o direito de disposição.[1]

Nesse contexto, o art. 13 do Código Civil veda, salvo exigência médica, a disposição do próprio corpo quando os respectivos atos importarem diminuição permanente da integridade física ou contrariarem os bons costumes.

Apesar da indisponibilidade do corpo, o parágrafo único do art. 13 criou uma exceção à regra proibitiva, permitindo a realização de transplante de partes do corpo humano, na forma estabelecida em lei especial. E tal matéria foi disciplinada pela Lei 9.434/1997, que dispõe sobre a remoção de órgãos, tecidos e partes do corpo humano para fins de transplante e tratamento.

---

1. BELTRÃO, Silvio Romero. *Direitos da personalidade*, p. 161.

O art. 9º e parágrafos da Lei 9.434/97, regulamentada pelo Decreto 9.175/2017, permitem à pessoa juridicamente capaz dispor gratuitamente de tecidos, órgãos e partes do próprio corpo vivo, para fins terapêuticos ou para transplantes. Todavia, a doação somente é autorizada pela lei quando se tratar de órgãos duplos, de partes de órgãos, tecidos ou partes do corpo cuja retirada não impeça o organismo do doador de continuar vivendo sem risco para a sua integridade e não represente grave comprometimento de suas aptidões vitais e saúde mental, bem como não cause mutilação ou deformação inaceitável. A pessoa viva pode livremente decidir, respeitados os requisitos legais, sobre a doação. Ademais, a disposição deve constituir uma necessidade terapêutica comprovadamente indispensável à pessoa receptora (art. 9º, § 3º da Lei 9.434/97).

O art. 14 do Código Civil faculta a disposição gratuita do próprio corpo, no todo ou em parte, para depois da morte (*post mortem*), com objetivo científico ou altruístico. A matéria é tratada pela Lei 9.434/97, devendo a retirada *post mortem* de tecidos, órgãos ou partes do corpo humano, destinados a transplante ou tratamento, ser precedida de diagnóstico de morte encefálica, constatada e registrada por dois médicos não participantes das equipes de remoção e transplante (art. 3º da Lei 9.434/97).

A retirada de tecidos, órgãos e partes do corpo de pessoas falecidas para transplantes ou outra finalidade terapêutica, dependerá da autorização do cônjuge ou parente, maior de idade, obedecida a linha sucessória, reta ou colateral, até o segundo grau inclusive, firmada em documento subscrito por duas testemunhas presentes à verificação da morte (art. 4º da Lei 9.434/97).

No que toca à remoção *post mortem* de tecidos, órgãos ou partes do corpo de pessoa juridicamente incapaz, o art. 5º da Lei 9.434/97 admite a sua realização desde que permitida expressamente por ambos os pais ou pelos responsáveis legais. Por outro lado, é vedada a remoção *post mortem* de tecidos, órgãos ou partes do corpo de pessoas não identificadas (art. 6º da Lei 9.434/97).

A comercialização de órgãos, tecidos e substâncias do corpo humano é expressamente vedada pela Constituição Federal (art. 199, § 4º). Isso significa que toda e qualquer disposição de órgãos, tecidos ou partes do corpo humano somente pode ser feita de modo gratuito.

Insta ainda observar que a legislação atualmente não mais presume que todas as pessoas são doadoras em potencial. Aliás, se uma pessoa, em vida, manifestou de forma expressa a vontade de não ser doadora de órgãos, mesmo que haja autorização dos familiares prevalecerá a vontade do falecido. É que a decisão acerca da disposição do próprio corpo constitui ato personalíssimo do disponente. Assim sendo, a manifestação expressa do doador de órgãos em vida prevalece sobre a vontade dos familiares.[2] Em todo caso, conforme determina o parágrafo único do art. 14 do Código Civil, o "ato de disposição pode ser livremente revogado a qualquer tempo". Trata-se de um direito potestativo.[3]

O corpo humano sem vida é cadáver, coisa fora do comércio, insuscetível de apropriação, mas passível de disposição na forma da lei.[4] Os elementos destacados do corpo deixam de ser objeto dos direitos da personalidade. Por outro lado, passam a integrá-lo os elementos ou produtos, orgânicos ou inorgânicos, que nele se incorporaram, como enxertos e próteses.[5]

Após a retirada de tecidos, órgãos e partes, o cadáver deve ser condignamente recomposto para ser entregue, em seguida, aos parentes do morto ou seus responsáveis legais para sepultamento (art. 8º da Lei 9.434/97).

Por fim, vale notar que o corte de cabelo, de barba e de unhas não configura violação da integridade física, uma vez que são partes do corpo renováveis. Contudo, eventualmente o corte de cabelo sem consentimento pode representar uma violação à honra.[6]

9.2 A INTEGRIDADE FÍSICA E A CIRURGIA PARA ADEQUAÇÃO DE SEXO

Tema bastante debatido diz respeito à intervenção médica para mudança ou adequação de sexo, com mutilação de órgão genital, em virtude de operação cirúrgica transgenital. Há entendimento mais tradicional no sentido de que o art. 13 do Código Civil proíbe a ablação de órgãos do corpo humano. Silvio Rodrigues, acerca da vedação em questão, lembra que "só quem tem legitimidade para valer-se da ação de reparação de dano é o próprio paciente, que dispõe do próprio corpo; e parece evidente que, na hipótese da operação ser satisfatória, a vítima da intervenção jamais ingressará no pretório".[7] Em sentido contrário, pode-se citar o Enunciado 276 das Jornadas de Direito Civil do Conselho da Justiça Federal, que dispõe: "O art. 13 do Código Civil, ao permitir a disposição do

---

2. Enunciado 277 das Jornadas de Direito Civil do Conselho da Justiça Federal: "O art. 14 do Código Civil, ao afirmar a validade da disposição gratuita do próprio corpo, com objetivo científico ou altruístico, para depois da morte, determinou que a manifestação expressa do doador de órgãos em vida prevalece sobre a vontade dos familiares, portanto, a aplicação do art. 4º da Lei n. 9.434/97 ficou restrita à hipótese de silêncio do potencial doador".

3. VENOSA, Sílvio de Salvo. *Código Civil interpretado*, p. 29.

4. Enunciado 532 das Jornadas de Direito Civil do Conselho da Justiça Federal: "É permitida a disposição gratuita do próprio corpo com objetivos exclusivamente científicos, nos termos dos arts. 11 e 13 do Código Civil".

5. CAPELO DE SOUSA, Rabindranath Valentino Aleixo. *O direito geral de personalidade*, p. 216.

6. BELTRÃO, Silvio Romero. *Direitos da personalidade*, p. 163.

7. RODRIGUES, Silvio. *Direito civil*, v. 1, p. 70.

próprio corpo por exigência médica, autoriza as cirurgias de transgenitalização, em conformidade com os procedimentos estabelecidos pelo Conselho Federal de Medicina, e a consequente alteração do prenome e do sexo no Registro Civil".

Desse modo, a adequação de sexo da pessoa transexual pode ser realizada, pois a pessoa nega o seu sexo biológico, pretendendo assumir a identidade de seu verdadeiro gênero. A retórica forense qualifica tais pessoas como "homens em corpo de mulheres" ou vice-versa. Assim, nesses casos não há empecilho para a realização da operação de mudança de sexo, que decorre de exigência médica, o que está expressamente ressalvado pelo art. 13 do Código Civil.[8]

9.3 O TRATAMENTO MÉDICO DE RISCO

O art. 15 do Código Civil declara que ninguém pode ser constrangido a se submeter, com risco de vida, a tratamento médico ou a intervenção cirúrgica. Sob o ângulo do paciente, tal regra se situa no âmbito dos direitos da personalidade, de maneira que o médico, nos casos graves, não deve atuar sem expressa autorização do paciente.[9]

O médico tem o dever de informar detalhadamente o paciente sobre o seu estado de saúde e sobre o tratamento a indicado. Isso é exigido para que a autorização do paciente possa ser concedida com pleno conhecimento dos riscos existentes. O paciente tem a prerrogativa de recusar a se submeter a tratamento perigoso, não podendo o médico, nessa situação, atuar sem a autorização do paciente.[10]

O consentimento informado é condição para a realização dos procedimentos médicos e terapêuticos. Trata-se de mecanismo de proteção do paciente, o qual deve ser informado com clareza suficiente que possibilite sua compreensão, bem como deve manifestar livremente sua vontade.[11] E o mesmo vale em relação a tratamentos e medicamentos experimentais, ainda não aprovados pela comunidade científica.

Situação bastante delicada surge quando há urgência na intervenção e o paciente não está consciente ou ainda quando a família não quer colocar o paciente a par da gravidade da enfermidade. Não sendo possível a obtenção da manifestação de vontade do paciente, deve-se obter a autorização escrita, para o tratamento médico ou a intervenção cirúrgica de risco, de qualquer parente

---

8. COELHO, Fábio Ulhoa. *Curso de direito civil*, v. 1, p. 215.
9. GONÇALVES, Carlos Roberto. *Direito civil brasileiro*, v. 1, p. 162.
10. RODRIGUES, Silvio. *Direito civil*, v. 1, p. 71.
11. BELTRÃO, Silvio Romero. *Direitos da personalidade*, p. 166.

maior, da linha reta ou colateral até o segundo grau, ou do cônjuge, por analogia com o disposto no art. 4º da Lei 9.434/97.

Em se tratando de uma emergência que demande imediata intervenção médica, não havendo tempo hábil para ouvir o paciente ou para tomar outras providencias, tem o médico a obrigação de realizar o tratamento, independentemente de autorização. A obrigatoriedade do consentimento informado é então excepcionada em casos de risco iminente de morte.[12] Sobre o tema, o próprio Código Penal não considera como crime de constrangimento ilegal "a intervenção médica ou cirúrgica, sem o consentimento do paciente ou de seu representante legal, se justificada por iminente perigo de vida" (art. 146, § 3º, I do Código Penal).

Na hipótese do médico desobedecer a manifestação de vontade do paciente, poderá responder por perdas e danos se resultarem efeitos danosos de sua atuação não autorizada.[13]

9.4 O DIREITO AO NOME

Na vida em sociedade é necessário que o indivíduo seja identificável. O nome é o elemento que identifica a pessoa natural no seio da família e da sociedade,[14] bem como a individualiza, distinguindo-a dos demais indivíduos.

A proteção dada ao nome e ao pseudônimo encontra previsão nos arts. 16 a 19 do Código Civil. Ao cuidar do nome no âmbito do capítulo dedicado aos direitos da personalidade, fica evidente que a codificação brasileira considera o nome como uma manifestação da personalidade e, por isso, um direito da personalidade.[15]

Não mais se sustenta a corrente doutrinária que atribuía ao nome a natureza de um direito de propriedade, uma vez que o nome tem características que não são compatíveis com a propriedade. De fato, o nome constitui um atributo

---

12. Enunciado 533 das Jornadas de Direito Civil do Conselho da Justiça Federal: "O paciente plenamente capaz poderá deliberar sobre todos os aspectos concernentes a tratamento médico que possa lhe causar risco de vida, seja imediato ou mediato, salvo as situações de emergência ou no curso de procedimentos médicos cirúrgicos que não possam ser interrompidos".

13. Enunciado 403 das Jornadas de Direito Civil do Conselho da Justiça Federal: "O Direito à inviolabilidade de consciência e de crença, previsto no art. 5º, VI, da Constituição Federal, aplica-se também à pessoa que se nega a tratamento médico, inclusive transfusão de sangue, com ou sem risco de morte, em razão do tratamento ou da falta dele, desde que observados os seguintes critérios: a) capacidade civil plena, excluído o suprimento pelo representante ou assistente; b) manifestação de vontade livre, consciente e informada; e c) oposição que diga respeito exclusivamente à própria pessoa do declarante".

14. MARAIS, Astrid. *Droit des personnes*, p. 105.

15. MELLO, Cleyson de Moraes. *Direitos da personalidade*, p. 156.

imprescindível de todo ser humano, apresentando, consequentemente, características que são próprias dos direitos da personalidade.

O nome integra a personalidade do indivíduo não somente durante a sua vida, mas também após a sua morte. Sem dúvida, mesmo depois da morte o nome da pessoa natural continua a ser lembrado e a ter influência, mormente se o falecido desempenhou atividades importantes durante a vida.[16]

O art. 16 do Código Civil estabelece que toda pessoa tem direito ao nome, o qual se decompõe em duas partes: a) o sobrenome e; b) o prenome.

O sobrenome ou patronímico familiar é o sinal que identifica a procedência da pessoa, associando-a aos seus antepassados. Ordinariamente representa uma herança que se transmite de pai a filho ou é adquirido por um dos cônjuges pelo casamento. Conforme determina o art. 55 da Lei 6.015/73, com redação dada pela Lei 14.382/2022: "Toda pessoa tem direito ao nome, nele compreendidos o prenome e o sobrenome, observado que ao prenome serão acrescidos os sobrenomes dos genitores ou de seus ascendentes, em qualquer ordem e, na hipótese de acréscimo de sobrenome de ascendente que não conste das certidões apresentadas, deverão ser apresentadas as certidões necessárias para comprovar a linha ascendente". E aqui vale destacar que as alterações promovidas pela Lei 14.382/2022 levaram à superação do entendimento costumeiro no sentido de que o nome materno devia vir em primeiro lugar.

O prenome, que vulgarmente é chamado de primeiro nome ou nome de batismo, é atribuído à pessoa por ocasião da abertura de seu assento de nascimento (art. 58 da Lei 6.015/73). Desde que não exponha o filho ao ridículo, o prenome pode ser livremente escolhido pelos pais. E nesse sentido dispõe o art. 55, § 1º da Lei 6.015/1973, com redação dada pela Lei 14.382/2022, que o "oficial de registro civil não registrará prenomes suscetíveis de expor ao ridículo os seus portadores, observado que, quando os genitores não se conformarem com a recusa do oficial, este submeterá por escrito o caso à decisão do juiz competente, independentemente da cobrança de quaisquer emolumentos".

Em função da importância do nome, o Estado permite sua modificação apenas sob determinadas condições.[17] Seguindo tendência jurisprudencial no sentido da flexibilização do rigor do princípio da imutabilidade do nome, a Lei 14.382/2022 promoveu alteração no art. 56 da Lei 6.015/1973, o qual passou a autorizar que, após a maioridade civil, a pessoa pode alterar o seu prenome sem necessidade de justificativa e sem necessidade de decisão judicial autorizadora.

---

16. VENOSA, Sílvio de Salvo. *Código Civil interpretado*, p. 31.
17. VENOSA, Sílvio de Salvo. *Código Civil interpretado*, p. 31.

9 • A PROTEÇÃO AOS DIREITOS DA PERSONALIDADE 225

Essa alteração imotivada de prenome poderá ser feita diretamente no cartório apenas uma vez (art. 56, § 1º da Lei 6.015/1973). Se houver suspeita de fraude, falsidade, má-fé, vício de vontade ou simulação quanto à real intenção daquele que busca a mudança do seu prenome, o oficial de registro civil, fundamentadamente, recusará a alteração do prenome (art. 56, § 4º da Lei 6.015/1973). Em todo caso, é certo que a pessoa cujo pedido foi negado pode buscar a via judicial para discutir o acerto da recusa do oficial do registro.

Em se tratando de transexual, o Supremo Tribunal Federal tem reafirmado sua jurisprudência, permitindo que tais pessoas mudem seu nome e gênero no registro civil, mesmo sem procedimento cirúrgico de redesignação de sexo. A alteração poderá ser feita por meio de decisão judicial ou diretamente no cartório. A tese definida, sob o regime de repercussão geral (tema 761), foi a seguinte: "O transgênero tem direito fundamental subjetivo à alteração de seu prenome e de sua classificação de gênero no registro civil, não se exigindo, para tanto, nada além da manifestação da vontade do indivíduo, o qual poderá exercer tal faculdade tanto pela via judicial como diretamente pela via administrativa" (RE 670422).

Outrossim, além do prenome e do sobrenome, que são essenciais, a legislação também admite elementos secundários, como é o caso do agnome, sinal que distingue pessoas que têm o mesmo nome e que pertencem a uma mesma família. Assim sendo, é frequente a utilização em nomes de partículas como: Júnior, Filho, Neto, Sobrinho etc.[18]

O direito ao nome integra a categoria dos direitos da personalidade, produzindo, consequentemente, efeitos *erga omnes*. Como toda pessoa tem direito ao nome (art. 16), cabe ao seu titular o direito de reivindicá-lo quando lhe for negado. Assim sendo, em uma ação de investigação de paternidade, um dos efeitos do decreto de procedência do pedido é a atribuição do nome do investigado ao investigante.[19]

Também não se admite que o nome da pessoa seja empregado por outrem em publicações ou representações que a exponham ao desprezo público, ainda quando não haja intenção difamatória (art. 17).

A lei veda que o nome seja usado para fins de publicidade comercial sem autorização do seu titular (art. 18). O mesmo pode ser dito no que toca ao uso do nome como meio para divulgação de propaganda política ou religiosa, uma vez que se trata da emanação da personalidade de determinada pessoa. E na hipótese de uso não autorizado de nome alheio, pode o seu titular lançar mão de medidas

---

18. VENOSA, Sílvio de Salvo. *Código Civil interpretado*, p. 33.
19. RODRIGUES, Silvio. *Direito civil*, v. 1, p. 73.

judiciais para pleitear a cessação da utilização, bem como para reclamar eventual pagamento de indenização em função dos prejuízos sofridos.[20]

Ademais, existem várias situações em que a menção ao nome alheio é permitida, valendo aqui destacar, por exemplo, as citações em obras culturais e científicas, bem como a divulgação do nome para fins informativos ou jornalísticos.[21]

Por fim, vale ressaltar que a tutela do nome alcança o pseudônimo. Desse modo, o pseudônimo adotado para atividades lícitas goza da proteção que se dá ao nome (art. 19). O pseudônimo é um nome fictício adotado por uma pessoa como alternativa ao seu nome real. Normalmente é um nome inventado por um escritor, um poeta ou um artista, que não quer ou não pode usar seu nome civil.

9.5 A PROTEÇÃO À PALAVRA E À IMAGEM

O art. 20 do Código Civil estabelece que a divulgação de escritos, a transmissão da palavra, ou a publicação, a exposição ou a utilização da imagem de uma pessoa poderão ser proibidas. Nessa linha, a codificação reconhece que se tratam de direitos da personalidade, pelo que concede à parte lesada ordem judicial para interditar o uso ilegal desses direitos, bem como garante a reparação dos prejuízos causados.

Entretanto, para que haja a proibição da divulgação de escritos, da transmissão da palavra, ou da publicação, da exposição ou da utilização da imagem, exige o art. 20 do Código Civil que tenha sido atingida a honra, a boa fama ou a respeitabilidade da pessoa, restrição que é objeto de debate na doutrina. Assim sendo, conforme a exigência da disposição em questão, deve ser avaliado se a divulgação atingiu a honra, a boa fama ou a respeitabilidade da pessoa.

Ocorre que o art. 20 do Código Civil está em descompasso com a ordem constitucional, que garante a inviolabilidade da intimidade, da vida privada e da imagem das pessoas. A norma constitucional não exige, para a violação de tais direitos, que ocorra também lesão à honra, à boa fama, à respeitabilidade ou destinação comercial.[22] Assim sendo, a veiculação da imagem alheia, sem

---

20. RODRIGUES, Silvio. *Direito civil*, v. 1, p. 73.
21. LÔBO, Paulo. *Direito civil*, v. 1, p. 165.
22. Em sentido contrário argumenta Danilo Doneda: "Ao se estabelecer requisitos para que uma pessoa impeça a divulgação de aspectos de sua imagem, abre-se a reserva de que esta divulgação seria lícita quando não lhe macule a honra ou quando tenha finalidade lucrativa. Optou-se, portanto, por um regime de natureza mais permissiva do que, por exemplo, o do Código Civil português, pelo qual a publicação 'do retrato' de uma pessoa estaria *a priori* condicionada ao seu consentimento prévio, que somente não seria necessário por motivo de 'notoriedade, o cargo que desempenhe, exigências de polícia ou de justiça, finalidades científicas, didáticas ou culturais, ou quando a reprodução da imagem vier enquadrada na de lugares públicos, ou na de facts de interesse público ou que hajam

9 • A PROTEÇÃO AOS DIREITOS DA PERSONALIDADE

autorização, pode até ser feita de modo elogioso ou com intenção de prestigiar o retratado, mas nada disso afasta a prerrogativa que cada pessoa detém de impedir a divulgação de sua própria imagem, como manifestação exterior da sua personalidade.[23]

Dessa forma, em função do texto constitucional, deve ser rejeitado qualquer posicionamento que pretenda negar autonomia à imagem, à intimidade e à vida privada. Ao texto do Código Civil deve ser dada uma interpretação conforme a Constituição, visto que os requisitos exigidos pela parte final do art. 20 do Código Civil representam indevida restrição da tutela constitucional do direito à imagem, à intimidade e à vida privada (art. 5º, X da CF).[24]

Outrossim, no que toca à utilização, sem autorização, com finalidade comercial, a legislação reconhece a violação dos direitos em questão, independentemente de se ter atingido a honra, a boa fama ou a respeitabilidade da pessoa.[25]

Por outro lado, o legislador afasta a violação de tais direitos da personalidade quando houver autorização do seu titular, bem como quando for necessário à administração da justiça ou à manutenção da ordem pública. Trata-se de disposição aberta, que necessita ser analisada diante do caso concreto. Nessa linha, a pessoa condenada criminalmente não pode se opor à divulgação de sua imagem em cartazes de "procurados" ou em programas televisivos.

Igualmente, desde que haja cunho jornalístico, não é abusiva a divulgação da imagem de alguém pela imprensa. Diversa é a situação quando ocorre a publicação de fotos constrangedoras sem que haja qualquer justificativa razoável para tanto.

Em se tratando de morto ou de ausente, são partes legítimas para requerer a proteção legal, conforme determina o art. 20, parágrafo único do Código Civil, o cônjuge, os ascendentes ou os descendentes. O convivente também deve ser incluído no rol dos legitimados.

---

decorrido publicamente'" (DONEDA, Danilo. Os direitos da personalidade no novo Código Civil. In: TEPEDINO, Gustavo (org.). *A parte geral do novo Código Civil*, p. 52-53).

23. ZANINI, Leonardo Estevam de Assis. *Direito à imagem*, p. 179.

24. O mesmo entendimento foi defendido pelo ministro Sidnei Beneti, que, no julgamento do EREsp 230.268, citou precedente do STJ: "Em se tratando de direito à imagem, a obrigação da reparação decorre do próprio uso indevido do direito personalíssimo, não havendo de cogitar-se da prova da existência de prejuízo ou dano, nem a consequência do uso, se ofensivo ou não".

25. Nesse sentido, estabelece a Súmula 403 do STJ que: "Independe de prova do prejuízo a indenização pela publicação não autorizada de imagem de pessoa com fins econômicos ou comerciais". Igualmente, já se decidiu que: "É inquestionável direito da pessoa, posto que respeitante à personalidade, em não ter divulgada a sua imagem, tenha ou não a divulgação fins lucrativos. Caso em que a autora, em logradouro público, se viu enredada em cena de cunho constrangedor e que, posto solicitada, desautorizou fosse reproduzida em programa de televisão, o que, no entanto, não impediu a emissora de fazê-lo, o que, segundo alega, causou-lhe situações embaraçosas e consequências negativas para o meio social em que vive" (TJRJ, 10ª Câm. Cível, Ac. N. 987/2000-RJ; Rel. Des. Jayro dos Santos Ferreira, j. 4.4.2000).

9.6 A PROTEÇÃO À VIDA PRIVADA E À INTIMIDADE

O Código Civil quer proteger todos os aspectos da vida privada da pessoa e o faz por meio da regra geral do seu art. 21: "A vida privada da pessoa natural é inviolável, e o juiz, a requerimento do interessado, adotará as providências necessárias para impedir ou fazer cessar o ato contrário a esta norma".

A legislação objetiva, em consonância com o disposto no art. 5°, X da Constituição Federal, resguardar o direito das pessoas à intimidade e à vida privada, assegurando-lhes um espaço reservado, fora do alcance de intromissões indevidas de terceiros. Entretanto, atualmente é certo que a tutela da privacidade não se resume à mera proteção negativa, exigindo, diante da inevitabilidade da coleta de dados pessoais, também comportamentos positivos.

Em todo caso, o direito à privacidade não é ilimitado. O passageiro de um voo pode ser compelido a permitir a inspeção em sua bagagem de mão pelo aparelho de raios-X de um aeroporto. Nessa situação, o passageiro tem, sem dúvida, a sua privacidade atingida, mas tal fato se justifica no caso concreto, uma vez que todos os demais passageiros e o próprio inspecionado têm direito à segurança nos aeroportos.

Ademais, vale notar que caso o dano, material ou moral, já tenha ocorrido, o direito à indenização é garantido expressamente pela Constituição Federal.

9.7 A PROTEÇÃO DE DADOS PESSOAIS

O desenvolvimento do comércio eletrônico e da inteligência artificial colocaram em evidência os dados referentes às pessoas, que passaram a ser um importante ativo para muitas empresas, particularmente aquelas dedicadas a negócios eletrônicos. A partir disso, a proteção de dados pessoais passou a ser objeto de preocupação estatal, o que culminou com a criação de legislação federal sobre o tema,[26] a qual inseriu o Brasil entre os países que contam com instrumentos para a proteção desse importante direito da personalidade.

Nessa linha, a proteção de dados pessoais foi regulamentada pela Lei 13.709, de 14 de agosto de 2018, a qual dispõe "sobre o tratamento de dados pessoais, inclusive nos meios digitais, por pessoa natural ou por pessoa jurídica de direito público ou privado, com o objetivo de proteger os direitos fundamentais de liberdade e de privacidade e o livre desenvolvimento da personalidade da pessoa natural".

---

26. COELHO, Fábio Ulhoa. *Curso de direito civil*, v. 1, p. 207.

9 • A PROTEÇÃO AOS DIREITOS DA PERSONALIDADE 229

A disciplina da proteção de dados pessoais tem como fundamento, conforme o art. 2º da Lei 13.709/2018: "I – o respeito à privacidade; II – a autodeterminação informativa; III – a liberdade de expressão, de informação, de comunicação e de opinião; IV – a inviolabilidade da intimidade, da honra e da imagem; V – o desenvolvimento econômico e tecnológico e a inovação; VI – a livre-iniciativa, a livre concorrência e a defesa do consumidor; e VII – os direitos humanos, o livre desenvolvimento da personalidade, a dignidade e o exercício da cidadania pelas pessoas naturais".

A Lei 13.709/2018, conforme seu art. 3º, aplica-se a qualquer operação de tratamento realizada por pessoa natural ou por pessoa jurídica de direito público ou privado, independentemente do meio, do país de sua sede ou do país onde estejam localizados os dados, desde que: "I – a operação de tratamento seja realizada no território nacional; II – a atividade de tratamento tenha por objetivo a oferta ou o fornecimento de bens ou serviços ou o tratamento de dados de indivíduos localizados no território nacional; ou III – os dados pessoais objeto do tratamento tenham sido coletados no território nacional".

Outrossim, a referida lei não se aplica ao tratamento de dados pessoais (art. 4º): "I – realizado por pessoa natural para fins exclusivamente particulares e não econômicos; II – realizado para fins exclusivamente: a) jornalístico e artísticos; ou b) acadêmicos, aplicando-se a esta hipótese os arts. 7º e 11 desta Lei; III – realizado para fins exclusivos de: a) segurança pública; b) defesa nacional; c) segurança do Estado; ou d) atividades de investigação e repressão de infrações penais; ou IV – provenientes de fora do território nacional e que não sejam objeto de comunicação, uso compartilhado de dados com agentes de tratamento brasileiros ou objeto de transferência internacional de dados com outro país que não o de proveniência, desde que o país de proveniência proporcione grau de proteção de dados pessoais adequado ao previsto nesta Lei".

Em suma, a Lei 13.709/2018 exige que o tratamento de dados seja realizado sempre para propósitos compatíveis com a ordem jurídica, que os dados sejam empregados exclusivamente em tais finalidades e que o tratamento se dê de modo seguro e transparente, garantido a mais ampla proteção à pessoa humana.

9.8 OS DIREITOS DA PERSONALIDADE DA PESSOA JURÍDICA

Segundo o art. 52 do Código Civil, "aplica-se às pessoas jurídicas, no que couber, a proteção dos direitos da personalidade". Limitou-se o art. 52 a permitir a aplicação, por empréstimo, da técnica da tutela da personalidade, apenas no que couber, à proteção da pessoa jurídica. Esta, embora dotada de capacidade para o exercício de direitos, não contém os elementos justificadores da proteção à personalidade, concebida como bem jurídico objeto de situações existenciais.

A tutela dos direitos da personalidade está ligada à dignidade da pessoa humana. Ainda assim, provavelmente por conveniência de ordem prática, o codificador pretendeu estendê-los às pessoas jurídicas, o que não significa que a concepção dos direitos da personalidade seja categoria conceitual neutra, aplicável indistintamente a pessoas jurídicas e a pessoas humanas. Nessa linha, dispõe o Enunciado 286 das Jornadas de Direito Civil do Conselho da Justiça Federal: "Os direitos da personalidade são direitos inerentes e essenciais à pessoa humana, decorrentes de sua dignidade, não sendo as pessoas jurídicas titulares de tais direitos".

10
CONSIDERAÇÕES FINAIS

O reconhecimento da dignidade da pessoa humana como atributo inerente a todo ser humano conduziu a doutrina e a jurisprudência a um processo de releitura do direito civil, que se intensificou após a Segunda Guerra Mundial. Desencadeou-se, assim, o movimento de personalização, que passa a ter os direitos da personalidade como a disciplina fundamental do moderno direito civil.

Como centro do direito civil hodierno, distinguimos os direitos da personalidade dos direitos fundamentais e dos direitos humanos. De fato, enquanto os direitos da personalidade e os direitos fundamentais são reconhecidos pelo ordenamento jurídico de cada país, os direitos do homem são universais, reconhecidos pela ordem internacional, sendo que seu fundamento é encontrado na evolução histórica do homem. No que toca ao conteúdo, foi demonstrado que a coincidência entre esses direitos é apenas parcial. A tutela também é diversa, já que os direitos fundamentais e da personalidade encontram proteção no ordenamento jurídico de cada país, o que não ocorre com os direitos do homem, cuja proteção é internacional.

Verificou-se que os direitos da personalidade estão garantidos pelo princípio fundamental da dignidade da pessoa humana, bem como concretamente protegidos pela cláusula geral de tutela da pessoa humana, a qual permite ao operador do direito, em casos de interesse existencial não tutelado pelo método casuístico, a proteção ao caso concreto, o que flexibiliza o direito vigente, fazendo com que não ocorra o envelhecimento precoce dos ordenamentos jurídicos.

Entre as definições apresentadas para a categoria dos direitos da personalidade, optou-se por aquelas que se mostram mais concisas, pois esses direitos ainda estão em pleno desenvolvimento. Dessa maneira, uma conceituação mais simples, que não faça alusão às características desses direitos, ao ramo jurídico ao qual pertencem e nem à sua natureza é, a nosso ver, melhor do que uma concepção mais completa, mas que corre o risco de no futuro, com o surgimento de novos direitos, mostrar-se incorreta.

Defendeu-se que os atributos da personalidade devem ser considerados como o objeto dos direitos da personalidade, não obstante eles não se encaixem no conceito jurídico tradicional de patrimônio. É que esses atributos estão inseridos na classe dos bens jurídicos em sentido amplo, que compreende tudo aquilo que satisfaz uma necessidade humana, não havendo dúvida quanto à sua essencialidade e preciosidade para o ser humano.

Concluiu-se que todo direito da personalidade é um direito pessoal, mas que a recíproca não é verdadeira, uma vez que nem todos os direitos que tenham por objeto a disciplina de aspectos pessoais encontram fundamento ético na personalidade humana. Por outro lado, partindo da clássica distinção entre direitos reais e pessoais, os atributos da personalidade nada têm a ver com tais categorias, visto que relacionadas a situações patrimoniais.

Também foi feita distinção entre os direitos da personalidade e os direitos personalíssimos, pois estes são os direitos meramente insuscetíveis de transmissão de um titular para outro e aqueles são os direitos que objetivam a tutela dos mais importantes valores da pessoa.

Quanto à classificação dos direitos da personalidade, destacou-se que não existe uma classificação amplamente acolhida pela doutrina e jurisprudência. Apesar disso, observou-se que as classificações, pelo fato de admitirem inúmeros critérios, mais do que verdadeiras ou falsas, são úteis ou não para o direito.

Posicionamo-nos a favor da distinção entre o direito público e o direito privado, dada a sua ainda atual relevância para a ciência jurídica, uma vez que a sociedade do início do século XXI não abdicou da proteção de sua esfera privada em favor da coletividade. Entretanto, não obstante os direitos da personalidade aparecerem como direitos privados, o que certamente é interessante do ponto de vista prático e didático, nos casos em que uma visão unitária da pessoa humana for imprescindível para a solução do problema posto, deve-se partir para a superação da setorização, já que a dignidade da pessoa humana é a pedra angular do sistema jurídico e não só da seara pública ou privada.

Sustentou-se que o direito geral da personalidade está implícito no nosso ordenamento jurídico, fundado no princípio da dignidade da pessoa humana (art. 1º, III, da CF), na permissão constitucional do reconhecimento de outros direitos e garantias (art. 5º, § 2º, da CF), bem como no art. 12 do Código Civil de 2002, que funcionaria como cláusula de abertura formal do sistema. Por conseguinte, não há incompatibilidade entre a teoria do direito geral da personalidade e o nosso sistema jurídico.

Seja como for, a doutrina do direito geral da personalidade não pode ser levada ao extremo. Por isso, a melhor técnica indica a associação de uma cláusula geral de proteção da personalidade com uma série de direitos específicos da personalidade. É que a utilização tão somente do direito geral da personalidade ou dos direitos especiais acaba por limitar a plena eficácia da própria Constituição, que outorga a mais ampla proteção à dignidade da pessoa humana.

Em relação às suas principais características, enfatizou-se que os direitos da personalidade são considerados como absolutos, extrapatrimoniais, inatos (ou originários), vitalícios (ou perenes), necessários (ou imprescindíveis), indisponíveis, intransmissíveis, irrenunciáveis, impenhoráveis, inexpropriáveis e imprescritíveis.

Essas características não estão todas expressamente previstas no art. 11 do Código Civil. No entanto, referido artigo não necessita de modificação para a inclusão de um rol amplo das características dos direitos da personalidade, uma vez que tal iniciativa é desnecessária e bastante perigosa, podendo inclusive barrar o desenvolvimento da categoria ou gerar retrocessos, já que essas características devem ser reconhecidas com temperamentos e não vistas como dogmas.

Os direitos da personalidade integram a categoria dos direitos absolutos, mas tal enquadramento não é possível quando a absolutidade está relacionada à ilimitabilidade. Também se notou que a categoria dos direitos da personalidade está em constante expansão, por isso as conclusões quanto à absolutidade logicamente não abrangem direitos da personalidade que porventura venham a surgir no futuro.

Apesar da produção de consequências secundárias de ordem econômica (indenização e utilização econômica), os direitos da personalidade têm caráter extrapatrimonial, dado que a pessoa humana não pode ser reduzida tão somente à esfera patrimonial, ao "ter", uma vez que ela é o "valor fonte" do ordenamento jurídico.

O caráter inato ou originário igualmente foi lembrado como característica prevalente dos direitos da personalidade. Todavia, alguns direitos da personalidade têm origem em um momento posterior, são de aquisição superveniente, o que não lhes retira sua valoração como atinentes à personalidade.

Admite-se a perpetuidade ou perenidade de alguns dos direitos da personalidade, uma vez que em certos casos existe a proteção da própria pessoa falecida, bem como a ausência de um limite temporal para tal proteção. Já nas hipóteses em que o direito da personalidade termina com o óbito do seu titular, fala-se então em vitaliciedade.

A autonomia privada da pessoa está presente no âmbito dos direitos da personalidade, devendo-se reconhecer a esses direitos, de forma geral, uma certa liberdade jurídica de exercício, não apenas de forma negativa, como tradicionalmente se pensava, mas também ativa ou positiva. Consequentemente, é cabal a admissão da disponibilidade limitada dos direitos da personalidade, cujo vetor está na dignidade da pessoa humana. Não obstante isso, deve-se ter em conta que existem situações em que os direitos da personalidade não admitem restrição negocial.

No que tange à possibilidade do exercício dos direitos da personalidade, enquanto não houver lesão a um direito da personalidade não existe pretensão e prazo prescricional. Apesar disso, no momento em que são lesionados, surge a pretensão, que deve ser exercida dentro dos prazos estabelecidos pelo Código Civil. Em caso de não exercício, ocorre a prescrição especificamente daquela pretensão, o que não significa a perda do direito da personalidade. Muitas vezes há lesão continuada de um direito da personalidade, o que faz com que a cada nova lesão surja uma nova pretensão, dando a impressão de que as ofensas a direitos da personalidade são imprescritíveis.

É vedada a manifestação de vontade que signifique uma total e permanente renúncia à proteção conferida pelos direitos da personalidade. Assim, não é possível renunciar ao direito da personalidade em si, porém admite-se a renúncia ao seu exercício.

Os direitos da personalidade são intransmissíveis em sua essência, seja *inter vivos* ou *causa mortis*, no entanto, quando a utilização dos direitos da personalidade tiver expressão econômica, admite-se a transmissibilidade desses efeitos patrimoniais, o que não corresponde à transmissibilidade propriamente dos direitos da personalidade. Portanto, a intransmissibilidade consagrada pelo art. 11 do Código Civil é do direito da personalidade em si mesmo, e não dos seus efeitos patrimoniais.

Considerando o patrimônio em seu sentido estrito, não há que se falar na inexpropriabilidade ou na impenhorabilidade dos direitos da personalidade, uma vez que essas figuras seriam voltadas apenas para aqueles bens integrantes do patrimônio, o que não seria o caso dos direitos da personalidade. Tomando-se o patrimônio em seu sentido amplo, dele fariam parte os direitos da personalidade, que, no entanto, não poderiam ser expropriados ou penhorados, visto que o art. 11 do Código Civil veda a transmissão desses direitos, o que vem reforçado pelo princípio constitucional da dignidade da pessoa humana.

Os direitos da personalidade não estão sujeitos à usucapião e à desapropriação, o que decorre da insuscetibilidade de sua apropriação. Todavia, os efeitos patrimoniais dos direitos da personalidade podem, salvo previsão legal em sentido contrário, ser objeto de penhora e expropriação. Além disso, esses direitos patrimoniais podem, respeitadas as limitações impostas pela sua íntima ligação com os direitos da personalidade, ser desapropriados, o que deve ser analisado em cada caso concreto.

As normas relativas aos direitos da personalidade estão, precipuamente, entre os princípios. Dessa forma, não se admite a prevalência ou preeminência como uma das características dos direitos da personalidade. É que apenas após a análise de cada caso concreto será possível estabelecer se um direito da personalidade prevalece sobre outro direito da personalidade, ou sobre direito de outra categoria.

Por fim, a generalidade também pode ser incluída entre as características dos direitos da personalidade, já que esses direitos são outorgados pelo ordenamento jurídico a todas as pessoas pelo simples fato de existirem.

REFERÊNCIAS

ADARRAGA, Ana Azurmendi. *El derecho a la propia imagen:* su identidad y aproximación al derecho a la información. 2. ed. México: Fundación Manuel Buendía, 1998.

AGUIAR, Renan. *História do direito.* São Paulo: Saraiva, 2007.

ALEXY, Robert. Colisão de direitos fundamentais e realização de direitos fundamentais no Estado de Direito Democrático. *Revista de Direito Administrativo*, Rio de Janeiro, n. 217, p. 67-79, jul./set. 1999.

ALEXY, Robert. Direitos fundamentais, ponderação e racionalidade. *Revista de Direito Privado*, São Paulo, v. 6, n. 24, p. 334-344, out./dez. 2005.

ALEXY, Robert. *Teoría de los derechos fundamentales.* 2. ed. Trad. Carlos Bernal Pulido. Madrid: Centro de Estudios Políticos y Constitucionales, 2007.

ALSINA, Jorge Bustamante. *Teoría general de la responsabilidad civil.* 9. ed. Buenos Aires: Ed. Abeledo-Perrot, 1997.

ALVAREZ-SCHEUERN, Francisco José. *Die Verjährungsregelungen im BGB.* München: GRIN Verlag, 2007.

ALVES, José Carlos Moreira. *Direito romano.* 7. ed. Rio de Janeiro: Forense, 1997, v. 1.

AMARAL, Francisco. *Direito civil:* introdução. 5. ed. Rio de Janeiro: Renovar, 2003.

AMORIM FILHO, Agnelo. Critério científico para distinguir a prescrição da decadência e para identificar as ações imprescritíveis. *Revista dos Tribunais*, São Paulo, v. 94, n. 836, p. 733-763, jun. 2005.

APARÍCIO, Márcia de Oliveira Ferreira. Cláusulas gerais: a incompletude satisfatória do sistema. In: LOTUFO, Renan (org.). *Sistema e tópica na interpretação do ordenamento.* Barueri: Manole, 2006.

ARANHA, Maria Lúcia de Arruda; MARTINS, Maria Helena Pires. *Filosofando: introdução à filosofia.* 2. ed. São Paulo: Moderna, 1993.

ARARIPE, Jales de Alencar. Direitos da Personalidade: uma introdução. In: LOTUFO, Renan. *Direito civil constitucional.* São Paulo: Malheiros, 2002.

ARAUJO, Luiz Alberto David; NUNES JÚNIOR, Vidal Serrano. *Curso de direito constitucional.* 19. ed. São Paulo: Verbatim, 2015.

ASCENSÃO, José de Oliveira. *Direito civil:* teoria geral. 2. ed. Coimbra: Coimbra, 2000. v. I.

ASCENSÃO, José de Oliveira. Os direitos de personalidade no Código Civil brasileiro. *Revista Forense*, Rio de Janeiro, v. 94, n. 342, p. 121-129, abr./jun. 1998.

AZEVEDO, Álvaro Villaça; NICOLAU, Gustavo Rene. *Código Civil comentado:* das pessoas e dos bens: artigos 1º a 103. AZEVEDO, Álvaro Villaça (coord.). São Paulo: Atlas, 2007. v. I.

AZEVEDO, Antonio Junqueira. Caracterização jurídica da dignidade da pessoa humana. *Revista dos Tribunais*, São Paulo, v. 797, p. 11-26, mar. 2002.

AZEVEDO, Luiz Carlos de. *O direito grego antigo.* Disponível em: <http://helciomadeira.sites. uol.com.br/historia_arquivos/Texto002.htm>.

BALTHASAR, Stephan. *Der Schutz der Privatsphäre im Zivilrecht:* eine historisch-vergleichende Untersuchung zum deutschen, französischen und englischen Recht vom ius commune bis heute. Tübingen: Mohr Siebeck, 2006.

BARRETO, Wanderlei de Paula. Dos direitos da personalidade. In: ALVIM, Arruda; ALVIM, Tereza (coord.). *Comentários ao Código Civil brasileiro, parte geral.* Rio de Janeiro: Forense, 2005. v. 1.

BARTNIK, Marcel. *Der Bildnisschutz im deutschen und französischen Zivilrecht.* Tübingen: Mohr Siebeck, 2004.

BELTRÃO, Silvio Romero. *Direitos da personalidade.* 2. ed. São Paulo: Atlas, 2014.

BEVILÁQUA, Clóvis. *Teoria geral do direito civil.* Campinas: Servanda, 2007.

BIASIO, Giorgio De; FOGLIA, Aldo. *Introduzione ai codici di diritto privato svizzero.* 2. ed. Torino: G. Giappichelli, 2007.

BITTAR, Carlos Alberto. *Direito de autor.* 7. ed. Rio de Janeiro: Forense Universitária, 2004.

BITTAR, Carlos Alberto. *Os direitos da personalidade.* 7. ed. Rio de Janeiro: Forense Universitária, 2004.

BITTAR, Carlos Alberto; BITTAR FILHO, Carlos Alberto. *Tutela dos direitos da personalidade e dos direitos autorais nas atividades empresariais.* 2. ed. São Paulo: Ed. RT, 2002.

BOBBIO, Norberto. *A era dos direitos.* Trad. Carlos Nelson Coutinho. Rio de Janeiro: Elsevier, 2004.

BORGES, Roxana Cardoso Brasileiro. *Direitos de personalidade e autonomia privada.* 2. ed. São Paulo: Saraiva, 2007.

BORGES, Roxana Cardoso Brasileiro. Dos direitos da personalidade. In: LOTUFO, Renan; NANNI, Giovanni Ettore (coord.). *Teoria geral do direito civil.* São Paulo: Atlas, 2008.

BORK, Reinhard. *Allgemeiner Teil des Bürgerlichen Gesetzbuchs.* 4. ed. Tübingen: Mohr Siebeck, 2016.

BROX, Hans; WALKER, Wolf-Dietrich. *Allgemeiner Teil des BGB.* 46. ed. München: Franz Vahlen, 2022.

BÜLOW, Peter; ARTZ, Markus. *Verbraucherprivatrecht.* 3. ed. Heidelberg: C.F.Müller, 2011.

CAENEGEM, R. C. van. *Uma introdução histórica ao direito privado.* Trad. Carlos Eduardo Machado. São Paulo: Martins Fontes, 1995.

CAMPOS, Diogo Leite de. Nós: estudos sobre o Direito das pessoas. Coimbra: Almedina, 2004.

CANARIS, Claus-Wilhelm. *Direitos fundamentais e direito privado*. Trad. Ingo Wolfgang Sarlet e Paulo Mota Pinto. Coimbra: Almedina, 2009.

CANOTILHO, José Joaquim Gomes. *Direito constitucional e teoria da Constituição*. 3. ed. Coimbra: Livraria Almedina, 1999.

CAPELO DE SOUSA, Rabindranath Valentino Aleixo. *O direito geral de personalidade*. Coimbra: Coimbra, 1995.

CARBONI, Guilherme. *Função social do direito de autor*. Curitiba: Juruá, 2006.

CARIBÉ, Christiana Brito. A culpa conjugal frente ao princípio da dignidade da pessoa humana: uma afronta à Constituição? In: LOTUFO, Renan (org.). *Direito civil constitucional*. São Paulo: Malheiros, 2002.

CARMO, Júlio Bernardo do. A prescrição em face da reparação de danos morais e materiais decorrentes de acidentes de trabalho ou doença profissional ao mesmo equiparada. *Jus Navigandi*, Teresina, ano 10, n. 1034, maio 2006. Disponível em: <http://jus2.uol.com.br/doutrina/texto.asp?id=8309>.

CHINELATO, Silmara Juny. Estatuto jurídico do nascituro: o direito brasileiro. In: DELGADO, Mário Luiz; ALVES, Jones Figueirêdo (coord.). *Grandes temas de direito privado*. São Paulo: Método, 2007. v. 6.

CHINELATO, Silmara Juny. Tendências da responsabilidade civil no direito contemporâneo: reflexos no Código de 2002. In: DELGADO, Mário Luiz; ALVES, Jones Figueirêdo (coord.). *Grandes temas de direito privado*. São Paulo: Método, 2006. v. 5.

CIFUENTES, Santos. *Derechos personalísimos*. 3. ed. Buenos Aires: Astrea, 2008.

COELHO, Fábio Ulhoa. *Curso de direito civil*. 9. ed. São Paulo: Ed. RT, 2020. v. 1.

COMPARATO, Fábio Konder. *A afirmação histórica dos direitos humanos*. 12. ed. São Paulo: Saraiva, 2019.

COMPARATO, Fábio Konder. *Fundamento dos direitos humanos*. Instituto de estudos avançados da USP. São Paulo, 1997. Disponível em: <http://www.iea.usp.br/publicacoes/textos/comparatodireitoshumanos.pdf>.

CORDEIRO, António Menezes. *Tratado de direito civil português*. *Parte Geral*. Coimbra: Almedina, 2004. t. III.

COSTA JÚNIOR, Paulo José da. *O direito de estar só*: tutela penal da intimidade. 4. ed. São Paulo: Ed. RT, 2007.

CUPIS, Adriano de. *I diritti della personalità*. 2. ed. Milano: Giuffrè, 1982.

CUPIS, Adriano de. *Os direitos da personalidade*. Trad. Afonso Celso Furtado Rezende. Campinas: Romana, 2004.

DA SILVA, José Afonso. A dignidade da pessoa humana como valor supremo da democracia. *Revista de Direito Administrativo*, Rio de Janeiro, v. 212, p. 89-94, abr./jun. 1998.

DI PIETRO, Maria Sylvia Zanella. *Direito administrativo*. 15. ed. São Paulo: Atlas, 2003.

DIAS, Joaquim José de Barros. Direito civil constitucional. In: LOTUFO, Renan (org.). *Direito civil constitucional*. São Paulo: Malheiros, 2002.

DINAMARCO, Cândido Rangel. *Instituições de direito processual civil*. São Paulo: Malheiros, 2004, v. IV.

DINIZ, Maria Helena. *Código Civil anotado*. 12. ed. São Paulo: Saraiva, 2006.

DINIZ, Maria Helena. *Compêndio de introdução à ciência do direito*. 27. ed. São Paulo: Saraiva, 2019.

DINIZ, Maria Helena. *Curso de direito civil brasileiro*: direito das coisas. 22. ed. São Paulo: Saraiva, 2007. v. 4.

DINIZ, Maria Helena. *Curso de direito civil brasileiro*: teoria geral do direito civil. 26. ed. São Paulo: Saraiva, 2009. v. 1.

DINIZ, Maria Helena. In: FIUZA, Ricardo (coord.). *Novo Código Civil comentado*. 5. ed. São Paulo: Saraiva, 2006.

DINIZ, Maria Helena. *O estado atual do biodireito*. 4. ed. São Paulo: Saraiva, 2007.

DOGLIOTTI, Massimo. Le persone fisiche. In: RESCIGNO, Pietro. *Trattato di diritto privato*. Torino: UTET, 1997. v. 2.

DONEDA, Danilo. Os direitos da personalidade no novo Código Civil. In: TEPEDINO, Gustavo (org.). *A parte geral do novo Código Civil*. 3. ed. Rio de Janeiro: Renovar, 2007.

DUESBERG, Erik. *Die Vererblichkeit von Bestandteilen des Persönlichkeitsrechts des Erblassers*. München: GRIN, 2008.

FACHIN, Luiz Edson. Direito Civil e dignidade da pessoa humana: um diálogo constitucional contemporâneo. *Revista Forense*, Rio de Janeiro, v. 383, p. 113-125, maio/jun. 2006.

FACHIN, Luiz Edson. Fundamentos, limites e transmissibilidade: anotações para uma leitura crítica, construtiva e de índole constitucional da disciplina dos direitos da personalidade no Código Civil brasileiro. In: CORRÊA, Elidia Aparecida de Andrade; GIACOIA, Gilberto; CONRADO, Marcelo (coord.). *Biodireito e dignidade da pessoa humana*. Curitiba: Juruá, 2007.

FERRAZ JUNIOR, Tercio Sampaio. *Introdução ao estudo de direito*: técnica, decisão, dominação. 2. ed. São Paulo: Atlas, 1994.

FERREIRA FILHO, Manoel Gonçalves. *Direitos humanos fundamentais*. 15. ed. São Paulo: Saraiva, 2016.

FRANÇA, Rubens Limongi. Direitos da personalidade I (verbete). *Enciclopédia Saraiva do Direito*. São Paulo: Saraiva, 1979. v. 28.

FRANCESCO, Carnelutti. *Instituições do processo civil*. Trad. Adrián Sotero De Witt Batista. São Paulo: Classic Book, 2000. v. I.

FUCHS, Maximilian. *Deliktsrecht*. 6. ed. Berlim: Springer, 2006.

GAGLIANO, Pablo Stolze; FILHO, Rodolfo Pamplona. *Novo curso de direito civil*: parte geral. 25. ed. São Paulo: Saraiva, 2023. v. 1.

GARCEZ NETO, Martinho. *Responsabilidade civil no direito comparado*. Rio de Janeiro: Renovar, 2000.

GARCIA, Enéas Costa. *Direito geral da personalidade no sistema jurídico brasileiro*. São Paulo: Juarez de Oliveira, 2007.

GEDIEL, José Antônio. A irrenunciabilidade a direitos da personalidade pelo trabalhador. In: SARLET, Ingo Wolfgang (org.). *Constituição, direitos fundamentais e direito privado*. Porto Alegre: Livraria do Advogado, 2003.

GILISSEN, John. *Introdução histórica ao direito*. 2. ed. Trad. A. M. Hespanha e L. M. Macaísta Malheiros. Lisboa: Fundação Calouste Gulbenkian, 1995.

GOMES, José Jairo. *Responsabilidade civil e eticidade*. Belo Horizonte: Del Rey, 2005.

GOMES, Orlando. *Introdução ao direito civil*. 19. ed. revista, atualizada e aumentada de acordo com o Código Civil de 2002, por Edvaldo Brito e Reginalda Paranhos de Brito. Rio de Janeiro: Forense, 2008.

GOMES, Orlando. *Introdução ao direito civil*. 2. ed. Rio de Janeiro: Forense, 1965.

GOMES, Orlando. *Transformações gerais do direito das obrigações*. 2. ed. São Paulo: Ed. RT, 1980.

GONÇALVES, Carlos Roberto. *Direito civil brasileiro:* parte geral. 20. ed. São Paulo: Saraiva, 2022. v. 1.

GUARINO, Antonio. *Diritto privato romano*. 12. ed. Napoli: Jovene, 2001.

GUILLOD, Olivier. *Droit des personnes*. 5. ed. Bâle: Helbing Lichtenhahn, 2018.

GUNTHER, Luiz Eduardo. Os direitos da personalidade e suas repercussões na atividade empresarial. In: GUNTHER, Luiz Eduardo (coord.). *Tutela dos direitos da personalidade na atividade empresarial*. Curitiba: Juruá, 2008.

HAGER, Johannes. Das Recht der unerlaubten Handlungen. In: *J. von Staudingers Kommentar zum Bürgerlichen Gesetzbuch*. Berlin: Sellier, 2005.

HAUSMANINGER, Herbert; SELB, Walter. *Römisches Privatrecht*. 9. ed. Viena: Böhlau, 2001.

HELLE, Jürgen. *Besondere Persönlichkeitsrechte im Privatrecht:* das Recht am eigenen Bild, das Recht am gesprochenen Wort und der Schutz des geschriebenen Wortes. Tübingen: Mohr Siebeck, 1991.

HUBMANN, Heinrich. *Das Persönlichkeitsrecht*. 2. ed. Köln: Böhlau, 1967.

HÜBNER, Heinz. *Allgemeiner Teil des Bürgerlichen Gesetzbuches*. 2 ed. Berlin: de Gruyter, 1996.

JORGE JUNIOR, Alberto Gosson. *Cláusulas gerais no novo Código Civil*. São Paulo: Saraiva, 2004.

KANT, Immanuel. *Fundamentação da metafísica dos costumes*. Trad. Leopoldo Holzbach. São Paulo: Martins Claret, 2003.

KASER, Max. *Das römische Privatrecht:* Die nachklassischen Entwicklungen. 2. ed. München: C. H. Beck, 1975. v. 2.

KASER, Max; KNÜTEL, Rolf; LOHSSE, Sebastian. *Römisches Privatrecht*. 21. ed. München: C.H. Beck, 2017.

KASER, Max; OTTO, Walter; BENGTSON, Hermann. *Das römische Privatrecht* Das altrömische, das vorklassische und klassische Recht. 2. ed. München: C. H. Beck, 1971. v. 1.

KAYSER, Pierre. Les droits de la personnalité – aspects théoriques et pratiques. *Revue Trimestrielle de Droit Civil*, Paris, t. 69, n. 3, p. 445-509, 1971.

KLÜBER, Rudiger. *Persönlichkeitsschutz und Kommerzialisierung:* die juristisch-ökonomischen Grundlagen des Schutzes der vermögenswerten Bestandteile des allgemeinen Persönlichkeitsrechts. Tübingen: Mohr Siebeck, 2007.

KNELLWOLF, Esther. *Postmortaler Persönlichkeitsschutz* – Andenkensschutz der Hinterbliebenen. Zurich: Schulthess, 1991.

KÜHL, Kristian; REICHOLD, Hermann; RONELLENFITSCH, Michael. *Einführung in die Rechtswissenschaft*. 3. ed. München: C. H. Beck, 2019.

LAFER, Celso. *A reconstrução dos direitos humanos:* um diálogo com o pensamento de Hannah Arendt. São Paulo: Companhia das Letras, 1988.

LARENZ, Karl. *Lehrbuch des Schuldrechts. Allgemeiner Teil*. 14. ed. München: Beck, 1987. v. 1.

LARENZ, Karl. *Methodenlehre der Rechtswissenschaft*. 6. ed. Berlin: Springer, 1991.

LARENZ, Karl; WOLF, Manfred. *Allgemeiner Teil des Bürgerlichen Rechts*. 8. ed. München: Beck, 1997.

LEHNIG, Kirsten. *Der verfassungsrechtliche Schutz der Würde des Menschen in Deutschland und in den USA*. Berlim-Hamburg-Munster: LIT, 2003.

LÔBO, Paulo Luiz Netto. Autolimitação do direito à privacidade. *Revista Trimestral de Direito Civil*, Rio de Janeiro, v. 9, n. 34, p. 93-103, abr./jun. 2008.

LOCHER, René. *Persönlichkeitsschutz und Adoptionsgeheimnis*. Zürich: Schulthess Polygraphischer, 1993.

LOISEAU, Grégoire. *Le droit des personnes*. 2. ed. Paris: Ellipses, 2020.

LOTUFO, Renan. *Código Civil comentado:* parte geral (arts. 1º a 232). 3. ed. São Paulo: Saraiva, 2016. v. 1.

LOUREIRO, Francisco Eduardo. Direito ao sossego. In: LOTUFO, Renan (org.). *Cadernos de Direito Civil Constitucional*. Curitiba: Juruá, 2001.

LUCAS-SCHLOETTER, Agnès. *Droit moral et droits de la personnalité: étude de droit compare français et allemand*. Aix-en-provence: PUAM, 2002. t. I.

LUDWIG, Marcos de Campos. Direito público e privado: a superação da dicotomia. In: MARTINS-COSTA, Judith. *A reconstrução do direito privado:* reflexos dos princípios, diretrizes e direitos fundamentais constitucionais no direito privado. São Paulo: Ed. RT, 2002.

LUDWIG, Marcos de Campos. O direito ao livre desenvolvimento da personalidade na Alemanha e possibilidade de sua aplicação no direito privado brasileiro. In: MARTINS-COSTA,

Judith. *A reconstrução do direito privado:* reflexos dos princípios, diretrizes e direitos fundamentais constitucionais no direito privado. São Paulo: Ed. RT, 2002.

MACDOWELL, Douglas Maurice. *The law in classical Athens.* 4. ed. New York: Cornell University Press, 1986.

MARIA, José Serpa de Sta. *Direitos da personalidade e a sistemática civil geral.* Julex: Campinas, 1987.

MARTINEZ, Gregório Peces-Barba. *La dignidad de la persona desde la filosofia del derecho.* 2. ed. Madrid: Dykinson, 2003.

MARTINS-COSTA, Judith. *A boa-fé no direito privado:* critérios para a sua aplicação. São Paulo: Saraiva, 2018.

MARTINS-COSTA, Judith. O Direito Privado como um "sistema em construção": as cláusulas gerais no Projeto do Código Civil brasileiro. *Jus Navigandi,* Teresina, ano 4, n. 41, maio 2000. Disponível em: <http://jus2.uol.com.br/doutrina/texto.asp?id=513>.

MARTINS-COSTA, Judith. Os danos à pessoa no direito brasileiro e a natureza da sua reparação. In: MARTINS-COSTA, Judith. *A reconstrução do direito privado:* reflexos dos princípios, diretrizes e direitos fundamentais constitucionais no direito privado. São Paulo: Ed. RT, 2002.

MARTINS-COSTA, Judith. *Pessoa, personalidade, dignidade.* Tese de livre docência em direito civil – Faculdade de Direito da Universidade de São Paulo. São Paulo, 2003.

MATTIA, Fábio Maria de. Direitos da personalidade II (verbete). *Enciclopédia Saraiva do Direito.* São Paulo: Saraiva, 1979. v. 28.

MATTIA, Fábio Maria de. Direitos da personalidade: aspectos gerais. *Revista Forense,* Rio de Janeiro, v. 262, p. 79-88, abr./maio/jun. 1978.

MAYER-MALY, Theo. *Römisches Recht.* 2. ed. Berlim: Springer, 1999.

MCCRUDDEN, Christopher. Human dignity and judicial interpretation of human rights. *European Journal of international Law,* Firenze, v. 19, n. 4, p. 655-724, 2008.

MEDICUS, Dieter. *Allgemeiner Teil des BGB.* 11. ed. Heidelberg: C. F. Müller, 2016.

MEDICUS, Dieter. *Bürgerliches Recht.* 21. ed. Köln: Carl Heymanns, 2007.

MEDICUS, Dieter. *Grundwissen zum Bürgerlichen Recht.* 7. ed. Köln: Carl Heymanns, 2006.

MELLO, Celso Antônio Bandeira de. *Curso de direito administrativo.* 23. ed. São Paulo: Malheiros, 2007.

MELLO, Cláudio Ari. Contribuição para uma teoria híbrida dos direitos de personalidade. In: SARLET, Ingo Wolfgang (org.). *O novo Código Civil e a Constituição.* Porto Alegre: Livraria do Advogado, 2003.

MENDES, Gilmar Ferreira; BRANCO, Paulo Gustavo Gonet. *Curso de direito constitucional.* 17. ed. São Paulo: Saraiva, 2022.

MESSINEO, Francesco. *Manuale di diritto civile e commerciale.* 9. ed. Milano: Giuffrè, 1957, v. 2.

MEZZAROBA, Orides; MONTEIRO, Cláudia Servilha. *Manual de metodologia da pesquisa no direito*. 3. ed. São Paulo: Saraiva, 2006.

MIRANDA, Jorge. A Constituição portuguesa e a dignidade da pessoa humana. *Revista de Direito Constitucional e Internacional*, São Paulo, v. 45, p. 81-91, out./dez. 2000.

MIRANDA, Jorge. *Manual de direito constitucional*. 4. ed. Coimbra: Coimbra, 1990. t. I.

MIRANDA, Jorge. *Manual de direito constitucional*: direitos fundamentais. Coimbra: Coimbra, 1988. t. IV.

MONTEIRO, Washington de Barros. *Curso de direito civil. Direito das coisas*. 38. ed. São Paulo: Saraiva, 2007. v. 3.

MORAES, Alexandre de. *Direitos humanos fundamentais*. 12. ed. São Paulo: Atlas, 2021.

MORAES, Maria Celina Bodin de. *Danos à pessoa humana*: uma leitura civil-constitucional dos danos morais. Rio de Janeiro: Renovar, 2009.

MORAES, Maria Celina Bodin de. *Na medida da pessoa humana*: estudos de direito civil-constitucional. Rio de Janeiro: Processo, 2019.

MORAES, Walter. Concepção tomista de pessoa. Um contributo para a teoria do direito da personalidade. *Revista de Direito Privado,* São Paulo, v. 2, p. 187-204, abr./jun. 2000.

MORATO, Antonio Carlos. *Direito de autor em obra coletiva*. São Paulo: Saraiva, 2007.

NADER, Paulo. *Curso de direito civil:* parte geral. Rio de Janeiro: Forense, 2003.

NALIN, Paulo. Cláusula geral e segurança jurídica no Código Civil. *Revista Trimestral de Direito Civil*, Rio de Janeiro, v. 6, n. 23, p. 59-75, jul./set. 2005.

NERY JUNIOR, Nelson; NERY, Rosa Maria de Andrade. *Código Civil comentado*. 4. ed. São Paulo: Ed. RT, 2006.

NERY, Rosa Maria de Andrade. *Introdução ao pensamento jurídico e à teoria geral do direito privado*. São Paulo: Ed. RT, 2008.

NERY, Rosa Maria de Andrade; NERY JUNIOR, Nelson. *Introdução à ciência do direito privado*. 2. ed. São Paulo: Thomson Reuters, 2019.

NUCCI, Guilherme de Souza. *Código Penal comentado*. 4. ed. São Paulo: Ed. RT, 2003.

OHLY, Ansgar. *"Volenti non fit iniura"* – Die Einwilligung im Privatrecht. Tübingen: Mohr Siebeck, 2002.

PEREIRA, Caio Mario da Silva. *Instituições de direito civil*. 22. ed. Rio de Janeiro: Forense. 2008. v. 1.

PERLINGIERI, Pietro. *Il diritto civile nella legalità costituzionale*. 2. ed. Napoli: Edizioni Scientifiche Italiane, 2001.

PERLINGIERI, Pietro. *Istituzioni di diritto civile*. Napoli: Edizioni Scientifiche Italiane, 2003.

PERLINGIERI, Pietro. La dottrina del diritto civile nella legalità costituzionale. *Revista Trimestral de Direito Civil*, Rio de Janeiro, v. 8, n. 31, p. 75-86, jul./set. 2007.

REFERÊNCIAS **245**

PERLINGIERI, Pietro. *Perfis do direito civil.* Trad. de Maria Cristina De Cicco. 3. ed. Rio de Janeiro: Renovar, 2002.

PERLINGIERI, Pietro; FEMIA, Pasquale. *Nozioni introduttive e principi fondamentali del diritto civile.* Napoli: Edizioni Scientifiche Italiane, 2004.

PETIT, Bruno. *Les personnes.* 3. ed. Grenoble: PUG, 2003.

PINTO, Carlos Alberto da Mota. *Teoria geral do direito civil.* 4. ed. Coimbra: Coimbra, 2005.

PINTO, Paulo Mota. Direitos de personalidade no Código Civil português e no novo Código Civil brasileiro. *Revista Jurídica*, v. 51, n. 314, p. 7-34, dez. 2003.

PINTO, Paulo Mota. Notas sobre o direito ao livre desenvolvimento da personalidade e os direitos de personalidade no direito português. In: SARLET, Ingo Wolfgang. *A Constituição concretizada*: construindo pontes com o público e o privado. Porto Alegre: Livraria do Advogado, 2000.

PIOVESAN, Flávia. Direitos humanos e o princípio da dignidade humana. In: DE PAULA, Alexandre Sturion. *Ensaios* constitucionais de direitos fundamentais. Campinas: Servanda, 2006.

PONTES DE MIRANDA, Francisco Cavalcanti. *Tratado de direito privado*. Campinas: Bookseller, 2000. t. II.

PONTES DE MIRANDA, Francisco Cavalcanti. *Tratado de direito privado*. São Paulo: Ed. RT, 1983. t. V.

PONTES DE MIRANDA, Francisco Cavalcanti. *Tratado de direito privado*. Campinas: Bookseller, 2000. t. VII.

PONTES DE MIRANDA, Francisco Cavalcanti. *Tratado de direito privado*. Campinas: Bookseller, 2002. t. XVI.

RAMOS, André de Carvalho. *Curso de direitos humanos.* 8. ed. São Paulo: Saraiva, 2021.

RAMOS, Erasmo M. Estudo comparado do direito de personalidade no Brasil e na Alemanha. *Revista dos Tribunais*, São Paulo, v. 799, p. 11-32, maio 2002.

REALE, Miguel. *Lições preliminares de direito.* 27. ed. São Paulo: Saraiva, 2002.

RESCIGNO, Pietro. *Manuale del Diritto Privato Italiano.* 5. ed. Napoli: Jovene, 1982.

REZEK, José Francisco. *Direito internacional público:* curso elementar. 9. ed. São Paulo: Saraiva, 2002.

RIXECKER, Ronald. Allgemeines Persönlichkeitsrecht. *Münchener Kommentar zum Bürgerlichen Gesetzbuch.* 5. ed. München: Verlag C.H. Beck, 2006.

ROBBERS, Gerhard. *Einführung in das deutsche Recht.* 6. ed. Baden-Baden: Nomos, 2017.

ROCHA, Silvio Luís Ferreira da. Da prescrição e da decadência. In: LOTUFO, Renan; NANNI, Giovanni Ettore (coord.). *Teoria geral do direito civil.* São Paulo: Atlas, 2008.

RODRIGUES, Silvio. *Direito civil:* parte geral. 34. ed. Saraiva: São Paulo, 2007. v. 1.

SANFILIPPO, Cesare. *Istituzioni di diritto romano.* 10. ed. Soveria Mannelli: Rubbettino, 2002.

SANTOS, Eduardo Sens dos. O novo Código Civil e as cláusulas gerais: exame da função social do contrato. *Revista de Direito Privado*, São Paulo, v. 3, n. 10, p. 9-37, abr./jun. 2002.

SANTOS, Maria Celeste Cordeiro Leite dos. *Imaculada concepção*: nascendo *in vitro* e morrendo *in machina*, aspectos históricos e bioéticos da procriação humana assistida no direito penal comparado. São Paulo: Acadêmica, 1993.

SARMENTO, Daniel. *Dignidade da pessoa humana*: conteúdo, trajetórias e metodologia. 3. ed. Belo Horizonte: Fórum, 2021.

SCALISI, Antonino. *Il valore della persona nel sistema e i nuovi diritti della personalità*. Milano: Giuffrè, 1990.

SCHMÄDEL, Judith von. *Persönlichkeitsrechte im österreichischen und deutschen Filmrecht unter besonderer Beachtung der Rechte des Filmschauspielers*. Tese de doutorado – Universidade de Viena. Viena, 2009.

SCHWAB, Dieter; LÖHNIG, Martin. *Einführung in das Zivilrecht*. 20. ed. Heidelberg: C.F.Müller, 2016.

SESSAREGO, Carlos Fernández. Persona y Derecho. In: Alberto José Bueres; Aída Kemelmajer de Carlucci (orgs.). *Responsabilidad por daños en el tercer milenio*: homenaje al profesor doctor Atílio Aníbal Alterini. Buenos Aires: Abeledo-Perrot, 1997.

SEVERINO, Antônio Joaquim. *Metodologia do trabalho científico*. 21. ed. São Paulo: Cortez, 2000.

SILVA, De Plácido e. *Vocabulário jurídico*. Rio de Janeiro: Forense, 1996. v. 2.

SILVA, De Plácido e. *Vocabulário jurídico*. Rio de Janeiro: Forense, 1996. v. 3.

SILVA, Edson Ferreira da. Direitos de personalidade – Os direitos de personalidade são inatos? *Revista dos Tribunais*, São Paulo, v. 694, p. 21-34, ago. 1993.

SILVA, Virgílio Afonso da. *Direito Constitucional Brasileiro*. São Paulo: Universidade de São Paulo, 2021.

SIX, Jann. *Der privatrechtliche Namensschutz von und vor Domänennamen im Internet*. Zürich: Schulthess Polygraphischer, 2000.

SÓFOCLES. *A trilogia tebana*: Édipo Rei, Édipo em Colono e Antígona. Trad. Mario da Gama Kury. Rio de Janeiro: Jorge Zahar, 1990.

STEIN, Peter. *Roman law in European history*. Cambridge: Cambridge University Press, 1999.

SZANIAWSKI, Elimar. *Direitos de personalidade e sua tutela*. 2. ed. São Paulo: Ed. RT, 2005.

TAVARES, André Ramos. *Curso de Direito Constitucional*. 20. ed. São Paulo: Saraiva, 2022.

TELLES JÚNIOR, Goffredo da Silva. Direito subjetivo (verbete). *Enciclopédia Saraiva do Direito*. São Paulo: Saraiva, 1979. v. 28.

TEPEDINO, Gustavo. Cidadania e os direitos de personalidade. *Revista Jurídica*, Porto Alegre, v. 51, n. 305, p. 24-39, mar. 2003.

TEPEDINO, Gustavo. Introdução: Crise de fontes normativas e técnica legislativa na parte geral do Código Civil de 2002. In: TEPEDINO, Gustavo (coord.). *A parte geral do novo Código Civil*: estudos na perspectiva civil--constitucional. 3. ed. Rio de Janeiro: Renovar, 2007.

TEPEDINO, Gustavo. *Temas de direito civil*. 4. ed. Rio de Janeiro: Renovar, 2008.

TEPEDINO, Gustavo; BARBOZA, Heloisa Helena; BODIN DE MORAES, Maria Celina. *Código Civil interpretado conforme a Constituição da República*. Rio de Janeiro: Renovar, 2004.

TERCIER, Pierre. *Le nouveau droit de la personnalité*. Zurique: Schulthess, 1984.

TERRÉ, François; FENOUILLET, Dominique. *Droit civil: les personnes, la famille, les incapacites*. Paris: Dalloz, 2005.

THEODORO JÚNIOR, Humberto. *Comentários ao novo Código Civil:* dos efeitos do negócio jurídico ao final do livro III. Rio de Janeiro: Forense, 2003. v. 3, t. 2.

TOBENÃS, Jose Castan. *Derecho civil espanõl, comum y foral*. Madrid: Reus, 1987. t. 1, v. II.

TORRENTE, Andrea; SCHLESINGER, Piero. *Manuale di diritto privato*. 15. ed. Giuffrè: Milano, 1997.

TRABUCCHI, Alberto. *Istituzioni di diritto civile*. 39. ed. Padova: CEDAM, 1999.

TURRI, Márcia Hoffmann do Amaral e Silva. Modernidade e direitos humanos: as duas faces de Jano. *Revista do Tribunal Regional Federal 3ª Região*, São Paulo, n. 83, p. 129-141, maio/jun. 2007.

VASCONCELOS, Pedro Pais de. *Direito de personalidade*. Coimbra: Almedina, 2006.

VILLELA, João Baptista. In: AGUIAR JÚNIOR, Ruy Rosado de. *Jornada de direito civil*. Brasília: CJF, 2003.

WEICK, Günter. Natürliche Personen, Verbraucher, Unternehmer. In: *J. Von Staudingers Kommentar zum Bürgerlichen Gesetzbuch mit Einführungsgesetz und Nebengesetzen*. Berlim: Sellier, 2004.

WIEACKER, Franz. *História do direito privado moderno*. Trad. de A. M. Botelho Hespanha. 3. ed. Lisboa: Fundação Calouste Gulbenkian, 2004.

WOLF, Manfred; NEUNER, Jörg. *Allgemeiner Teil des Bürgerlichen Rechts*. 12. ed. München: C.H. Beck, 2020.

WOLFF, Hans Julius. *Roman law:* an historical introduction. Oklahoma: University of Oklahoma Press, 1951.

ZANINI, Leonardo Estevam de Assis. *Direito civil:* sucessões. 2. ed. Indaiatuba: Foco, 2022.

ZANINI, Leonardo Estevam de Assis. *Direito civil:* direito das coisas. 3. ed. Rio de Janeiro: Lumen Juris, 2022.

ZANINI, Leonardo Estevam de Assis. *Direito à imagem*. Curitiba: Juruá, 2018.

ZANINI, Leonardo Estevam de Assis. *Direito de autor*. São Paulo: Saraiva, 2015.

ZWEIGERT, Konrad; KÖTZ, Hein. *Einführung in die Rechtsvergleichung: auf dem Gebiete des Privatrechts*. 3. ed. Tübingen: Mohr Siebeck, 1996.

ANOTAÇÕES

ANOTAÇÕES